文庫

流言蜚語

清水幾太郎

筑摩書房

目次

I 流言蜚語

流言蜚語

I　流言蜚語

序

久しく絶版になっていた本書が、再び世に出ることになった。元来この書物の成立には若干の事情と感慨とがあるので、それ等について少しく述べておこう。

㈠　本書は流言蜚語《りゅうげんひご》という現象の社会心理学的分析を内容とするものである。報道、輿論《よろん》、宣伝のような類似の現象には相当の研究も行われて来たが、この流言蜚語という謂《い》わば変態的な現象はほとんど顧みられていない。そもそもこういう問題は科学的研究に値せぬとさえ思われているようである。しかし報道や輿論が人間を動かすのと同様に、流言蜚語も人間を動かす。いや、流言蜚語だけが人間を動かす唯一の力であるような時期もあるのである。それは世間に示す顔が歪んでいるにも拘《かかわ》らず、社会生活の根本的な事実と深く結びついているからである。学者はもっとこういう問題を積極的に取り上げるべきである。

㈡　しかし本書は社会心理学的分析に尽きるものではない。流言蜚語それ自身も政治と社会とに対する一種の抗議を含んでいるが、私もその分析を通して一種の抗議を試みたのだ。二・二六事件の直後、『中央公論』及び『文藝春秋』の編輯者《へんしゅうしゃ》に勧められ、初めてこの問題について二篇の文章を書いたが、その時もそうであった。また本書はもと昭和十二年の秋に書いて、日本評論社から出版せられたものであるが、その時もそうであった。その気持のためであろう。私はこの書物の中で知らずしらずのうちに流言蜚語の弁護を試みている。

その当時私はずいぶん手加減をして書いた。私も歯がゆい思いをしたが、読者の方も同じことであったろう。今はもう当時のような遠慮は要らない。今度こそ自由に書き改めようと思っていた。ところが容易なはずの加筆がどうしても出来ない。無理に行おうとすると、幽霊を白昼の街頭へ引き出すようなことになるので、私はとうとうこれを断念して、大体旧版のままこれを印刷することにした。きっと流言蜚語などというものは、あの不安な暗い空気の中にだけ住むもので、またその同じ空気の中でこそ書くべきものなのであろう。

㈢ 私はよく流言蜚語の文献について質問せられる。前に述べたように、その研究がほとんど行われていないので、文献も極めて乏しい。L. A. Bysow, Die Gerüchte, in Kölner Vierteljahrshefte für Soziologie, VIII-3 u. 4. などは唯一のものであろうか。私は学生時代にその梗概を『社會學雜誌』(昭和四年九月号)に書いたことがある。この論文は極めて簡単なものであり、且つ極端に形式的である弊は免れないが、注目してよいものである。私も巻頭のプガチョフ伝説などの資料をこれに仰いだ。この外には G. Tarde, L'Opinion et la Foule, 1901. W. Lippmann, Public Opinion, 1922. A. L. Lowell, Public Opinion in War and Peace, 1922. などのような輿論に関する文献、G. Le Bon, Psychologie des Foules, 32e éd. 1925. などのような群集心理学の文献、或《あるい》は一般に社会心理学の書物を参考にするより仕方がない。科学的研究ではないが、アナトール・フランス『聖母と軽業師』（岩波文庫）に収められている作品など或は有益かも知れぬ。何《いず》れにしても実際に資料を集めて、自ら研究するほかのない問題である。私自身も今度の戦争の末期に若干の資料を蒐集して整理研究して見たことがあるが、別に本書に述べたことを訂正するほどの結果も出なかったので、これを採録しなかった。

昭和二十一年十月

清水幾太郎

プガチョフ伝説――定義に代えて

一七七五年一月十日、モスクヴァでプガチョフの死刑が執行された。――農奴制度の反対者として全ロシアの農民から深い信頼を寄せられていたピョートル三世がエカテーリナ二世一味のために弑せられたのは、一七六二年のことであった。エカテーリナ女帝治下のロシアは、対外的にも対内的にも進出と繁盛との時代であったが、その裏面には農民の窮乏とコサックに対する中央政府の圧迫とが著しく増大し、彼等の反抗運動は様々な形態で盛に行われていた。貧困と抑圧とが深刻になればなるほど、民衆の胸中にはっきり現われて来たのは、あの農民の理解者ピョートル三世の姿であった。ピョートルこそ何時《いつ》か再び吾々の前に現われて温い手を差し伸べてくれる救済者でなければならぬ、という信仰が彼等の間に動き始めた。「皇帝未だ死せず」という希望は、やがて一つの堅い信念に変じて行った。皇帝はロシアのどこかに生きていて、吾々の苦しい生活を見守っている。そういう確信が不幸な人々の心に根を張り始めていた。そしてその時、自らピョートル三世と名乗るものが相次いで現われ、その数は前後五人に及んだ。コサック生れのプガチョフはあたかもこの僭位者の一人であった。ピョートル三世を名乗るプガチョフは、農奴の解放と土地の分配と宗教の自由とを民衆に約束し、集り来る農民大衆を巧みに組織しつつ政府軍を撃破してヴォルガ下流の土地一帯をその勢力下に置き、全ロシアを文字通り暴風の中に陥れた。それは一七七三年から七四年にかけてのことであった。――そのプガチョフがついに政府軍のために捕えられて死刑に処せられたのである。

プガチョフの死刑はただの斬首ではなかった。エカテーリナ女帝の命令によって彼は四つ裂の刑に処せられることに定められていた。この刑には一定の順序があった。まず腕を一本ずつ切り落し、次に両脚を切断し、最後にその首を刎《は》ねることになっていた。幾万とも知れぬ人々がモスクヴァの広場を埋め屋根を蔽《おお》っていた。しかしここに集まった人々はプガチョフの問題について同じ利害に立つものでもなく、同じ魂を持つものでもなかった。その人々は、第一にプガチョフが決して単なる僭位者でなく真の皇帝であることを堅く信じていた多くの彼の味方、第二にきっと特赦が行われるであろうと期待していた同情者の群、第三に誰にも増してプガチョフを憎んでいた貴族の一団――勿論《もちろん》その中には彼のために荒された地方からモスクヴァへ逃れて来た貴族も混っていた――、第四に政府の味方をしてプガチョフ討伐に働きはしたものの、彼がピョートル三世であるということについては少しの疑いも抱いていなかった多数のコサック、第五にこの事件の政治的意義には全く無関心な見物人、およそこういう人々から成り立っていた。

特赦は行われなかった。観衆の凝視の下に死刑は執行された。だがその順序が間違っていた。予《あらかじ》め定められていた方法が採用されなかったのである。まず両腕、それから両脚、最後に首というエカテーリナの命令にも拘らず、刑手は最初にプガチョフの首を刎ねてしまった。その時に死刑台を取囲む役人達の間に激しい動揺が起こり、「畜生、何ということをしたんだ！」という声と、「早く腕と脚を斬るんだ！」という叫びとが聴えたということを観衆の一人が書いている。プガチョフは死んだ。しかし順序の変更という偶然の事件は、モスクヴァの市民、否、全ロシアの民衆を疑惑と動揺と争論との中に捲き込み、二十世紀まで脈々と続いたプガチョフ伝説という大規模な流言蜚語の種を蒔《ま》いたのである。

この事件について観衆の知っていることは次の三つに限られている。即ち（一）プガチョフを四つ裂の刑に処す、という声高々と読み上げられた宣告文、（二）それにも拘らず刑手はまずその首を刎ねてしまったということ、（三）上役が刑手を罵ったという事実。この三つのものは一つ一つ切り離して見れば、何れも疑おうとして疑い得ない事実である。けれどもこれ等《ら》三つのものを一つに纏《まと》めて理解しようとすると、そこに明らかな喰い違いと矛盾とが起こらざるを得ない。これを統一して理解し得るものとするためには、即ちその矛盾を除くためには、どうしても反撥する事実の間に想像という接合剤を挿まねばならぬ。セメントを使わねばならぬ。事件そのものは一つであり、人々に与えられている事実は三つである。しかし想像という接合剤が一つでなく、かえって尠《すくな》くともプガチョフの乱に対して利害を異にする層の数だけある限り、それぞれ独自の方向とシステムとを持つ幾つかの流言蜚語が成立してロシアの民衆の間を駈けめぐることになる。想像の助けを借りて生れた解釈のおもなものだけを挙げて見よう。

一、エカテーリナ二世はプガチョフに同情の心をお寄せになって、この死刑囚の苦痛をなるべく少くするようにとの秘密の命令をお下しになったのである。だから刑手はまず首を刎ねたのである。——この解釈は、エカテーリナ女帝に対して非常な尊敬を捧げている宮廷の人々の間から生れて各地に伝えられたものであり、女帝が慈悲深く在《いま》すということに力点を置いている。この解釈は多くの事実と矛盾しているにも拘らず官許的な解釈として通用しておった。

二、刑手が全く無経験な人間で、刑の執行に当るのはプガチョフが初めてであったため、すっかり狼狽して矢庭《やにわ》に首を切り落してしまったのである。

三、プガチョフの残党が刑手を唆《そそのか》して、彼が永く苦しまぬように手配したのである。——この解釈はプガチョフのために最も激しく脅され、従って彼を憎み恐れること最も甚しかった貴族達によって伝えられたものである。

四、プガチョフはやはりピョートル三世であったのだ。だから仮にも皇帝たる人を四つ裂というような残酷な刑に処するに忍びなかったので、秘密の命令が刑手に下されたのである。——この解釈を作り上げて流布した人がプガチョフの味方たるコサックであったことはもとより言うまでもない。しかし政府がこういう解釈を下すものに対して厳罰を以《もっ》て臨んでおったから、公然と語り伝えることは出来なかったが、有力な流言として貧困大衆の間に浸潤して鞏固《きょうこ》な根を張ったことは事実である。

五、プガチョフは皇帝ピョートル三世なのだ。いやしくも皇帝たるものを死刑に処するというのは許し難いことであるから、政府はプガチョフの身代りに他の囚人を殺したのである。ところがこの身代りの囚人が「俺はピョートル三世の身代りに死ぬのだ！」と叫びそうになったので、あわててその首を刎ねてしまったのである。本当の皇帝ピョートル三世即ちプガチョフは生きていて現にペテルブルクにいる。

以上にその輪郭を伝えたプガチョフ伝説は流言蜚語の古典的な例である。その形態がよく整っている点から見ても、その規模が著しく大きいところから見ても、恐らく最も優れた流言蜚語の一つであるに違いない。そしてそれ故《ゆえ》にこそ単なる流言蜚語というよりもむしろ伝説という地位を獲得するに至ったのである。普通の習慣に従えば、私は本書の冒頭に流言蜚語の定義を掲げるべきであったかも知れぬ。しかし私は定義を掲げる代りにプガチョフ伝説を語った。定義によって知り得るより以上のことを、読者はそこに見ることが出来ると信じたからである。

第一部　流言蜚語と報道

一　報道の機能

どこからどこまでが流言蜚語であるというふうに、はっきりした区劃《くかく》を与えることは困難であるが、この流言蜚語という言葉自身、例えば風評とか噂とかいうものとは違って、もっと異常なスリルを感ぜしめるもののように思われる。確かにそれは社会生活において普通にあるものではなく、謂《い》わば或る程度までアブノーマルなものである。まず流言蜚語はアブノーマルな報道形態として規定することが出来る。これを一種の報道として考え、一般の報道と結びつけて考察するということは、人々が流言蜚語について云々する場合に広く採用する方針である。私も差当りこれを一種の報道として見て行こうと思う。

言うまでもなく報道は客観的な事実に関する報告である。吾々が欲すると否とには無関係に吾々の外部に動いて行く事実の報告である。吾々の外部にある客観的な事実がわざわざ報告されるというのは、それが根本において人間の生活にとって環境としての意味を含んでいるからである。勿論こういう環境としての意味を含むことが困難なものも報道されることはある。しかし報道が一つの社会的な現象として行われることの根柢《こんてい》には、その客観的事実が環境として働くことが前提されている。凡ての生物がそうであるように、人間も一定の環境の内部においてしか生きることが出来ない。人間は生きるためには常に自己の生活を取り囲む環境に適応して行くことが必要である。環境に適応するということが生命を持つものの特徴である。ところが他の動物が環境に適応するのはその先天的な本能によることが多い。動物の複雑な且つ微妙な本能は環境への適応において十分の働きを営むことが出来る。けれども人間の本能はそのように複雑なものでもなく微妙なものでもない。その上動物の環境に比して人間の環境は非常に複雑であり変化に富んでいる。先天的な本能に頼っている限り、人間は恐らく一日といえどもこの世界に生きることは出来ないであろう。

人間は環境に適応して生きる道を自ら考え且つ学ばねばならぬ。大体の適応様式は既に習慣を通じて教えられている。しかし人間の世界は常に新しい環境を生み出すものであり、その度に習慣は或《あるい》は部分的に或は全体的に改訂を要求される。人間は環境に適応せねばならず、環境が人間に与える作用は極めて決定的である。だがこの環境は各人が自分の眼を以《もっ》て見、自分の耳を以て聴き、自分の手を以て触れ得るものとは限っていない。しかも直接には見たこともない環境が、人間の運命の大半を決定するのである。そこでどうしてもこの環境と人間との間を媒介するもの、眼に見えぬものを見させ、耳に聴えぬものを聴えさせる手段がなければならぬ。人間は環境を知らねばならぬ。そしてこれを人間に知らせるものが報道である。それ故《ゆえ》に報道は人間がこの世界に生きて行くためにどこまでも必要なものである。

報道は人間の生理的な必要である。しかもこの必要は近代になってから日をおってその強度を増している。それには色々な理由が考えられる。第一に経済的にも政治的にも文化的にも世界の諸国が緊密に結び合され、そのために世界の片隅に起こった事件がやがて各個人の生活に影響を及ぼすようになって来たからであろう。吾々から遠く離れたところで勃発した戦争が、いつ吾々自身を戦場に立たせるか判らない。外国の穀物の産額が吾々の生活に深刻な変化を惹き起こすことも決して稀ではない。第二に社会の事情が甚《はなは》だしく複雑性を加え来っていることが考えられる。或《あ》る国の状態が他の国の民衆の生活に影響を与えると言っても、それはいつも直接的なものばかりではない。両者の間には他の幾《いく》つかの国の状態と利害とが立っていて、そこを通過する影響に常に新しい方向を与えようとしている。穀物の産額の増大が必ず価格の低落を結果すると言うことは出来ない。一国内部にして見ても、そこには神の如き眼を以てしなければ到底その全貌を捕えることが出来ないような複雑な関係が横たわっている。第三に社会の変化と運動とがその激しさを加えて来たことを指摘しよう。昔の学者は動く社会と動かぬ社会とを区別した。前者はヨーロッパの社会のことであり、後者はアジアの社会のことである。これはヨーロッパが夙《つと》に資本主義を確立していた時に、アジアが未だ封建主義に立っていたからである。資本主義社会は本質的に動く社会であり不断の変化を伴う社会である。アジアも今は動く社会になっている。もしも環境が動き変ずるものでないとしたら、吾々は報道を生理的必要と見ることは出来ない。父祖の代から行われている習慣に頼って生きて行くことが出来るはずだからである。動く社会は報道を必要とする社会である。第四に近代社会においては各個人が自分で生きて行かねばならぬということが注意されねばならぬ。昔は誰かが多くの人々に代って環境を知り適応の道を学び、他の人々はその後について歩んで行けばよかった。しかし今は個人主義がいかに非難されようとも、各人が自己の運命の主人にならねばならぬ。自分の幸福は自分で喜び、自分の不幸は自分で嘆かねばならぬ。自ら生きようとするものは、自ら環境に適応せねばならず、自ら環境について知らねばならぬ。現代の人間が報道を欲するのは、その当然の権利に基づいていることである。

報道というものが特に現代において重要な意味を持っている理由は、以上によってほぼ明らかにされたと考える。なお注意すべきことを少し挙げておこう。(一) 報道を欲するということの基礎には、このように生きんとする意志が働いている。この意志を看過して、これを単なる好奇心の如きものと見るのは正しい考え方ではない。だが勿論その根本にこのような意志が働いているということは、人間がいつもこの意志を自覚して報道に接することを意味するのではない。報道は習慣の否定である。しかし報道を欲する意識は既に習慣となっている。たまたま配達人が忘れたため新聞を読むことが出来なかった場合に人々が感ずる不快は、習慣の軌道から投げ出されたための感情であって、環境に適応する道が判らなくなったための感情ではない。(二) 環境の変化が報道の必要を支える一つの柱であるところからも明らかなように、報道は常に新しいものでなければならぬ。報道された記事はほとんどすべて既に行われたことであり過去のことであるが、それは単なる過去としての資格において報道されるのでもなく読まれるのでもない。現在及び未来の生活に対するその作用なり影響なりを中心として報道され読まれるのである。未来への期待ということが根本的な意味を持っている。それ故に昨日の新聞は著しく興味のないものとして現われざるを得ない。人々は古い新聞を読む時はその日の新聞を読む時と全く別な態度を取るものである。(三) 若干の友人が集ると直ぐに他の友人の噂話が出るものであるが、これも根本においては報道の交換であり、環境に適応しようという要求の表現である。環境は経済事情や政治情勢として問題になるばかりではない。友人もまた人間の生活をめぐる環境の一つである。その友人が現在何を考えており何をしているかを知るということは、この友人と一定の関係を保って生きて行く上において欠くことの出来ない条件である。しかしこの場合にも環境への適応ということは意識の底に沈んで、興味を追い求める好奇心が表面に出て来るのであって、この友人に何か特別なことを依頼せねばならぬというような機会に出会わねば、この適応の意識は姿を現わさないのが通例である。現在の報道、交通、通信の機関は高度に発達した技術を基礎として立っている。外界の出来事を知り且つ知らせるためには、眼や耳が吾々の身体に具《そなわ》っている。単純な社会生活にあってはこの眼や耳で十分に事が足りたのである。人間の生活を動かすものは主として眼や耳の届く場所から生じていたからである。封建社会においても日常の会話で問題となる人物は、通常これを語る人々が既にその容貌を知り、その言葉と動作とに接したことのある人間であった。ところが現代においては人間の生活に作用を及ぼすものが、およそ眼や耳の届かぬ遠隔の地に住んでいる。現在では眼や耳、総じて人間の感覚器官は自然のままの形態では最早《もはや》環境への適応に役立つことが出来ない。感覚器官は補足されねばならぬ。延長されねばならぬ。発達した技術的装置はあたかも新しい眼であり耳である。技術の進歩は何人も知るように極めて迅速である。だがこの迅速に進歩してやまぬ技術がまず第一に摂取され応用されるのは、軍事的領域を除いたら、恐らくこの報道や通信の領域であろう。電信、電話、ラジオ、新聞、そういうものは吾々の感覚器官の延長であり補足である。というよりも既に今日では吾々の感覚器官そのものになっていると言えるかも知れない。健全な眼や耳を持っているものは、自分が眼や耳を持っているという特別の意識を欠くのが普通である。それ等のものがはっきりと意識に上って来るのは、かえって何か故障の生じた場合である。それと同様に、新聞が毎朝配達され、ラジオが朝から晩まで喋っているという状態は、今日の吾々にとって特にはっきりと意識する必要のない当り前の生活である。吾々はそれで安心して生きて行くことが出来るのである。

二　流言蜚語の発生

かつてゲーテは言った。「もし二三ヶ月の間新聞を読まずにいて、それから纏《まと》めて読んだら、この紙片のためにいかに莫大な時間を浪費しているかが判るであろう。」更にニーチェはこう言っている。「ドイツ人は火薬を発明した――結構なことである。しかし彼等はこれを帳消しにしてしまった――それは新聞を発明したからである。」健全な耳を持つものは「もし耳が聴えなかったら他人の悪口も知らないで済むだろうに」などと言う。ゲーテやニーチェが新聞に対してこのような言葉を語ったのも、恐らく彼等がその社会にとってノーマルな報道、通信、交通を十分に享受することが出来たからのことであって、もしもこれ等のものが急にその機能を営むことが出来なくなったとしたら、あわててこの言葉を取消したに違いない。

ところで吾々の感覚器官の延長であるようなものが突然その機能を停止するか、またはその機能を甚だ不十分にしか発揮せぬか、或《あるい》は――畢竟《ひつきよう》同じことであろうが――十分に機能を発揮していても吾々がそれから遮断されるというような場合を考えて見よう。吾々が急にこういう状態の中に移されたとすると、その時吾々の心は何事でも自由に書き記すことの出来る白紙になってしまう。しかし白紙という表現は余り適切なものでないであろう。蓋《けだ》しこの白紙は暗い底知れぬ不安によって一色に塗られているからである。それは眼や耳が急にその機能を果さなくなったのと同じであろう。そうではない。それよりももっと不安なものである。眼や耳に故障が起こった時、その原因は一般に自分の身体の中にある。医者へ駈けつければ癒るであろう。ところが感覚器官の補足乃至《ないし》は延長がその機能を営まなくなった時、その原因は勿論自分の身体の内部などにあるのではない。自分の外に、しかも今となっては容易に知ることの出来ないところにあるのである。自分でどうすることも出来ないような強力なものが、その原因となっているのであろう。吾々が眼隠しをして往来を歩かせられた場合、「水溜りがある!」と言われると、もう一ヶ月も好天気が続いているということを考える暇もなく、いやたとえ考えたとしても思わず足をとどめるであろう。これと同じように報道、通信、交通がその機能を果さなくなった時、社会の大衆は後になっては荒唐無稽として容易に片づけることの出来るような言葉もそのまま受け容れるのであって、どんな暗示にも容易にひっかかってしまうものである。軽信性は愚民の特徴だと言われるが、こういう場合に動じないのは余程の賢者か狂人である。関東大震災の時に落着いていたために助かった若干の人はその落着きを賞讃されたが、しかしこの同じ落着きのために生命を棄てた多くの人々に対して世間は最早《もはや》この落着きを讃えはしない。この場合にはそれは落着きという名さえ与えられないのである。

眼や耳の延長であるものがその機能を営まなくなったために感ずる不安は、今後周囲の状況を知る手段を失ったというための不安ばかりではない。しかし為政者と呼ばれる人々はいつもこの一面しか見ていない。それ故《ゆえ》に、民衆は落着いておればよいのだ、と主張するのである。だが民衆の不安にはもう一つの根源がある。即ちこういう機能を停止させたところの異常な事件、環境における著しい変化を期待し予感して不安になっているのである。眼や耳がその作用を営まなくなるのは或る特殊な危急な場合にしか起こらぬように、報道、交通、通信がその作用を停止するに至るのは、或る危機においてのみ発生することである。その危機が民衆の不安の今一つの根源なのである。そしてその危機こそ吾々が知らねばならぬものであり、知ろうと欲するものである。それを今はもう知ることが出来ないのである。眼に眼潰《めつぶ》しを食った時は眼が平常以上の活動を必要とされている時であり、耳を聾する爆音の響く時はあたかも耳に最も鋭敏な活動を命ぜねばならぬ時である。そしてその時に眼と耳とが機能を果し得なくなるのである。報道や交通の機関がその働きをとめている時、それは吾々の感覚器官の延長として普通以上の活動を要求されているはずである。そしてこの時期に電信、電話、ラジオ、新聞の如きものが普通の働きすら営まぬとしたら、吾々の心は到底単なる白紙などでいることは出来ないであろう。恐怖に慄える吾々の心には何事でも書くことが出来るし、また何事かが書き記されることを吾々の心は要求しているのである。

それは一種の飢えである。飢えは生理的なものであり、健康の象徴であると共に、それ自身健康なものである。飢えは凡て生きるものの権利である。飢えを特に賞揚する必要はないが、これを軽蔑することは慎まねばなるまい。激しい饑餓《きが》に襲われた人が何でも手に入るものを食ってしまうように、交通や報道がその機能を果さない状況の中に立たせられた人間は、環境に関する知識を、たとえそれがどのように荒唐無稽なものであろうとも、直ちに呑み込んでしまう。飢えが人間の権利である以上、そしてこれをノーマルな方法で充すことが拒絶されている以上、これは当然なことでありまた健康なことであるのかも知れぬ。選ばずに食うことを非難しようと欲するものは、まずその飢えが余り激しくならぬように努めるべきだ。

通信や報道の機能の停止ということを述べたが、機能の停止といっても、吾々は二つのものを区別する必要がある。その一つは自然的な災厄即ち天変地異というようなものによる杜絶であり、その二は社会的な強制即ち当局の命令や暴徒の破壊などに基づく禁止である。杜絶と禁止とは一応はこのように区別することが出来るが、現実においては必ずしも明瞭に区別されて現われる訳ではない。天変地異のために報道や交通の機関が一部分その機能を停止せざるを得ないような時にも、万一この社会がその内部に深刻な矛盾を含んでいるような場合には、こういう天変地異を機会に矛盾が爆発する危険があるために、往々社会的な強制によって機能の停止が命令される。或る種の警戒が十分完了するまでは天災の深刻なる所以《ゆえん》が各地に広まらぬように配慮するのである。このように杜絶が禁止を伴うということはしばしば認められる事実である。そればかりではない。禁止ということにも様々な程度があるのであって、通信や報道の機能に対して全面的な停止を命ずることもあるが、検閲方針が或る程度以上に厳格になれば、それだけこの全面的な禁止に近づいて行く訳である。過度に厳格な検閲制度というものは民衆にいつも飢えを感じさせるものである。

この飢えというものが流言蜚語の発生に最も好都合な地盤なのである。この飢えがあってこそ流言蜚語はその芽を吹くことが出来るのであり、各方面に伝播しながら伸びて行くことが出来るのである。

三　流言蜚語の構造

飢えということを言ったが、それなら飢えさえあれば流言蜚語が生れるかと言うに、決してそうではない。飢えだけで流言蜚語が生れるのではない。一般に流言蜚語は必ず何か一つの中心になるアクチュアルな問題を持ち、これについて報道するものである。それは概ね一つの中心と一定の統一とを持っている。飢えという一般的な状況に加えて、或る材料が提供されていなければならない。プガチョフの例について言えば、あの三つの事実、即ち（一）プガチョフを四つ裂の刑に処すという宣告文、（二）刑手がまずその首を刎ねてしまったこと、(三)上役が刑手を罵ったという事実、それが今言った材料である。流言蜚語が発生するためには、こういう基本的材料に関する知識が与えられていなければならぬ。けれども忘れてならぬ点は、それ等の事実に関する知識が全体として何人をも納得させ且つ当局の承認を得ることが出来るようなものであってはならぬということである。もしもそういう完全なものであったならば、それはもう立派なノーマルな報道であって、アブノーマルな報道形態たる流言蜚語などというものが発生する余地はないからである。要素としての知識は必要であるが、決して全体として十分な報道の資格を有するものであってはならない。要素と要素との間、知識の断片と断片との間に溝があり矛盾があって、到底それだけでは首尾一貫した報道として万人を満足させることが出来ないということが流言蜚語の成立に必要なのである。プガチョフの場合、三つの事実はそれぞれ切離して考えれば疑う余地のないものであるが、これを統一しようとすると、そこに明らかな矛盾乃《ない》至《し》溝があるのであった。

それならば要素としての基本的知識はどこから来るのであろうか。第一にそれは事実の観察乃至目撃から来ることがあり、第二にそれは報道から来ることがある。報道も突きつめれば観察或は目撃をその源に持っている訳であるが、流言蜚語の地盤は必ずしも事実の目撃にあるのではない。報道と言われるものの中には、或る事件に関して行われる政府当局の発表の如きものも含まれる。民衆の信頼の上に立ち固有の権威に拠《よ》るところの政府当局の発表が流言蜚語の材料となるという如きは、いかにも有り得べからざることのように思われるが、そうではない。当局の発表は往々にして極めて抽象的であり、舌足らずである。民衆が事件について知ろうと欲するものはその詳細な経緯と彼等自身の生活に対するその作用とについてである。しかるに当局の発表は多くこうした欲求を満足させるものでなく、かえってその冷たい難解な言辞文体によってよそよそしい態度をとるのである。流言蜚語の材料となる所以である。

流言蜚語が生れるためには、何かが与えられていなければならぬ。しかしすべてが与えられていてはならないのである。そこには与えらるべくして与えられておらぬものがなければならぬ。そして与えられておらぬものと欠けているものとは作り出さなければならぬ。与えられているものはaとcとである。aとcとがあるからには、どうしても両者の間にbがなければならぬ。bがあってこそ、a—b—cという具合に一つの統一ある全体に接することが出来る。しかし誰もbを見たものはなく、当局もbについて発表している訳ではない。しかしaとcとを統一するためにはbが必要である。bを作り上げる必要があるのである。bを作り上げて全体を首尾一貫したものにするのは想像力の作用である。しかしながらbはただひとつではなくして、b′であり、b″であり、b‴……である。

新聞にbのことが書いてあるのでもなく、ラジオがbについて語っているのでもない。bに関して語るのは個人の言葉である。ところが個人の言葉は凡ての民衆が同時にこれを聴くということは出来ない。仮に実際その事件を目撃した第一の人が第二の人に向ってaとcという二つの事実について語ったとしよう。ところで第二の人が第三の人に向ってこれを伝える時は多少の誇張を交えて、bという事実もあったのではないかと感想を述べるであろう。だが第三の人が第四の人にこれを告げる時は更に別の誇張を用いるであろうし、この場合「あったのではないか」という推量が「あった」という断言に変ずるかも知れない。そしてこういう系列は無限に延長されるものである。aとcとの間に作り出されるものがただ一つのb′であるならばまだ幸福である。けれどもaとcとを提供するような報道を読むものは一人の人間ではなく、また事実を目撃してaとcとを知るものも一人の人間ではない。それ故《ゆえ》にaとcとの間を結びつけるものは様々な方向と意味とを持つことが出来る。プガチョフの場合にもただ一つのb′ではなく、b″、b‴……などが生れた。従って当然ここに幾通りかの流言蜚語（a—b′—c、a—b″—c、a—b‴—c……）がそれぞれ相当のもっともらしさを以《もっ》て、今やあらゆる暗示に自己の心を開いている民衆の間を駈けめぐることになる。飢えたる民衆はその何《いず》れかを取って呑み込むのである。このようにaとcとの間に立つものはb′でもb″でもよい。とにかく事実として与えられておらぬもの乃至当局が敢えて公示しないものが附加され、それによって全体が意外な或《あるい》は驚くべき筋を与えられて人々の間を流れて行き、多くの民衆がこの流れで貫かれ結びつけられるようになれば、それは既に立派な流言蜚語である。

aとcとを与えられた人間がb′を作り出すかそれともb″を作り出すかは、社会心理学者がよく主張するようにその人間の性格の如何《いかん》によって定まるのではない。それは根本的には各人が社会的現実に対して持っている理解の深さや、それ以前における社会的現実の経験によって決定されるものであり、更に微細な差異を捨て基本的な特徴に従って系列を区別すれば、各人が属する社会層とその事件との間の利害関係が表面に出て来なければならない。即ちaとcとを結びつけるものがb′であるかb″であるかを決定するものは、その事件に対する彼等の利害関係である。プガチョフ事件における五系列の流言蜚語がそれぞれ一定の社会層の利害と密接に連関していることは既に明らかである。ところで社会成員の間に利害の対立が一般に存在する限り、一つの事件について多くのbがあり、従って多数の流言蜚語が発生伝播する訳であるが、もっと根本的に言えば、そもそも流言蜚語が行われるということ自身、その社会の成員が利害において一致しておらぬことの有力な証拠であるとも言えるのである。

一人の人間がただ一つの系列の流言蜚語にしか出会わないということは稀である。a—b′—c、a—b″—c、a—b‴—cなど様々な統一を持つ流言蜚語が同一の人間において相会し衝突する。その時この人間はそれ等の中で自己の利害を中心にして見て最も適当と思われるものを取って——勿論これは意識的操作とは限らない——自分の意見とし、或はそれ等を更に組合せて新しい系列を作り出す。しかしこういう状態が永く続いたならば、社会は一体どうなるのであろうか。様々な流言蜚語の生れることが社会成員の利害の一致の欠如を表現すると言ったが、様々な流言蜚語の横行は逆にこの不一致と対立とを激しくさせる外はないであろう。言語と意見とはいつまでも単なる言語と意見とに止まっていることは出来ない。それは行動に発展し、行動を通して自己を生かさねばならぬ。行動をdとすれば、a—b′—c—d′、a—b″—c—d″、a—b‴—c—d‴など様々な行動方針が自ら生起せざるを得ない。問題が行動まで来る時、社会の統一と秩序とはその根本から脅かされることになる。謡言に対する取締が支配者の重要な仕事となる所以である。

流言蜚語は街頭に立って大声で語るものではない。もしそういうものであるなら、新聞に書かれるであろうし、ラジオで語られるであろう。そしてそれは流言蜚語にならないのである。流言蜚語は普通には秘密という形式で行われるものである。流言蜚語の伝播と活動とはこの秘密という形式のために阻害されるのでなく、逆にこれによって援助され強められる。「これは絶対に秘密だが」と前提されて話を聴く場合、その内容が新聞に活字となっていたら、恐らく一笑に附するであろうと思われることも素直にそのまま受容れられるのが普通である。㈠秘密の話を聴くものは、誰も知らぬ世界に自分のみが入ることを得る喜びを感ずるであろう。㈡そしてこのような世界へ入ることを許してくれた相手に対して感謝と信頼とを感ずるであろう。㈢更にこの世界についてほとんどすべての人間が何も知っていないであろうという点に言い知れぬ優越を感ずるに相違ない。この三つの感情、特に第二のものは伝えられ語られる事柄の内容をも真実のものとして受取るような条件を人間の心の中に作り出さずには措かぬ。この条件さえよく充されていれば、大抵のことは信ぜしめ得るものである。流言蜚語がその秘密の故によく受容れられるのは、秘密という形式が伴うこのような感情によることが多い。ところが第三の感情はやがて秘密として語られ自分も秘密として聴いた話を第三の人間に伝える機会を生み出さずにはいない。それは自己の優越感を実現するために必要なことであり、また自己の好意と信頼とを第三の人間に示すために必要なことである。この優越の感情の故に秘密は秘密として伝えられ、伝えられることによって秘密たることを否定される。もし或る事柄を早く多くの人々に信ぜしめようと欲する人があるならば、彼はそれを秘密という形式において多くの人に語るべきである。

流言蜚語は死んだ言葉ではない。それは何よりも生きたものであり、成長するものであり、動くものである。言葉はいつもその背後に事実を持っている。これは言葉によって指示されたものが時間と空間との世界に住んでいるということを意味するのではない。そういう世界に住んでいなくてもよいが、しかし何か言葉の外にあるものを示し且つ意味している。ところが流言蜚語としての言葉も勿論このような事実を背後に持つものではあるが、この事実そのものは人々が見たこともなく触れたこともないものである。同じ言葉でありながら、太陽は東から昇る、という言葉と全く異なるものを持つことが出来る。太陽に関することの言葉は、人々が眼に見る事実をそのまま伝えるものであり、この事実に変化が起こらぬ限り、言葉自身も変化することは出来ない。またこの言葉の力は事実そのものの力に助けられて働いているのである。しかるに流言蜚語においては言葉が純粋に言葉として生きて動く。事実が動いているか否かは知らぬ。それがあるかないかも判らない。しかし言葉は事実に束縛されることなく、それ自身で自由に生き成長する。仮定が推量に変じ、推量が断定に変ずるのもそれであり、この断定から新しく他の仮定が生じ、これが推量となり断定となって行くのもそれである。甲が或る話を秘密という形式で乙に伝える。ところがこの話は全体として推量を伴っている。乙はそのまま丙に語った。丙はこれを断定的に丁に語った。丁は偶然の機会にこれを乙に同じく秘密に語った。そして乙がこれを新しく確信するようになったのは言うまでもない。

四　流言蜚語の根拠

流言蜚語というのは勿論支那の言葉である。随分古くからある言葉らしい。『荀子』には「凡流言流説流事流謀流誉流愬不官而衡至者君子慎之」とあり、また「流丸止於甌臾流言止於智者」ともあるし、『史記』には「乃有蜚語為悪言聞上」と見え、『書経』にも「流言於国」と見えている。しかるに「流者無根源之謂」とあるところからすると、流言となるためには根拠を持っていてはいけないように見える。ところが辞書で調べると、流言蜚語に相当する英語として groundless rumour という語が記されている。もっと他に適当に訳語があるのであろうが、とにかく辞書にはこう出ている。この訳語では流言蜚語という語に遭遇した時に感ずるスリルというようなものは何処《どこ》にも発見することが出来ない。けれどももし入学試験の問題として流言蜚語という熟語を解釈せよと出たら、きっとこの英語と同じように「無根拠な噂」とでも答えねばならぬであろう。そこでこの無根拠ということが流言蜚語にとって本質的な要素であると言わねばならぬ。流言蜚語はそれが無根拠であるということによって初めて単なる噂や風評から区別されて、真に流言蜚語たる資格を与えられることになるのであろうか。噂や風評が根拠のあるものであるかどうかは別として、流言蜚語のこの無根拠ということについて少し考えて見よう。

流言蜚語は無根拠であると言われるが、さきに見た通り、一定の条件なり原因なりがなければ生ずるものではない。それはそう毎日のように起こるものでもなく、民衆が各々その堵《と》に安んじているような時代に発生するものでもない。それは言うまでもなく社会が危機に直面し、その秩序が既に幾分か動揺している時に生ずるものである。流言蜚語は往々考えられているほどに気紛れな移り気なものではないのである。通信、交通、報道の機関が固有な且つノーマルな活動を停止するということが流言蜚語の温床であった。活動の停止には杜絶と禁止とがあり、杜絶がしばしば禁止を伴うと述べておいた。重病の人間が僅かの刺戟でも死んでしまうように、深刻な矛盾を孕む社会は些細なことにも脅威を感じてこれ等の機関に活動の停止を命ずる。謂《い》わば絶対安静の命令を発するのである。絶対安静を命ぜられた病人の心が決して安静でなく、この命令自体によって自分が危険の状態に置かれていることを知るように、諸機関の活動の禁止に遭遇した民衆は自ら非常な危機に立っていることを知るのである。しかし活動の禁止はいつも全面的な断乎たる禁止であるとは限らない。例えば検閲が過度に厳格であるというようなことは、この禁止を部分的に実現しているものである。そういう場合はその意見なり方針なりをただ上から発表するだけであって、民衆がこれに註解や批評を加えたり質問を行ったりすることを好まず、またこれを許しもしない。政府が所謂《いわゆる》国家的見地から事に処するに反して、民衆は何と言っても自己の生活を中心として事柄を考える。自己の生活を容易に忘れることが出来るほど安楽な毎日を送っているものは、仮にいるとしても極めて僅少であろう。結局において政府の利害と民衆の利害とが一致するとしても、そこには直接の結合が欠けている。政府の方針の発表機関として官報を選んで見よう。官報に或る新しい法令が記されているとしよう。法令は民衆の生活を律するものであり、民衆の利害と離れ難く結びついているものであるが、その記事を読んで、それが自分達の生活とどのような関係があるか、何故《なぜ》こんな法令が発布されたかというようなことを直ぐに理解出来るような人はほとんどいないと見て大過ないであろう。

この両者の間を媒介して、あるべき関係を実現するのが、新聞を代表者とする様々の報道機関の任務であろう。民衆にとって取りつく島もないような形態で上から与えられる法令その他を解説して民衆の生活と結びつけ、更にその制定の所以及び結果を明らかにすると共に、民衆の立場から批判を加えるところに新聞はその大切な機能を有している。だがしかしこれは検閲が過度に厳格になっていない社会においてのことであって、当局の神経が過敏であるような時期、即ち社会が重病に悩んでいる時には新聞は右のような作用を営むことが出来ない。こうした作用を最も活潑に営むべき時に営み得ない新聞は、謂わば官報の複写として現われねばならぬ。もとより或る程度の解説を施すことは出来るであろうが、民衆の生活との関係においてその利害得失を具体的に説くことは出来ない。どんな法律でも一切の民衆に利益ばかり与えるほど八方美人的ではないからである。具体的解説が出来ねば、成立事情の解明や批判が出来ぬことは更《あらた》めて言うまでもない。そこで新聞が官報化することは、当然政府と民衆との間が絶縁されることである。新聞の官報化は民衆がその眼や耳を失うことではないまでも、尠くとも眼が近くなり耳が遠くなることを意味する。その方針や意見の具体的解明を禁止しておいて、ただ信頼しろと言われても、民衆は安心していられるものではなく、新聞を先頭として雑誌やラジオが挙げて官報化しながら、その代償として非政治的な興味本位な記事を豊富にして見せても、欠けているものは依然として欠けている。社会的政治的事実を主題としながら而《しか》も民衆の生活との結びつきを持つような風評が新聞からでもなく、雑誌からでもなく、いわんや官報からでもなく、実に街頭から生れるのである。与えられぬものは作り出されねばならぬ。白昼行ってならぬことは暗くなってからやればよいのである。流言蜚語はこうした隙間から生ずる。官報——新聞——流言蜚語。この三者の関係の把握は本質的に重要である。新聞が独自の機能を失って官報化すればするほど、その空隙を埋めるものとして流言蜚語が蔓《はび》こって来る。「検閲の厳格の程度と流言蜚語の量とは一般に正比例す」という法則が立てられるかも知れない。いかに無根拠を流言蜚語の本質として強調する人でも、以上のような一般的事情にその原因があることを否定するものはないであろう。しかし流言蜚語が無根拠を生命とすると言われる時、その内容が事実に反するということを指しているのが通例である。そんな事実は全くないのに、さも本当にあるかのように伝えられる時に、流言蜚語ということが言われるのであろう。けれども翻って考えて見れば、徹頭徹尾事実に反したことばかりで流言蜚語が出来上っているとしたら、それは流言蜚語として通用することが出来ないであろう。それでは多くの人々を納得させ、彼等を結びつけながら社会的に蔓延するだけの通用力を持つことは困難である。もし全然それに該当する事実を持たなくても流言蜚語となる資格がなく、また完全に事実に適合しておれば尚更《なおさら》流言蜚語でなくなってしまうものとすれば、流言蜚語は実に完全な不適合と完全な適合との中間にのみ生れることが出来ると言わねばなるまい。

例えば或る国に某財閥を代表するAという大臣と某方面を代表するBという大臣とがい

るとする。閣議の途中でAが蒼い顔をして急に帰邸して、間もなく某医学博士が同邸を訪問したとする。そしてAの代表する某財閥がBの代表する某方面から予て憎《かね》まれていて、事毎に両者の間に確執があったものと仮定しよう。――これだけの事実が与えられていたとすると、そこから容易に流言蜚語が生れる。「Aは会議の席上でBに殴られた！」――新聞もラジオもAが殴られたということを報道したのではない。しかし右に挙げた幾つかの事実が目撃者の口を通じて伝えられれば、立派に一つの流言蜚語が発生する訳であり、それは更に「Aは辞職するかも知れぬ」という形態に発展し、それが口から口へ伝播するうちに「もう辞表を出したそうだ」というところまで進んで、翌日の株式市場に影響を及ぼす位は誠に易々たることである。

Aが蒼い顔をして帰邸したのは腹痛のためであり、某医学博士の往診もそのためであったとすれば、右の流言蜚語が事実の正確な報道でなかったことは明らかである。しかしそれが事実に反するものであり、無根拠の流言であったにしても、徹頭徹尾事実に適合していないとは言えない。殴られたということは嘘である。しかし嘘と結びついて全体を組立てている諸事実はあくまでも真実である。このような諸事実を含まぬ時、流言蜚語は立派な流言蜚語として人々の間を歩き廻ることが出来ないであろう。だがもっと注意すべきことがある。完全に嘘であるにも拘《かかわ》らず、現実以上に真実であるような流言蜚語があるのである。優れた芸術が現実よりももっと現実的であるように、優れた流言蜚語というものがあるとすれば、それは現実に与えられている以上の真実味を深く湛えたものでなければならぬ。AはBのために殴られはしなかった。それにも拘らず、かの流言蜚語はAとBがそれぞれ代表する社会的勢力の間の切迫した関係を、現に展開されている以上の真実味を以《もっ》て物語っているのである。即ち優れた流言蜚語は社会的現実の動きを端的に、即ち想像を加味することによって実際以上の鋭さを与えて示すのである。こうした性格の故《ゆえ》にそれは当局や新聞の否定乃至黙殺を無視して、時としてはかえってこれに拍車をかけられてその働きを営むのである。

優れた芸術が現実以上に真実を伝えるということは何人も否定しないであろう。しかし学問もまた同じような性質を持っていないであろうか。科学上の法則というようなものはすべて現実を支配する真実の関係を表現するものである。これは誰も疑わぬであろう。けれども実際の与えられた現実を見れば、こういう法則は決してそのまま実現されているのではない。そこにはこの法則の実現を阻む様々な具体的事情がある。学問の世界においてはこういう妨害をする具体的な事情がすべて切捨てられて捨象されているのであって、そのために法則が純粋な形態で現われて来るのである。こうした世界を現実の中から取出して来ることは一般に抽象と名づけられている。学問も芸術も総じて人間の営みはこのような抽象を含まねば行われ得ないのであって、これを行わずに現実をその全体において捕えるということはおよそ人間の能力を超えた大業と考えられる。しかし抽象という働きがあるために芸術なり学問なりは現実の生命の尠くとも一端に触れることが出来、これを純粋に表現することが出来るのである。これ等の領域における抽象の権利を認めないものはない。ところが抽象という働きは或る程度において流言蜚語の場合にも見出されるものである。ただ不幸なことは、学問や芸術においては問題となっていることが直ちにそのまま現実の事実であることを誰も要求せぬのに反し、流言蜚語においては同じく抽象を根本に含んでおりながら直ちにこれを現実そのものとして主張するのである。前の二者にあっては事実との距離が不問に附されるのと反対に、流言蜚語においては事実との距離はこれに対する非難の根拠となる。だが社会的に強力な作用を有する流言蜚語は、事実との間に距離を持ちながらしかも事実そのもの以上に事実の本質を明らかに示すものである。プガチョフに関する伝説もそのような性質を持っていたはずである。このような真実味において著しく欠けるところがある流言蜚語は、所謂《いわゆる》罪のないものであって、それ自身としてはあまり上乗のものではなく、従って広く伝播することも稀であり、また仮に伝播しても、人を動かして一定の行動に出でしめるに至らないものである。

以上のように見て来ると、流言蜚語の特質と言われる無根拠ということも大分その影が薄くなるのであるが、しかし確かにそれが或る一部分において事実に適合していないということは一般に否定出来ないことである。a—b′—cにおいてはaとcとがそれぞれ適合する事実を持っていても、b′は何等《なんら》これに相当するものがない。或はたとえあるにしても公表されていないのである。公表されていないものは、ないものであるとも言うことが出来る。だからb′を中心としてこの流言蜚語を考える場合、それはどこまでも無根拠なものと呼ばれねばならぬ。流言蜚語の危険な作用に着目してその弾圧に努める政治的社会的の権力者は、いつもこのb′というところに力点を置いている。流言蜚語は通常この政治上の権力によって流言蜚語としての烙印を押される。そしてそれがこの烙印を押されるのは、これに相当する事実を何等持たぬようなb′を含んでいるからである。しかるに流言蜚語が人々の間を走り廻ってその恐るべき働きを営むのは、b′という資格においてでなく、かえってa―b′―cという統一ある全体としてである。b′という一部分を取出してこれを大衆の間に広めようとして見たところで、そういう試みは所詮《しょせん》徒労である。大衆が受取るのは全体であり、大衆が伝えるのも全体である。つまりa―b′―cという形態で以て初めて通用するのである。それをb′という事実はないと言って見ても、あまり効果が挙がらぬのはむしろ当然である。禁止に努めるものは一部分を捕え、それを受取り且つ伝えるものは全体を捕えているのだ。この一部分に関する限り、それは確かに無根拠である。けれども全体を取上げて考えると、そう簡単に無根拠とは言うことが出来ない。

国と国との間に為替相場があるのは貨幣の領域ばかりではない。正義というようなものにも遺憾ながら為替相場があるようである。あってよいのかどうかは判らないが、とにかく実際にはある。総じて流言蜚語は民間から出るものであり、その背後には政治的権力の立っていないのが通例である。そしてこれに流言蜚語という侮蔑的な名称を与えるのは政治的権力の側である。それゆえ流言蜚語というような名をつけられては困ると思っても、これをはっきり言うものはないし、またこれを主張することも出来ない。ところが国と国との間に正義の為替相場があるということを考えて見ると、この関係は更に複雑になる。甲という国において正義として通用しているものが、いつでも乙という国において正義であるのではない。正義であるにしても、その程度が異なっている。二円が一弗《ドル》として通用するとは限らぬように、甲という国の正義がそのままの強度において乙という国に通用するとはきまっていない。勿論この為替相場は正義ばかりにあるのではなく、精神の領域にわたって広く看取出来ることである。戦争或はその他の政治的対立のある時にはこの相場に非常な狂いを生ずる。二円が一弗に通用せぬばかりではない。こちらのプラスがあちらのマイナスになり、あちらのプラスがこちらのマイナスになる。ひとり戦争のみでなく一般に国家間の政治的対立が鋭くなっている時に、甲という国の事情に関する報道が乙という国から発せられたとする。そしてこの報道が予《あらかじ》め甲という国において行われていた報道と対立し衝突すると考えて見よう。そういうことは決して珍しい例ではない。何故《なぜ》なら現在の報道通信の機関は国家間の距離の短縮或はこの距離をなくしてしまう段階まで来ているからである。平和な時代においては便利であり貴重であったものが、今は全く逆な目的に役立つ手段として現われる。勿論これも防ぐことが出来ないというものではない。しかし防禦《ぼうぎょ》は完全に行えるものではない。いつか乙という国から発せられた報道が、甲という国の内部にも浸潤して来る。そしてそこに二つの報道が対立する。対立する場合はまだよい。乙という国から発せられた報道の中心に立っている事について未だ何等の報道も甲という国の内部に行われていなかった時、つまりそれが甲という国の民衆にとって全く耳新しいことであった時は、もっと烈しい動揺が起こる。ところがこういう問題においては甲という国の人間の方が自分の国の事情であるから乙という国の人間よりもよく知っているとは言えない。自分の国の事柄であっても、それは手に取って自分の眼で眺めることの出来るものではないし、たとえこれがそうだと言われても直ぐに理解出来るものではないからである。甲という国の政治的権力は乙という国から来た報道を一つの流言蜚語として片づけようとするに違いない。けれども前に論じた流言蜚語は単に民間のものであって、その背後に何等政治的権力を有しておらぬものであった。これに反して乙という国からの報道は、その背後に一個の強力な政治的権力を有している。しかしそれが流言蜚語であるとしても、単に甲という国の内部にだけでなく、乙という国は勿論のこと、更に世界の各国に広められるのである。そして広い世界では最早《もはや》流言蜚語としての取扱を受けず、堂々たる報道として横行するかも知れない。

流言は国家を審《さば》くものであると言えないであろうか。尠くとも流言蜚語は国家を試すものではないであろうか。以上のような事情の下にあっては、民衆から信頼されている国家のみが動揺を免れることが出来る。もしこの信頼が根のないものであったり、単に表面的のものであったりしたならば、外国から来た一片の報道によっても国家の秩序は根本的に攪乱されるのを免れ得ない。国家がいかなる程度において信頼されているかを最もよく示すものは、外国から流言蜚語が訪れた時である。愛人を真に深く愛するもののみが愛人に関する不利な風評を一笑に附することが出来るのと同じである。しかしこのように深く愛する人が甚だ稀であるように、完全に民衆から信頼されている国家もまた稀である。戦争に当って流言蜚語を敵国に放つことがしばしば用いられ、相当の成果を収めることが出来るのも、すべてそのためである。実直な哲学者カントは、戦争の時はどんな手段に訴えてもよいが敵国民の間に流言を放つことだけは許し難いと言っている。けれどもこういう戒めを守る国はほとんどないと言ってもよいであろう。

流言蜚語はこのようにそれが生み出す結果を期待して計画的に用いることが出来る。ドストイェフスキーの『悪霊』の中でピョートル・ヴェルホヴェンスキーがスタヴローギンに向って次のように語っている。ヴェルホヴェンスキーはスタヴローギンを伝説の主人公イヴァン皇子に仕立てて世界を「混乱時代」に化そうとする。「僕等は『今彼は隠れているのだ』と言います。この『彼は隠れているのだ』という短い一語がどんな意味を持っているか判りますか。しかし彼は終に出現するのです。姿を現わすのです。僕等はあの去勢宗徒の連中よりもずっと気の利いた伝説を放ちますよ。彼は実際に存在しているが、まだ……いいですよ！ 誰も見たことがない、——ああ実に面白い伝説を放つことが出来るんですよ！ ……いいですか。僕は君を誰にも見せない積りです。ええ、誰にも……そうしなければならないんです。彼はいる。しかし誰も見たことがない。どこかへ姿を隠しているのだ。こう思わせなければ駄目です。しかし十万人のうち一人位には見せてもいいです。するとその男はロシアの国中を駈け廻って『見た、見た』と喚いて歩く……」

ヨーロッパ大戦の時のことであった。ドイツ軍がベルギーへ侵入するや否や、ドイツ国内に一つの流言が蔓延し始めた。それによると、ベルギー国民は僧侶に唆《そそのか》されて戦争に対する干渉を始め、孤立した派遣軍を襲い、ドイツ軍の占拠している土地を敵国側に通知し、その婦人や老人や子供までが負傷したドイツ兵士にあらゆる暴行を加え、その眼を抉り、その指、鼻、耳を切り落し、僧侶はその説教壇からこうした暴行を奨励し、これを行うものに天国の門が開かれると説いている。——そういう流言なのである。これは前線の兵士達の話が基礎となり、これが後方との連絡に当る人々によって漸次《ぜんじ》ドイツ本国に伝えられる間に出来上ったものである。報道に飢えているドイツ民衆が戦地から帰って来る兵士、負傷して衛戍《えいじゅ》病院に呻吟する兵士、前線からの手紙を通じて知った事実が基本的材料として使われているのであろう。国民は既に外国に対する敵愾心と反抗心とを強く植えつけられていたし、戦線の事情について語る兵士達は、自分達の冒険、敵軍の残虐に力点を置いて話したであろう。赤十字の医者達が負傷兵に施した手術もベルギー民衆の残忍性を立証する材料に変ずる。この流言はやがて新聞の記事となって新しい権威を与えられ、そこから再び人々の会話と昂奮との基礎になった。それは既に一つの事実として人々の間を動き廻っていたのである。カイゼルも勿論これを受容れた。彼が一九一四年九月八日にアメリカ合衆国大統領に宛てて発した有名な電報は、この流言を根拠としてベルギー国民及び僧侶に対する非難と告発とを内容とするものであった。それがやがて単なる無根拠の流言に過ぎないことが判っても、一度広まってしまった以上、これを取消すことは出来ないし、またそうする必要もなかった。それはドイツ国民の戦争熱を高める上から見てこの上ない刺戟剤であったからである。それが無根拠と判ってからでも、人々はこれを利用して戦争を有利に導くのに役立てようと欲した。ベルギー側からすれば、一つの流言蜚語であることは更めて説くまでもないことであるが、ドイツにとっては一つの立派な報道であった。或る国にとって流言蜚語であるものが他の国にとって報道であるというこの事実は、流言蜚語という問題に固有な複雑性の一面を示すものと見なければならぬ。けれどもドイツ側がこの報道の無根拠なる所以を知りながら——或《あるい》は知らぬ時でも——意識的にこれを利用して国民を一定の感情と行動とへ駈り立てようと努める限り、それは既に単なる報道の限界を超えてむしろ宣伝に化していると言うことが出来る。

五　流言蜚語への対策

ローマの詩人ウィルギリウスは或る詩の中で流言蜚語を叛逆者たる巨人の妹として歌っている。ゼウスに向って戦いを挑んだ巨人達は、ゼウスのために一敗地に塗《まみ》れてしまった。そこで巨人達の母である大地は、息子の復讐のために新しく流言を生んだというのである。「流言は彼女の羽毛の数だけの眼を持ち、それだけの数の舌、それだけの数の声を持ち、それだけの数の耳を欹《そばだ》てている。」流言は歩み行くにつれて力を増し、地上を行くのではあるが、その頭は雲の中に隠れており、昼間は望楼に坐し、主として夜間に飛廻るなどという点をウィルギリウスは流言蜚語の性格として指摘している。

流言蜚語は無根拠ということを根本的な資格とするもののように見えた。尠くともこれを禁止し弾圧しようと試みる側からすれば、それは何よりもまず根拠を欠くものでなければならなかった。だが嘘の結果は嘘ではない。嘘は深刻なる真実を生み出す故《ゆえ》にこそ恐れられるのだ。流言蜚語がいかに無根拠なものであるとしても、それが社会生活において営むところの働きは、立派な根拠を有する報道に劣るものではない。無根拠ということは決してその作用を妨げるものではないのである。一片の流言はよく国を傾けることが出来る。秩序と強力とからその意味を奪ってしまうことが出来る。それ故ローマの詩人がこれを叛逆者の妹として遇したのは、恐らく正しい考え方であるに相違ない。そして無根拠という点において流言蜚語を軽視し侮蔑する人々も、その働き或《あるい》は結果に関しては厳格な態度を以《もっ》てその防止に努めるのが常である。為政者が流言蜚語への対策として採用するものは、これを二つに区別することが出来る。

第一はこれを禁止することである。現在の刑法がこの点についてどのような規定を設けているかは知らない。しかし流言蜚語への対策として最も普通のものが消極的な禁止乃至《ないし》弾圧であることは明らかである。フランシス・ベーコンは言う。「これをあまり厳格に抑圧するのは当を得た救済策ではない。」ベーコンが理由とするところは別として、あまり厳格に禁止することが、かえって「そこに何かあるのではないか」、「やはりそれが急所なのではないか」という疑惑を人々の間に植えつけるのは事実である。これは個人の間の風評でも同じである。それは嘘だと言って打消そうと努力すればするほど、嘘ならそんなにあわてる必要がないのに、本当だから一生懸命に打消そうとしているのだと言う。禁止は流言に対して伝播と流通とを刺戟するものとして働く場合が多いのである。それ以外に注意すべきことは、これを禁止するとしても、元来街頭で大きな声で叫ばれるものではなく、人から人へ秘かに語り伝えられるものであるから、実際にこれを語っている人を捕えることは著しく困難である。仮にその一人を捕えても、この人間は他の人間から聴いたのであろうし、これを話した人間も他からこれを聴いたのである。その根源は容易に発見出来るものではない。その上これを伝える手段がすべて言語であるから、物的な証拠が残っていないし、誰も語った通りのことを聴いているわけではない。事実を離れた言葉の自由な成長がそこにあるのであった。無根拠の故に侮蔑されて来た流言蜚語は、またその故に捕えどころがなく、何処《どこ》を押えたらその息の根をとめることが出来るか判らない。

しかし禁止という方法を無力にさせる最も根本的な理由は、民衆が報道に飢えているということである。そんなものを食ってはならぬと警告を発しても、民衆が飢えている以上、あまり効果が挙らぬのは当然である。そこで第二の積極的な方法としてこの飢えを充たす方針が実行される。即ち事実の真相を発表するのである。この方法が優れたものであり、最善のものであることはもとより言うまでもない。けれどもこの方法も幾つかの制限を免れることが出来ない。まずこの方法を徹底的に実行すること自身が困難である。どんな社会或は国家でもすべての事情について万人が納得の行く詳細な報道を行い得るようなものはない。社会成員の間には様々な対立があり矛盾がある。真相の発表は往々にしてこの対立乃至矛盾を激しくさせ、かえって社会の統一を危殆に瀕せしめることがある。個人と個人との間でも自分の本当の気持を正直に語って相手を怒らせずに済むことは甚だ稀である。真相の発表も民衆が注意を一点に集中させていない時ならば容易であろう。だが既に流言蜚語のために彼等の注意が一点に集中せしめられており、その感覚が極度に鋭敏になっている時に、彼等を真に満足せしめるような報道を行うことはほとんど不可能である。真相の発表がしばしば新しい流言蜚語の材料（aとc）として役立つ所以である。これと共に真相の発表という方法の限界を示すものとしては、民衆の飢えが既に流言蜚語によって或る程度まで充たされているということである。真相の発表は民衆の食欲を満足させる優れた食物であるに相違ない。だがこれが与えられる前に民衆は既に流言蜚語という食物を摂取している。それがどんなに食うべからざるものであろうとも、とにかく彼等はこれを食っている。飢えは最早《もはや》或る程度まで静まっている。その上立派な食物が与えられても、流言蜚語を吐き出すことは出来ないし、食欲が減じているのに重ねて食うことは困難である。「空腹は最良の料理人である」という諺はこの場合にもよく当てはまるようである。真相の発表という方法の制限を示す以上の二点によって教えられることは、この方法は流言蜚語の発生する以前において取らるべきであったということである。それがどのように真実であろうとも、流言蜚語の発生後において用いられたのでは、遺憾ながらその意義の大半は失われねばならぬ。

医術の目標とするところが治療でなくかえって予防であるように、政治もまた流言蜚語が発生した後においてこれを禁止したり真相を発表したりするのでなく、その発生に先立って常に真相の発表に努力すべきであり、これによってその発生を防ぐべきである。それに先立って行われてこそ価値のあるものが、それに後れて行われる時は逆に新しい疑惑の種子とさえなるからである。

六　事実の分類

今や吾々の前には一つの根源的な問題が立っている。それは事実ということに関する問題である。流言蜚語は今まで報道の一つとして、アブノーマルな報道形態として取扱われて来た。ところで報道の生命とするところは、その真実性ということ以外に求められぬのであった。蓋《けだ》し報道が必要とされるのは、生きんとする意志に基づくことであり、一般に生きることは環境に対する適応を通じて初めて可能となることであり、環境への適応は環境の正しい知識を前提してのみ成就され得るものであった。報道が報道としての意味を有するためには、真実のものでなければならぬ。しかるにこの真実性という点において流言蜚語は他の報道形態からはっきりと区別されるはずであった。真実性が報道の生命である以上、流言蜚語はそれ自身報道の一形態であるにも拘らず、これを欠くが故《ゆえ》にかえって一般の報道と対立せしめられるのであった。事実ということは現代の人々の情熱となっている。事実を求めてやまぬのは、ひとりアメリカ人のみではない。一切の人間が事実を求め、事実に満足している。だが事実とは何であるか、それは問うまい。しかし事実は人々がこれに接することによって事実として実現されるものである。色々な方法で事実を分類することが出来る。ここではこれに接するという見地から事実に分類を施して見ようと思う。

事実はまず三分される。第一種の事実とは人々が容易に接し得るものであり、第二種の事実とは容易に接し得ないものであり、第三種の事実とは前二者の中間に立つものであって、容易に接し得ないというわけではないが、接してもこれを一望の下に摑むことの出来ないものである。

第一種の事実は人間の生活において彼を直接に囲繞《いにょう》するもの及び彼の身体に属する如きものを含む。今日の天気というようなものは、立って窓を開けば直ちに明らかになる。自分の手も、眼をこれに落せば直ぐ判ることである。自分の時計はポケットから出せばよい。第二種の事実には色々なものがある。他人の気持という如きものは極めて近いところにあるにも拘らず、本当にこれに触れたり接したりすることは出来ない。触れたり接したりすることが出来るのは、他人の表情であり、言葉であり行動である。しかしそれは気持ではない。気持はこれ等のものによって外部に表現されるのであるが、いつも正直に表現されるものではない。気持の影に接することは出来ても、気持そのものは遠いところに隠れているのである。某大臣が脳溢血で急死したと新聞が報じている。けれども本当に脳溢血で死んだのであろうか。自殺ではないであろうか。別に明瞭な根拠があって疑う訳ではない。しかし脳溢血で死んだということにも、これを信じねばならぬような根拠があるのではない。ただそう発表されているだけのことに過ぎない。何《いず》れにしてもこの種の事実は容易に接することが出来ないのである。接し得るとか接し得ないとか言っても、勿論種々の具体的事情のために接し得るはずのものが接し得なくなることがある。あるところに拘禁されているとしよう。その時「お前の家が火事だ」と告げられたとする。平常自宅に生活している時ならば、自宅が火事であるかどうかは全く問題にならぬ。ところが身体の自由を失っている時は、たとえこの言葉が単なる嘘であったとしても、これを聴くものは思わず顔色を変えるであろう。事実に接することが出来ないからである。第三種の事実に移ろう。人間の知覚という働きには限度がある。二枚の紙を並べて、その一方の上に碁石を三個、他方の上に碁石を五個置いて、何れが多いかと尋ねたならばきっと誰でも正しく答えるであろう。しかし一方に二十個、他方に二十二個を置いて、同じ質問を繰返しても、人々は即座に答えることは出来ない。二つの国が戦争しているとしよう。戦場に立って両軍の損害を一望の下に比較しようと企てるものがあったと仮定しよう。いかに眼を見開いても、それは判るものではない。両軍の死屍は眼前に横たわっている。事実に接しているのである。けれども全体を一つに纏めて把握するのはおよそ人力を超えたことである。

第一の事実について毎日報道するような新聞があるであろうか。報道は他の通信や交通と共に人間の感覚器官の延長として働くものであった。ところが第一種の事実はこのような感覚器官の延長によってでなく、感覚器官そのものによって十分に知ることの出来るものであった。従ってそれは更めて報道する必要のないものである。報道される資格を有する事実は第二種及び第三種に限られる。報道ということが社会生活において重要な地位を占めるに至らなかった昔は、人間の生活に作用を及ぼすものは——社会的事実としては——概ね感覚器官を以《もっ》て捕え得るもののみであって、第二種及び第三種の事実というようなものはあまり問題とならなかったかも知れぬ。しかるに現在では人間の生活に決定的な影響を与えるものは、感覚器官の届く範囲内にある事実であるよりも、これを超えた事実即ち感覚器官の延長を俟《ま》って初めて知り得るような事実である方が多い。そういう遠いところにある事実についてその真実を知らねば生きて行くことが、尠くともよく生きて行くことが出来ないのである。社会が進歩するに応じて信用というものの地位が次第に重要性を増して来るとドイツの或る学者は述べている。しかし現在の社会生活において接触する人間は、昔とは異なって多くその父祖を知らず、またその私生活を知らぬような人々である。しかもこれ等の人々に対する信用が深い意味を持っているのである。吾々の生活に影響を与えるものが第一種の事実から漸次第二種及び第三種の事実に転じ来《きた》ったこと、そしてそれに応じて報道が重要性を加え来ったこと、これはよく記憶すべきである。一般に報道される事実は人々が容易に接し得ぬ事実であるか、或《あるい》は接し得てもよく捕えることの出来ぬような事実である。ところがアブノーマルな報道形態たる流言蜚語においても問題となるのは第一種の事実ではなくして、寧《むし》ろ第二種及び第三種の事実である。第一種の事実を中心として成立した流言蜚語というようなものは恐らく存在しなかったであろう。流言蜚語ばかりでなく、宣伝や虚言も第二種及び第三種の事実についてのみ成立する。アメリカの或る学者は宣伝についてこう言っている。「宣伝において最も大切なことは、宣伝を受けるほとんどすべての人々が宣伝される事実について何も知らずまた何も知ることが出来ないということである。」知っておれば更めて宣伝する必要はない。しかし知っておったら宣伝しても効果がないのである。宣伝は報道ではない。宣伝は或る報道を含みながらも、これによって相手をして一定の行動に出でしめるものでなければならぬ。そしてこの行動は宣伝を行うものにとって有利な方向を持つものであることを必要とする。そういう計画的な活動が宣伝である。宣伝を受けるものが、宣伝の中心となっている事実について知らずまた知ることが出来ぬという条件が充たされていてこそ、宣伝を行うものにとって有利な方向を有する行動の主体となるのである。虚言は飽くまでも自己を真実として示すことによって虚言としての生命を獲得するものである。虚言が虚言として知られるや否や、その働きはすべて失われねばならぬ。虚言が虚言として知られる危険は、問題となっている事実が接し得られるものであるところに存する。事実が接し得られるものである時、そういう不利な条件において語られる虚言は、所謂罪のないものであり、かえって滑稽として笑を招くものである。真の虚言は事実が接し得られぬか或は接しても理解出来ぬ時にのみ活動する。

流言蜚語と報道とが対立し戦い合うのは、第二種及び第三種の事実についてであった。しかるに流言蜚語と報道とを区別するものは真実性という点であった。報道の生命としての真実性が欠けていることによって、流言蜚語は特別の取扱を受けねばならぬ。或る報道が流言蜚語であるかそれとも真の報道であるかを決定することは今や容易である。事実を捕え来ってそれがこれと合致するか否かを検《けみ》すればよいのである。事実と合すれば真の報道であり、これと合致しなければ憎むべき流言蜚語である。こう考えるであろう。

だが一体誰がいかにして事実との合致を吟味するのであるか。報道の文章は吾々の手中にある。しかしこれと比較すべき事実はどこにあるか。そしていかにしてこれに接するのか。報道及び流言蜚語において問題となる事実は、容易に接し得る第一種の事実ではなく、第二種及び第三種の事実に属していたはずである。それは遠いところにあるか、近いところにあっても突きとめることの出来ぬものであり、突きとめても理解出来ぬものであった。猫の首に鈴をつけることを提案しても、鈴をつける鼠がいないのである。特殊の人は別としても、一般の民衆にとって報道か流言蜚語かを決定することは出来ないのである。何故《なぜ》なら両者を測るべき尺度が手の届かぬところに置かれているからである。事実を手に入れようとしても、事実に接するということそのことが再び他の報道によらねばならぬことになり、しかもこれは更にそれが報道か流言蜚語かの疑をかけられるのである。認識論においてしばしば問題となる循環に似たものがここにあると考えられる。

結論はこうである。本当の報道と流言蜚語とを区別することは出来ない。これは悲しむべき結論であるかも知れない。しかし自然に生じた結論である。人々は或はこう言うかも知れない。もし永い時間を藉《か》すならば、両者は截然と区別することが出来る。――しかし永い時間が経った後ならば、報道も流言蜚語も最早その現実的な意義を失っているであろう。報道は環境に対する人間の適応に役立つ意味を喪失し、流言蜚語は社会の統一を破るその働きを既に営んでいない。そのような時になって両者を区別して見ても、それは所詮《しよせん》無用の業であるの外はない。区別する必要があるのは、両者がとにかく現実的な意味を持っている時であり、社会生活のうちに活動している時である。ところがこの時に区別することが不可能なのである。

本当の報道と流言蜚語とを区別することは出来ないと言った。けれども実際において人々はこの両者を区別しているのである。それも既に両者が現実的な作用を営まなくなってからでなく、これを営んでいる時に区別しているのである。一つの例を挙げて説明しよう。或る政治家が急死したという記事が新聞に現われた。死因は脳溢血と書いてある。ところがやがて町角から彼の死は自殺であるという噂が生れる。ちょうど一つの大疑獄が発展して同氏の身辺が危いという記事が数日前の新聞に出ていた時である。しかし脳溢血説と自殺説との何《いず》れが流言蜚語であり、何れが本当の報道であろうか。誰も迷うことなく自殺説を流言蜚語と定め、脳溢血説を報道として考える。前に掲げた標準をこれに適用しよう。大切なのはどこまでも事実である。自殺か脳溢血かは同氏の死骸を見れば大体判るであろう。ところがこれは可能であろうか。主治医を訪れても、遺族に尋ねても、脳溢血と答えるにきまっている。しかし死骸を見せてくれないということもきまっている。探偵小説に出て来るような方法に訴えれば出来るかも知れないが、それは多くの危険を伴うし、それほどまでして事実に接する必要もない。脳溢血説の方が事実に合しているという証拠はない。自殺説の方にも事実に合しているという証拠は勿論ありはしない。ただ新聞の写真を見て、こういう体格では脳溢血になるはずはないと考える位のものである。事実に接することが出来ず、従って事実との合致を吟味することも出来ぬ。しかし一方は報道として取扱われ、他方は流言蜚語として待遇される。それは何に基づいているのであろうか。人々が通常報道と流言蜚語とを区別しているのは両者の内容によってでなく、両者の形式によってなのである。それではいかなる形式であろうか。それは第一に署名されているか否かということである。人々が報道として受取るものは、一般に署名人を持っている。政府当局の発表であれば、政府がその署名人であろう。新聞や雑誌にも勿論署名人がある。署名人があるということは、出所がきまっているということを意味する。ところが反対に流言蜚語はこのような署名人を持たぬのが普通である。その出所が一定の個人或は団体とはっきり判るような流言蜚語は恐らくないであろう。もっとも後になってからならば、大体判るかも知れない。しかし流言蜚語が盛に活躍している場合にその出所を知るのは著しく困難である。署名人及び出所の問題は、延《ひ》いて責任者の有無の問題に変ずる。報道の場合はその内容が事実そのものの忠実な反映であることに対して、即ち報道と事実との合致について署名人が責任を負うことになっている。それ故に新聞には取消ということが可能なのである。これに反して責任者を有する流言蜚語などというものはない。これを語るものが「これは甲から聴いた話だ」と前提するかも知れない。けれども甲は必ず乙から聴いているのであり、乙は丙から聴いているのである。そして丙は名前も何も知らぬ路傍の人から聴いたのであるかも知れない。誰も責任を負おうとしない。ただそういう話があるから伝えたまでのことであって、それ以上の深い考えがあったわけではない。報知されるものが一定の名前を持つ個人或は団体と結びついていて、これに対して責任を持つか否かということが、このように重要な意味を持つのである。人々はまずこの点からして本当の報道と流言蜚語との区別を始める。けれどもよく考えて見れば、報道においては責任者が定められていると言っても、このことは毫《ごう》も内容の真実を立証するものではない。何故なら真実か虚偽かを検するには報道と事実とを比較し吟味することが必要とされるのであり、しかも事実は近寄り難いものか、近寄っても理解し難いものかであったからである。それ故報道と事実との不一致を知って署名人の責任を問う資格のあるものはほとんどいないからである。

人々が報道と流言蜚語とを区別する第二の点は、前者が文字として客観化されているのに反し、後者はそのように客観化されることなく、常に口頭という不安定な形式を以て生きているということである。新聞に発表されていることは、ただ自分だけが読むのではない。自分の知っている人も自分の知らぬ人々もすべて同様に読むのである。そこに特殊な安心が生ずる。ところが口頭によって伝えられる時、個人から個人へ語られる場合に全く同じに伝えられるということはない。そこには不断に喰違いが起こり、しかも一度起こった喰違いは次第に大きくなって行くものである。前者がはっきりした輪廓を持つのに対して、後者はそれを欠いている。前者は一つの固定したものであるのに反して、後者はいつも動揺するものである。そこから更に人々は報道においては後になってからでも事実と比較する便宜を有するが、流言蜚語においてはそういうことが不可能であると考える。活字として客観化されているものは、後日までもそのままの形態で残るが、口頭を以て伝えられたものは、二度と同じ形態を以て吾々の前に現われることはなく、捕えようとしても影だけしかない。後になってから本当に事実と報道とを比較しようと企てるものはないであろう。しかし比較しようと思えば出来るという形式を具えていることは、またそれだけで別の意味を持つのである。だが報道や流言蜚語の生命は大抵或る時間の間しか存続しない。報道と流言蜚語とが対立して生きるのは、一定の期間だけのことである。その時間を過ぎてから事実との比較が行われたにしても、そしてその結果報道の虚偽が明らかになったとしても、それは報道にとって大きな損害ではない。一定の時間が経ってからでは、比較を試みようとする熱情が何人《なんぴと》の胸にも湧いて来ないであろう。

以上の二つの事項に結びついてなお第三の問題がある。報道は一般に検閲を通っているが、流言蜚語は検閲の眼から逃れている。検閲は通常国家が行うものである。報道が検閲を通っているということは、何も国家が内容の真実を一々保証していることではない。しかし他方の流言蜚語が検閲官の前に自己の姿を現わすだけの自信がなく、自らその眼を逃れようとするのと対照すれば、尠《すくな》くとも前者にはこれを恐れぬだけのものがなければならぬと考えられるのは自然である。そこで或る報知が検閲を通過していれば、これを報道と考え、逆に検閲官を恐れていれば、これを流言蜚語と見るのが普通の人々の考え方である。内容の側から見て報道と流言蜚語とを区別することは大体不可能である。しかし人々は右に指摘したような形式上の差異に基づいて両者をはっきりと区別している。根本的に考察すれば、流言蜚語と報道との真の差異であるように見えた事実との一致或は不一致ということは実際においては何等《なんら》区別の標準として働くことなく、これと無関係な尺度が作用していると言うことが出来るであろう。人々は二つのものを区別しているが、それは知識に基づいて区別しているのではない。知識は事物そのものを自分の眼で見、自分の耳で聴き、自分の手で触れようとする人間の活動であり、またその成果である。こういう知識の世界を守っている限り、報道と流言蜚語とを区別することは不可能である。今は知識の世界を出て人々は信仰の世界に立っているのだ。二つのものを区別するのは知識でなくて信仰である。信仰と言って悪ければ、信頼と言い換えてもよい。とにかくそういう知識とは別な態度を俟《ま》って初めて両者の区別が可能になるのである。

信仰と言い、信頼と言った。知識の世界では全体の一部分を知っても他の部分を知らぬということがある。しかし信仰の世界では一部分を信じて他の部分を信じないということはあり得ない。全体か無かというのが信仰の世界の法則である。報道が流言蜚語から区別されるのは、前者が信頼されているからである。しかしこの際一々の報道がそれ自身として信ぜられていると思ってはならぬ。一つの報道が信ぜられて他の報道が信ぜられぬというようなことはない。信ぜられているのは一つの報道でなく、新聞全体である。或は逆に信ぜられていないのは一つの報道でなく、かえって新聞全体であると言えるであろう。一部分の信仰はそのまま全体の信仰に転ずる。そして一部分の疑惑はやがて全体の疑惑に化するのである。こういう信仰の論理は人々を導いて一片の報道への信仰が政府全体への信仰と同一になるところまで連れて行く。一片の報道の背後にはこれを包む全体として新聞が立っている。しかしそれはまた新聞を検閲した検閲官によって包まれ、この官吏は政府という全体の中に包まれる。報道↓新聞↓検閲官↓政府。人々の眼に直接に触れるものは報道である。報道への信頼ということはやがて新聞への信頼であり、新聞への信頼はそのまま検閲官への信頼であり、検閲官への信頼はついに政府への信頼である。或る記事を信頼するのは、政府を信頼するからである。だがこれを逆にすれば、報道に対する疑惑と不信とは新聞及び検閲官を通って政府に対する疑惑と不信とになる。ここでは一を失うものは一切を失わねばならず、一を得るものは一切をその手中に収めることが出来る。一を集めて十に達するという論理は通用しない。一がそのまま十であり、十がそれ自身一なのである。プガチョフの問題の時にも幾つかの流言蜚語の中に一つの公許的な解釈があった。これは元来流言蜚語と呼ばれるべきものではない。もしも当時のロシア国家が民衆の信頼を十分に得ておったならば、これこそ真の報道であって、他の流言の介在する余地を残さなかったに違いないのである。

知識がいかなる場合にも一歩ずつ進んで行くのに反して、信仰は不断に飛躍を含んでいる。知識が当然間隙として残すようなものも信仰は一挙に飛び越えてしまう。知識の能力の外に立っている多くのことを、信仰は容易に成就する。知識の世界に立つ限り区別出来なかった報道と流言蜚語とは、信仰の世界においては易々と区別されるのである。政治的支配に参加するものも民衆も共に知らねばならぬことは、このように両者を区別する場所が知識でなく信仰であるという点である。そしてそれは更に信仰が知識の能力を超えた事柄を成就出来るからでなく、実に知識の知らぬ如き危険を信仰が伴っているからである。吾々は次に社会生活における知識と信仰との役割について簡単な考察を加えておこうと思う。

七　環境とイメージ

他の著書で詳しく述べておいたように、人間はまず第一に行動するものであり、行動を通じて環境に適応するものである。そして人間が単に行動するものである限り、人間の世界は動物の世界と本質的に異なるものを持つことは出来ない。もとより人間は動物の知らぬ如き文化を享有している。けれどもたとえこれ等のものが他の動物の知らぬものであるとしても、それが既に与えられたものとして人間の環境を形作り、人間がこれへの適応において生きる時、その行動様式は動物がその環境に対して適応する場合の行動の様式と根本的に異なるものではない。社会生活を営むという如きことも、直ちにこれを以て人間の名誉と見ることは出来ぬ。動物の社会集団に関する幾多の研究は、或る意味において人間社会の模範と典型とが動物の世界にあることを教えているからである。行動するものとしての人間は作られたものであるに過ぎない。かつて人々は人間は神によって作られたものであるという信仰を捨てた。今や吾々が捨てねばならぬものは、社会によって作られたものであるところに人間の本質を求めようとする確信である。

人間は単に社会によって作られたものにとどまることなく、飜《ひるがえ》って社会を作るものである。人間は行動する存在であるばかりでなく、かえって行為する存在であると言わねばならぬ。それは既に与えられている文化を享受するのみでなく、更にこれを創造するものである。自己に先立つものが残して行った行動の様式を守るところに人間の生命があるのではなく、逆にその否定と克服とに基づいて新しく生きる道を生み出すところにその生命があるのである。自ら思惟し選択し決意することは、人間が行動する存在の上に出でようとする時に避けることの出来ない過程であり、しかもそれは往々信ぜられているように容易に行い得るものではない。人間は行為するものであり作るものである。人間の世界における一切の進歩は、人間がこれを自覚することと結びついてのみ実現されたものである。ところで人間が作るものは社会であり社会的環境であるにほかならない。環境が人間に一定の行動様式を教えるものである限り、社会的環境を人間が作るということは、更にこの環境を通して人間を作るの謂《いい》でなければならぬ。行為するものとしての人間は社会的環境を作り、これを作ることによって人間を作るのである。従って人間の世界は自然的と社会的との二つの環境を持つのである。

すべての生物と同じく、人間は一定の環境に適応することによってのみ生活することが出来る。人類の進化も個人の一生も総じて環境への適応の歴史であると言うことが出来よう。ところが環境と人間との関係についてこれを直接的な交渉であると考えるほど広く流布している誤解はない。人間が環境への適応において生きると言われる時、人間が直接に環境に触れその真実に接していると信ぜられていないことは極めて稀である。そしてほとんど常にそう信ぜられているために多くの誤謬と不幸とが生じているのである。人間と環境との関係はそのように直接的なものと考えることを許さない。第一に人間の環境は著しく厖大且《か》つ複雑であって、およそ単なる知覚の限界を超えると共に、非凡の人を以《もつ》てしても一望の下に把握し得る底のものではない。第二に仮に時間を藉《か》しても、その一々について調査と研究とを進めることは、ほとんど成就を期待出来ぬ如き難事業である。環境にして変化を忘れぬものである以上、このような大規模な調査研究も進行すると共にその価値を失って行かねばならぬに相違ない。第三に環境を知ることに多くの時間を費すことは出来ない。環境についてその真実を捕え得た時にこれへの適応を行うという如きは、そもそも適応の意味を持つことが出来ない。人間は不断に環境への適応を要求せられ、しかも刺戟と適応との間は多くの場合間隙を残さぬものであることを必要とする。そうでなければ一般に人間は生きて行くことが出来ないのである。

このような事情は環境と人間との間に直接的関係の成立することを不可能ならしめずには措かない。環境について深く知ることなしにこれに適応を遂げねば生きて行くことの出来ぬ人間は、環境に関して一つの写しを取らねばならぬ。それは環境に関する一定の観念であり、環境のイメージである。環境――人間という関係でなく、環境――イメージ――人間という関係が成立する。「人間はパンのみによって生きるものではなく、主として標語によって生きる」とスティヴンスンは言っている。人間は環境に直接に触れ、その真実に接して生きるものであるよりも、むしろ環境に関する標語によって生きるものである。しかし人間の一生のほとんどすべては標語というよりも更に内面化したイメージに従って生きるのである。新しい条件と信ぜられるものに出会った時は特に標語に頼るかも知れない。しかし条件があまり変化せぬと考えられている場合は、謂わば無意識の裡《うち》に一つの道を選んで適応するのが常である。「人々の苦しむのは事柄自体によるよりも事柄に関する意見による」と古代人は言った。一般に人間が喜ぶのも悲しむのも或る環境に直面した時であるよりも、むしろ環境に関する或るイメージを持った時である。

人間と環境との間に直接的な関係を認めることが誤謬であるとすれば、環境とそのイメージとの間に後者が前者の鏡であるような関係を見出すのもこれに劣らぬ誤謬であろう。イメージは必ずしも環境をそのままに伝えるものでもなく、その真実を映す鏡であるわけでもない。環境とイメージとの間には通常もっと不幸な関係が横たわっている。その関係が明るいものであるよりも暗いものであり、幸福な関係であるよりも不幸な関係であるのは、単に環境がさきに述べたように著しく厖大且つ複雑なものであるために、その完全な姿を映すには環境と同じだけの広さと深さとが必要であるという如き量的な困難に由来するばかりではない。従ってそこに或る種の省略法が用いられねばならず、このために真実が歪められることを免れ得ないという理由に基づくものでもない。そういう困難も確かに存在する。しかし考えねばならぬのは別のことである。

或る大洋の真中に一つの島があってイギリス人やフランス人やドイツ人が平和な集団生活を営んでおった。ただこの島には電信が通じておらず、イギリスの郵便船が六十四日目毎にこの孤島を訪れ、書翰や雑誌などを配達することになっていた。一九一四年のことであった。この年の九月に入ってから未だ一度もこの船は姿を見せなかった。島の人々は前回の船で運ばれた新聞を拡げながら、それに報道されている或る殺人事件の裁判の結果について色々と予想を語り合っていた。九月中旬に待ち兼ねた船が着いた時、人々は船長にその裁判の模様を聞こうとあせった。しかし島の人々が船長からまず聴いたことは、ちょうど六週間前からイギリス人とフランス人とがドイツ人を敵として戦っているということであった。そしてその時に初めて島の人々の平和な生活が終ったのである。――こういう話をウォルター・リップマンはその名著『輿論』の冒頭に書いている。これは環境の変化がイメージの変化を惹起するのが著しく遅れた例である。島の人々は六週間にわたって実は既に全く存在することをやめた環境に適応して生活して来たのである。この場合は環境とイメージとの間にギャップがあってもとにかく生活を続けることが出来た。しかもそれは幸福な生活でさえあったのである。しかし大陸に住んでいた人々でも決して環境の変化と共に新しいイメージを持つようになったのではない。それは六週間ではなかったかも知れない。六日間か或は六時間かであったであろう。尠くともその間多くの人々は既に失われた環境に適応しようと試みておったのである。そして多くの人々は環境の変化と新しいイメージの成立との間に横たわる六日間或《あるい》は六時間のために数々の深刻な不幸を蒙《こうむ》ったのである。そのギャップのために彼等はその職業において幾多の損失を招いているのである。

しかしこのような環境とイメージとの間隙は自然的環境についても発見することが出来る。一般に自然現象に関する場合には知識の発展が不完全であるという原因のために環境とイメージの間隙が生じているようである。もしも地図が世界を一個の平坦なものとして描いているとしたならば、誰も世界の涯と思われるようなところへ船を進めぬに違いない。

環境――イメージ――人間という関係が問題であった。ところがイメージが環境を映す忠実な鏡でないとしても、それは人間の行動を左右し決定するものであり、その意味において人間の生活に欠くことの出来ないものであった。しかし環境は自然的環境であるか社会的環境であるかである。人間の行動がイメージによる規定を受けるものであることは、二種の環境の何《いず》れに関しても等しく言うことが出来る。何れの環境も厖大且つ複雑であってしかも軽々に逆睹《ぎゃくと》を許さぬ変化の可能性を含んでいる。それへの適応にはイメージによる媒介が何処《どこ》までも必要である。人間の生活はこのイメージに従って展開される。これは自然的環境についても社会的環境についても同様に看取されるところである。しかしもしも環境——イメージ——人間という関係においてイメージが人間の行動を規定するというだけでなく、更にイメージが環境を支えるということがあるとしたらどうであろうか。そのようなことは考えられぬと人々は言うかも知れない。確かに自然的環境に関しては一般に考えることが出来ないであろう。だが社会的環境については十分に考えられることである。啻《ただ》に考えられるばかりでなく、吾々の周囲において常住に観察されるところである。

人間の社会生活は動物の集団生活のように本能を根幹として形成されているものではない。その上人間は常に観念の世界をその領域に持っている。人間の行動の底には環境のイメージが横たわっているのであって、行動の有する方法或は形態はこのイメージの特質から流れ出しているものである。それが正しいイメージであるか否かは今日は全く問題とならない。人々は自分の前に社会というものが立っていると考え、自分はこの社会に適応しようとしていると考える。しかしすべての人々が自分の前に立っているはずの社会に適応しようとする働きを一時やめることが出来たとしたならば、その時に社会というものはないのである。すべての人でなくてもよい。多くの人々或は一部の人々がそういう働きから自己を解放しても、社会はその存在を失わねばならぬ。働きをやめることも必要ない。従来の行動様式と異なった様式においてその働きを遂行するとしたならば、社会は直ちにその形態を変ずるのである。自己の彼岸に立っていると信ぜられた社会は、実は自己の働きの結果であるに過ぎない。もとより人間の行動は社会的環境からの規定を受けて一定の様式を取るのである。しかし社会的環境として自己から離れてあるもののように考えられているものは、その根本において人間が支えているものなのである。人間の社会が人間の行動の全体であるということは、この行動の底にイメージが横たわっているという事情のために、環境――イメージ――人間という関係を特殊なものとするのである。一定の社会が存立しているということの基礎には、多くの社会成員が一定のイメージを持っているということがあるのである。イメージが環境を支えるという事実はここから生ずるのである。そして自然環境に関して同じことを主張し得ないのは言うまでもない。

環境――イメージ――人間という関係を中心とする自然的環境と社会的環境との差異は、当然これ等両者における環境とイメージとのギャップにおいても著しい差異を生ずる。環境とイメージとの間に喰違いがあったために暴風雨が起こったのでもなく、人間が穏かな天候を予想していたからと言ってそのために空が晴れるのでもない。地図が完全であったために世界が球形であったのでもなく、地図が世界を平板なものと示していたからと言ってそれで世界は平坦なものになるわけでもない。自然的環境はイメージとは独立に存在する。それは自己の力を自由に発揮しているのである。イメージは人間の側に属するものであって、自然的環境の与《あずか》り知るところではない。人間がどのようなイメージを持っていようと自然はこれに対して無関心である。イメージの性質がどうであろうと、自然は喜ぶことも悲しむこともない。喜び悲しむのは人間のみである。イメージと自然的環境との関係は一つの偶然的なものを現わしている。

自然的環境に対する人間の適応はどこまでも人間の適応である。その適応が成功する時に利益を受けるものは人間であり、これが失敗に終った時に損失を蒙るものも人間である。自然にとっては寸毫の得失もない。しかるに社会的環境への適応において人間の適応が成功した時に利益を受けるのは人間ばかりではない。社会もまたこれによって利益を受けるのである。不成功に終った場合にその損失を嘆かねばならぬのも人間のみでなく、社会もまたその苦しみを嘗《な》めるのである。社会的環境に対する人間の適応を貫くこの相互性は、実に社会が人間の行動の全体として成立していることに基づくものである。従って環境とイメージとの間のギャップは、自然の場合のように単に人間の側の不幸を惹起するのみでなく、同時に社会の側の不幸をも生ずるものと考えることが出来よう。しかしこういう事柄がないであろうか。環境とイメージとの間に甚しいギャップがあることによってかえって一定の社会が久しきにわたって存続することが出来るというようなことがないであろうか。フランス革命の勃発に先立つ一世紀間においてもしもフランスの多くの社会成員が現に自分達の生活している社会の経済的及び政治的事情に関して真実を知ったとするならば、即ち彼等の環境を忠実に反映する如きイメージを持つことが出来たとするならば、フランスの社会はその時に崩壊したに相違ない。多くの社会成員が社会的環境の真実との間にギャップを有するイメージを持っていたために、そしてこのイメージに従って行動していたために、社会が相当期間にわたって存続することが出来たという例はそう稀なものではない。或る社会の末期においては、これはむしろ一般的な事実であると言えよう。環境がイメージに依って支えられるということが信じ難いならば、環境とイメージとのギャップに依って偉大な社会がその生命を延ばすことが出来るというのは更に信じ難いことであろう。しかしそれは現実に存在する重要な事実である。だからこの事実を説明するものは、最早社会的環境が厖大且つ複雑であるということや或はその程度において自然的環境を凌駕するということではない。社会が人間行動の全体であるということもこの事実を明らかにする力を持つものではない。かえって社会が人間行動の全体であるということは、この事実の説明を困難ならしめるように見える。社会的環境とイメージとの間にギャップが横たわっているということは、このようなイメージを持って生活する人間にとっては確かに大きな不幸であるに相違ない。そして逆にこのイメージを捨てて新しく環境の真実を映すイメージを持つことが彼の幸福を約束するということは確かである。しかしそれと共に人間が不幸であることによって社会がその存在を享受することが出来、人間が幸福になることによって社会はその生命を失うということもあるのだ。社会の幸福が人間の不幸によって支えられ、社会の不幸が人間の幸福によって支えられる如くである。けれども社会と個人との矛盾ということを人間の世界に負わされた永遠の運命の如きものと考えるべきではない。このような運命と考えぬとしたならば、そもそもこの関係はいかにして説明されるであろうか。それはただ人間社会の内部に潜む階級的対立関係を俟って明らかにされ得るものである。社会が人間行動の全体でありながらすべての人間が同一の位置と利害とに立っているものではないということが、このイメージの特殊な役割を理解する一つの鍵であると考えられる。即ち与えられた社会の秩序のうちに具体化されている支配階級の利益は、民衆の持つイメージが環境との間に不幸なギャップを有することによって約束され保証されるのが普通である。

八　知識と信仰

社会生活において信仰が占める地位は、今日まで十分に評価されて来たとは思われぬ。知識の意義や機能については既に多きに過ぎるほど論ぜられている。しかし社会生活において知識と信仰とがそれぞれどのような比重を持っているか、そして相互にいかなる関係を結んでいるかという問題についてあまり多く語られていない。私もここでこの問題に深く立ち入ろうとは考えていない。ただ流言蜚語の性質を少しでも根本的に把握しようとする場合に必要となる限りにおいてこれに触れようと思うのである。信仰が社会生活において占める地位をもっと高く評価せねばならぬということ、知識の世界に住んでいると思っている人が実は多くの場合信仰の世界に立っているということ、これを主張するのが吾々の結論である。

知識と信仰といっても、もとよりこの二つのものはそれぞれ離れて活動しているのではなく、また現実の社会生活について各自の領域をこれと見定めることも容易ではない。さきにイメージということを言ったが、知識はこのイメージを自分で作り出す如き働きである。出来上って与えられているイメージに安心して、これに頼って生きて行くのではなく、逆にそういうものを否定して、本当に素直な心で環境そのものに触れて行こうとする働きである。物を自分の眼で見る働きである。知識の統一であり体系である理論や学問が、根本において見るという働きを含んでいるのもそのためであろう。理論や学問と言えばただ抽象的のものと考えられ易いが、実はただ曇りのない眼で物を見るということに尽きるのである。

物を見て、それによく合致したイメージを作り出すこと、これを忠実に映す鏡を作ること、それが知識の働きである。けれどもそれが困難なのは、前に見たように、物がそう手近なところにあるとは限らないというばかりではない。実は既に出来上ったイメージが与えられているからである。イメージは自分の手に取って見ることの出来るものであることは稀である。普通はそういうことが不可能であるほど人間の自己の中に喰い込んでおり、自分の一部或《あるい》は全部となって無意識の底に沈んでいる。これを除くと言っても、簡単に除けるものではない。除いたと思っても、次の瞬間にはまた自己の内部を充たしているようなものである。自分の外に立っている敵を処理することはまだ困難ではない。しかし自分の内部に住んでいる敵、はっきり敵として現れることのない敵を処理するのは余程《よほど》の努力を要する。知識という働きはこのような困難に打ち克たねば一歩も進むことは出来ない。

知識の働きには論理というものが属している。しかし論理といっても、それは一方からするならば、人間が物に触れてこれを本当に見ようとする時に従う秩序である。そして他方からすれば、物が動く場合に働いている法則のことである。物を見るという働きを離れて論理があるのではなく、たとえそういうものがあっても意味のないものである。その代り論理が働いている限り、物を見る眼は非常に遠くのこともまた非常に微かなことも見ることが出来るのであって、精神の眼などというようなこともそこに云々される理由があるのである。物を見る働きはその届く領域に制限がある。そして論理はこの領域を著しく拡大するものである。

このように考えると、知識はどうしても人間の自己から発して外へ向って進んで行くものと見ねばならぬ。内部にあるものも、これを外へ置いて見て行くのでなければならない。それはいつも一歩ずつ進んで行くものであって、聊《いささ》かの距離も飛び越えることは許されない。一物といえども見逃して進むことは出来ない。社会生活に進歩があるのは、一にかかってこのような働きに基づくのである。社会と個人とが対立すると言われる時、進歩の原理、運動の根源と見られるものが個人の中に求められるならば、このように知識が個人の自己というものから外に向って進んで行く働きであるということは自ら理解されるところでなければならぬ。知識は社会生活における動学の原理である。

知識が人間と環境との間に成り立つものであるとすれば、信仰は人間とイメージとの間に成り立つものであると言うことが出来る。人間の世界においては物はすべて環境であり、常にこの資格を帯びて問題になる。知識というものがこのように物と人間との直接の関係であり、自己から外へ向って進んで行く働きであるとすれば、これに対して信仰はイメージによって導かれる生き方であると考えられる。イメージは外にあるものと考えられるにしても、物と同じような意味で外にあるのでなく、物と比較すれば、人間の内部にあるものであり、これを充たしながら人間の実質を形成するものであると言わねばならぬ。人間は行動するものであり、行動の底にはいつもイメージが立ってこれを支えている。多くの場合、このイメージは自分の作ったものではない。一方においては古くから社会の中にあるものであって、人間が生れて後に成長の過程を通じて摂取して来たものである。そして他方においては外から与えられたものであり、そのまま人間によって受け容れられて来たものである。人間はこれ等のイメージに身を委せて生きる。それが行動の世界である。物を自分の眼で見るということは、いかに論理がこれを助けるとしても容易なことではなく、すべての人が行い得ることではない。そこで多くの人々は知識という世界を或る少数の人々に委任して、自分は古くから与えられているイメージに従って信仰の世界に生活し、この少数の人々がやがて齎《もた》らす知識の成果をも信仰の態度を以《もっ》て受け容れる。デモクラシーということは、すべての人々が自分でイメージを作り出すこと、即ち自ら事実に直接に触れることを理想或は前提として成立したものであった。しかしこの少数の人々にしてもその生活の一切にわたって知識の態度を堅く持して生きて行くことが出来るのではない。自分の狭い専門の領域から一歩出れば、やはり信仰に生きなければならないのである。

人間がどのようなイメージを持とうとも、自然はこれについて何等の利害も感じはしない。しかるに社会は人々が持つイメージによってそれ自身動かされるものであり、利害を感ずるものである。社会は人間の行動の全体であり、行動における変化はやがて社会における変化でなければならず、一定の行動の底には一定のイメージが横たわっているからである。人間は一面においていつも社会に対して知識の態度を取ることは出来ない。一々自分でイメージを作って生きて行くということは不可能である。或る狭い領域においてはそうしても、他の広い領域においては予め出来上っているイメージを受け容れて生きて行くのである。ところが他面において多くの社会は人間がすべて知識の態度に生きるような場合にそのまま存立を保つことは出来ない。それはむしろ人々がほとんどすべて出来上ったイメージによって生きることを前提として始めて存立することが出来るものである。イメージは必ずしも環境の鏡ではない。もしそうなら知識というものは根本的に贅物であるの外はなかろう。人間と人間との円滑な関係というものが一般に欺すことと欺されることとを或る程度まで前提として含んでいるように、社会と個人との円満な関係も虚偽を前提として含む。ただしかしこの場合は欺すものがいつも社会であり、個人は常に欺される側に立つのである。社会に欺されることを何処《どこ》までも拒絶してやまぬものは知識と呼ばれる。

知識が社会生活における動学の原理であるならば、信仰は社会生活における静学の原理である。前者が進歩の中に自己を生かすのであるならば、後者は秩序の中に生きるものであると言えよう。前者が一歩一歩進んで行くものであるとすれば、後者はいつも飛躍を含んでいる。しかし逆に知識こそ飛躍的のものに見えることがないであろうか。それはこうである。知識が或る程度まで進んで人々の信仰しているイメージを根本的に否定する時、そして更にこのイメージによって支えられている社会がその基礎において動揺せしめられる時、人々は知識のこうした作用に注意を奪われて、これを単なる飛躍と見るのである。しかし知識そのものの働きの側から見れば、そこには一歩一歩進行するところの着実な過程があるだけである。これと反対に信仰の方は確かに飛躍を含むものであるが、その飛躍は歴史的に限定された有限な社会の内部にのみとどまるのが通例であって、これを超えることは稀である。時としてこれを超えてもやがて再び限界の内部へ戻って来るものである。信仰に生きる人間は有限なる人間である。そして有限なる人間の本質は自己の限界を知らぬところに求められる。知識は飛躍しない。それにも拘らず知識はその歩みによって限界を乗り越えて行くことが出来る。知識は限界を知らぬ。知らぬというよりも常に限界を知るところに、これを知って克服するところに知識の生命があるのであろう。

多くの社会の存立にとってはその成員が社会的な限界を知らずにその中にとどまっていることが望ましいのである。信仰の世界に生きていることが望ましいのである。そうでない社会もあるには相違ないが、吾々の周囲には発見出来ない。それは或は一つの理想に過ぎぬのかも知れない。

信仰は社会が一定の秩序を保って存立するための静止の原理である。静止と言っても、それは何の活動も営まぬの謂ではない。社会の成員は不断に行動をせねばならぬ。ただその行動が予め用意されている様式に従っているというのである。その歴史的限定の外に出ないというのである。社会そのものが新しい高いものになって行かぬような働きであるということである。社会にとってはそれ故《ゆえ》に人間を信仰の世界にとどめておく方法を立てることが必要であり、その限界を知らぬようにこれを乗り越えぬように一定のイメージを持たせておくことが必要となる。

現代の如き社会においては各個人が自己の幸福乃至は不幸について責任を負わねばならず、自己の幸福を自ら喜びまた自己の不幸を自ら悲しまねばならぬのであるから、当然各個人は環境に対して常に知識を持つことが必要なのであった。言うまでもなく報道はイメージを作ることに外ならぬ。個人の立場から見るならば、報道は絶えず必要であり、且つ無限に必要であると考えざるを得ない。けれどもこれを社会の立場から見るならば、決して同じことを主張することは出来ないのである。それは社会が自己の存立のために成員の知識よりもむしろ信仰を要求するからである。報道は環境に対する知識の獲得に役立つべき本質を持っている。しかしながら社会の立場においてこのように知識よりも信仰が要求せられるにしても、各自が自己の運命の主人たらねばならぬ如き社会において各個人を報道から絶縁することは出来ない。それ故に完全に自由なる報道と報道の否定との間に一つの中間地帯を設けることが重要となる。この中間地帯では一方において報道に対する個人の欲求が一応満足せしめられると共に、他方にあっては信仰の確立に対する社会の欲望が充たされる。この中間地帯を形成するものは所謂報道の統制である。

九　若干の教訓

安定した社会とか明るい社会とか呼ばれるものの特徴の一つは、報道におけるバランスがよく確立されているところに求められる。報道におけるバランスとは何を言うのであろうか。それは環境の知識への道としての報道に対する諸個人の欲望と、信仰の確立に対する社会の要求との間の調和を意味する。つまり個人が環境の真実に触れようと努め、それによって自己の生活を幸福にして行く道が自由に開かれており、しかも他方においてそれによって社会に対する個人の信頼が毫《ごう》も動揺することのないような調和を意味する。しかしこれはむしろ理想に近いものであって、現実においてはなかなか見ることの出来ないものである。現実においてはむしろ何等《なんら》かの方向においてこうしたバランスの失われているのが常である。流言蜚語もまたこのバランスの喪失によって生ずる一つのアブノーマルなものであると言わねばならぬ。

私は流言蜚語を専《もっぱ》ら報道との関聯においてのみ問題として来た。この側面はほとんどすべての人が流言蜚語に関して考える時取り上げる側面であるが、それには今一ついつも見落されている側面がある。しかし報道との関聯における流言蜚語の研究を終るに当って、吾々が今まで明らかにして来たことを今一度その作用及びこれに対する方策を中心としつつ要約しておきたいと考える。

一、社会生活において信仰が占める地位は高く評価されねばならぬ。流言蜚語はその発生においても、伝播においても、作用においても、この信仰の社会的重要性の十分な理解を俟って初めて正しく把握されるものである。信仰は知識に対立するものであり、しかも両者の関係が社会と個人とに対して持つ意味はそれぞれ異なるのであった。報道におけるバランスということを述べたのも実にこれと関係することであった。アンドレ・ジードの『ソヴェート旅行記』はこの点において極めて興味深い報告を与えている。もとよりソヴエートの問題に関しては多くの報道と流言とを吾々は知っているが、まだ多くの事実を知っていない。従って容易に確信を以《もっ》てジードを審《さば》くことは出来ない。しかしこの本の中に吾々の問題にとって有益な暗示を与えるような個所があることは事実である。「ソヴェートにおいては何事たるを問わずすべてのことについて一定の意見しか持てないということが予めしかもはっきりと認められている。けれども人々は何《いず》れも非常によく訓練された精神の持主となっているので、こうした劃一主義も彼等には容易な自然な全く平気なものとすらなっている。……毎朝プラウダ紙は彼等が知り考え信ずるに相応《ふさわ》しいことを彼等に教えている。そしてその教えの範囲から外に出るのは危険なことなのだ！　だから一人のロシア人と話していてもまるでロシア人全体と話しているような気がする。これは各人が一つの合言葉に文字通り服従しているからでなく、一切が各人を類似させるように手入れされているからである。」

ジードは言葉を続けてこう言っている。「いかなる他国の人間も彼等より幸福でないということを信じ込ませることである。そしてこういうことは細心に外部とのあらゆる接触（即ち国境の彼方との）を妨げることによって始めて出来る。そのためにロシアの労働者はフランスの労働者と同じ或《あるい》は明らかにそれよりも低い生活条件にありながら、なお自分を幸福と信じているし、また実際フランスの労働者などよりは一層、否、比較にならぬほど遥かに幸福である。謂わば彼等の幸福は希望と信頼と無智とによって作られている。」「ソヴェートの市民達は外国のことに関する限り、徹底的な無智のうちに置かれている。それだけでなく、彼等は外国ではすべてのものがあらゆる方面においてソヴェートにおけるほど捗々《はかばか》しく運んでいないと教え込まれている。」

　ジードは或る時ソヴェートの純国産と言われる戦艦を見に行った。海軍将校達に取り囲まれながらジードはこう言った。「フランスの情勢に対するソヴェート側の認識よりもソヴェートに対するフランス側の認識の方が遥かに精細なものであるかも知れない。」するとジードを非難するような囁きが将校達の間に起こった。「吾々のプラウダは一切について十分に教えてくれる。」ところがこのプラウダが報道せぬ以前においては何人も自分の考えを語ろうとはしないということをジードは他の例を以て明らかにしている。ジードの一行が或る歓迎会に臨んでスペイン赤色戦線のために乾杯しようとした時、公衆は一時逡巡の色を示した。それはプラウダがまだ赤色戦線について何等その指導方針を発表していなかったからであった。

　ここに引用された個所はジードの本の中でも恐らく最も批判的な部分なのではないであろうか。それだからロシアがどうであると言うのではない。ただ一つ明らかなこととして認めねばならぬのは、ソヴェートの社会において信仰が極めて広い領域を占有しているということである。ソヴェートの統一を保証している大きな柱が堅い信仰であるということである。それゆえジードが「革命的精神（もっと簡単に言えば批判的精神）はソヴェートでは最早《もはや》必要ではない、とはっきり言った方がよいのではなかろうか。今日ソヴェートで要求されているものは、すべてを受諾する精神であり、コンフォルミスムである。そして人々に強要されているものは、ソヴェートでなされているすべてのものに対する賛同である」と述べているのは偶然ではない。信仰の世界と流言蜚語、何人もこの一点にその注意を集中すべきである。

二、流言蜚語がどのようにもっともらしいものであろうとも、それが単に外見の上だけでなく真に事実との一致に基づくものであったにしても、もし社会そのものに対する成員の信頼が堅固なものであったならば、公の報道こそ環境の真実を伝える唯一のものであると確信されていたならば、そのような流言蜚語はたとえ発生しても広く伝播することが出来ないであろう。誤って伝播しても社会の秩序を攪乱する如き流言蜚語固有の危険な作用を営む機会がないであろう。そこでは流言蜚語は、仮に事実との間に十分の一致を持っていても、根拠のないものとして軽く扱うことが出来る。そしてこういう待遇を受けている限り、本格的な流言蜚語としての活動をすることは不可能である。

けれども信仰は一切の動揺から自由であるとは限らない。一度この信仰が揺ぐ時、公の報道こそ一切の真実を伝えるものであるとの確信が崩れる時、流言蜚語は、たとえいかに荒唐無稽なものであろうとも、イメージを作り出す強力な道として作用する。報道がいかに雄弁に自己の真理を説いても、この流言に対抗することは出来ない。そうではない。対抗することは出来るのである。だが対抗すべきではなかったのである。報道と流言蜚語とは社会の秩序を中心として考える時、断じて同じ平面に立って対抗すべきものではなく、その間には秩序の差異がなければならぬはずであった。対抗するに至った時は報道が流言蜚語と同じ泥沼に立って相争う時である。そういうことがあってはならないのである。同じ平面に立ち、同じ泥沼に争う場合、勿論流言蜚語は自己の真理を立証する完全な根拠を持っているのではない。無根拠と言えば言えるのである。だが報道がそのような根拠を持っていると言えるのであろうか。持っていてもこれを人々に示して納得させることが出来ると信じてよいのであろうか。このような力を持たぬ点においては報道も流言蜚語も全く同じなのではなかったか。唯一の審判者たる事実そのものは吾々の眼前にあるのではなかったからである。信仰の世界において根拠が問われると言うのは、この世界が否定されるの謂に外ならぬ。根拠を必要とせぬところに、証拠物件の提出を要求されぬところに信仰の特権があった。そしてあたかも報道はこの特権を享受するが故《ゆえ》に、報道としての地位にあって流言蜚語を見下していることが許されたのである。今や二つのものは争わねばならぬ。報道は流言蜚語と戦う力を持っているであろう。しかし戦わねばならぬということは既に報道の敗北である。流言蜚語はいかに戦って敗れても傷つくことはない。しかし報道はいかに勝っても傷つくのである。一人の貴族と一人の奴隷とが街上で争うのと同じである。

三、「余を信ぜよ」という言葉は無意味である。この言葉を聴いたものがこれを語ったものを信ずることがあるかも知れない。しかしそれは予め信じていたからであって、この言葉によって信じ始めたのではない。これに反してもし予め信じていないとしたら、この言葉に接しても、それによって信ずるようにはならぬであろう。報道するもの、というよりもそれを統制するもの或は社会という全体者の名において行動するものは、何よりもまず信ぜられねばならぬ。しかし信ぜられようと欲するものが「信ぜよ」と言うのは無意味である。信仰と知識とは対立するものであった。若干逆説的に言えば、信ぜられようと欲するものが与うべきは知識である。社会は信仰の確立を求め、人間は知識の獲得を欲する。社会が信仰をその手中に収めようと願うならば、人間にその欲する知識を与えねばならぬ。即ちこれによって環境に適応し得る如き知識を人間に与えねばならぬ。人間は自己の欲するものを与えられることによって社会の欲するものを与えるのである。求めんとするものはまず与えねばならぬ。

それは真実への饑餓《きが》を個人に感じさせてはならぬということである。けれども一度信仰を確立しさえすれば、その後は特に配慮を必要としないというのではない。そういうことも確かにあるであろう。最も強く信ぜられるものは、最も大きな虚言を語ることが出来るものである。けれども人間と環境とを距てるものとしてイメージが存在しているとしても、環境から吹いて来る冷い風がイメージに遮られて人間まで届かぬというのは稀である。その冷い風に身をさらす時に、イメージと環境との間のギャップはその片鱗を示すであろう。信仰が動揺を蒙るのもこの時である。人々が新しい飢えを感ずるのもまたこの時である。信仰が揺ぐ時に訪れる危険に関しては少しく述べるところがあった。飢えは一度で静まるものではなく、静まった飢えが何時その力を得て来るか判らない。信仰は日々に堅くされて行く必要がある。信仰の世界においては一日の損害というものはないからである。一部分の喪失というものはないからである。一日の損害が永久の損害であり、一部分の喪失が全体の喪失であるということは、信仰の世界の注目すべき特質であると考えられる。これは個人が日々に新しい知識を与えられる必要があるということを教えるものでなければならない。一日の信仰は一日の知識と交換されねばならぬ。

信仰と引換に知識が与えられねばならぬと言った。ところで知識は物を見る働きを本質として成立するものであり、しかも多くの人々は直接に物を見ることが出来ないのであった。それ故知識を与えることは根本から不可能になると説く人があろう。けれども論理というものについて語ったことを思い起こして頂きたい。物を見るといっても、いつも肉眼が問題となるのではなく、精神の眼としての論理もまたここに働くものである。論理が生きて働いている限り、人々はその肉眼の届く場所を超えたところにあるものも見ることが出来る。社会が個人に向って語る言葉が常に論理的に整理されたものでなければならぬというのである。感情的な言葉が人々の間に信仰を確立することがあるようにも見える。しかしそれは信仰というよりも昂奮であり、従って一時的なものであることを免れない。昂奮の後に来る空虚と無力との感情は、かえって一般に信仰の敵である。

論理的であることだけが報道としての社会の言葉にとって必要なのであろうか。報道が論理的に統一されていることは明らかに社会成員の要求である。けれども論理的な統一ということがそのこと自身として要求されているのでなく、一つの形式として要求されているに過ぎない。すべての問題は種々の側面から捕えることが出来る。報道が統制の下に立っている場合、報道は常にこの統制を行うものにとって大切と思われる側面から問題に接近することによって成立するようである。だがこれは報道におけるバランスの喪失を結果せざるを得ないであろう。このように報道が社会的或は国家的見地からのみ行われる時、それは人々の報道に対する欲求を完全に充たすものとなり得ないからである。そしてその理由は言うまでもなく、報道に対する欲求は実に問題を各人の生活との結合において理解することに向っているのであって、かかる結合を失った報道がいかに多く与えられても、それは畢竟パンを求めて石を与えられたものと言わねばならぬ。そしてかかる齟齬《そご》は与えられた報道自身を流言蜚語の材料に転ぜしめる危険を包蔵するものと考えられる。このような意味において報道は必ず論理的であると同時に詳細な且つ親切なものでなければならぬ。

四、マクス・シュティルネルは次のように書いている。「最後の暴君政治は観念の暴君政治である。換言すれば、最後の暴君はプロパガンディストである。」この言葉は一つの真理を含んでいる。吾々はこれを更に書き換えて「最後の支配は言語の支配である」と言うことが出来るかも知れない。報道はイメージを作り出す働きを営むものであった。ところでイメージの存在する理由は、環境が容易に捕え難いものであるところから自らその写しとして作り出され、一々環境と関係する代りにこれと関係することによって生活を維持し発展させることが出来るというところにあるのであった。イメージはそれ故単なる観念の世界に終始するのでなく、かえって行動の底に横たわって、これに方向を与える如きものでなければならない。そしてイメージに対応する事実そのものは容易に触れることが出来ないのであった。従って報道は人間に向って日々に新たなる環境を作り出すことであると言わねばならず、そしてこれは人間を一定の方向を持つ行動に進ませるの謂でなければならぬ。それは人間を行動させる意味を持つものとして理解されねばならない。

ほとんどすべての人間にとって一定のイメージが与えられるということは、一定の環境が与えられるのと同一の意味を持つ。他の動物と同じく人間もまた一定の環境を与えられる時はほぼ一定の行動に出でてそれに適応しようと企てる。報道は言語でありながら人間を言語以外の世界へ動かすものである。報道の特権はおそらくそこにあるのであろう。だがこれはその内容において虚偽であるか否かとは全く無関係の事柄である。嘘の結果が嘘でないことを吾々は深く知らねばならぬ。嘘というものに対して人々が取る態度には二つの要素が含まれている。その一つはこれに対する軽蔑である。それは軽んぜられ侮られることを避け得ない。それは嘘が事実との不一致を本質とするからである。ところで今一つの要素はそれに対する恐怖である。人々は嘘を恐れ且つ厭うものである。これは嘘がその事実との不一致にも拘らず人間をして一定の行動を取らしめ、その行動そのものによって人間を不幸の中に陥れる力を持つからに外ならぬ。嘘は一方において軽蔑されると同時に、他方において恐怖の対象である。人間が縛《いまし》められ、一切の身体の自由を失い、その生命が危険に瀕している時、なお彼を救い得るものがあるとすれば、それは正に嘘である。嘘は一定の人為的環境を相手に与えることによって、相手をこれに適応する如き行動に出でしめることである。嘘を語る人間は無力であっても、この嘘によって生み出された環境は断じて無力ではない。人為的環境を作り出すことは即ち一つのイメージを作り出すことである。

嘘にして既にこのような力を有する以上、流言蜚語は当然環境のイメージを人間に与える権利を持つものでなければならぬ。即ち人間をして一定の行動に向って進ませる力を持つものでなければならぬ。それは嘘に対する評価におけるのと同じく、一面においては軽蔑を以て遇せられ、他面においては恐怖を以て遇せられる。ウィルギリウスが「叛逆者の妹」という名をこれに与えたのも、正しくそれが環境のイメージを作り出す力を持つ点にあったものと見なければならない。

第二部　流言蜚語と輿論

一　二種の輿論

報道と輿論とを比較することから始めよう。さきに見たように、報道は吾々の外部に関する報告である。吾々が欲すると否とに関係なく吾々の外部に動いて行く現実についての報知である。従って報道の生命とするところは、その内容の客観性であり真実性である。それを欠くような報道は最早《もはや》報道と呼ばれる権利を持つことが出来ない。ところで輿論とはいかなるものであろうか。吾々は輿論がその根本において客観性にではなくしてかえって主観性に立つものであることを主張出来るのではないであろうか。一般に輿論は社会成員に共通な意見であり、公衆の見解であると言われる。それは認めてもよいであろう。けれども日本国民が日本は島国であるということを確信している場合に、それは一つの輿論と名づけられる資格があるであろうか。またすべての人々が太陽は東から上り西に沈むということを例外なく認めているからと言って、吾々はこれを輿論と称すべきであろうか。

輿論という語の使用法には様々のものがあろう。しかしながら右のような場合にこの語を使用することは明らかに穏当を欠くと信ぜられる。それは社会成員の見解であると言い得るにも拘《かかわ》らず、輿論と呼ばれるのは当を得ていないように思われる。

勿論個人の意見がそのまま輿論であることは出来ない。輿論と呼ばれる以上、それは個人のものであってはならず、多数の社会成員に共通なものであることを必要とする。即ちそこには社会成員の間の一致ということが前提されていなければならぬ。一致は輿論の基礎を形作るものとして深い意味を持たねばならぬ。これは何人も承認するところであるに違いない。だがしかしこの一致が完全なものであり且つそれが社会成員の一切を通じて確立されているものであったならば、そこに輿論が形成されることがあるであろうか。そうではない。一致がそのように完全で且つ広汎な場合には、これを基礎として成立した見解は特に輿論として現われることが出来ないのである。共通の見解が輿論として現われるためには、かえって不一致が前提されていなければならない。何かこの見解に対立する見解があって、これと戦うことが予想されている時においてのみ輿論は輿論として具体的なものになるのである。輿論は完全な不一致において成立することが出来ぬと共に、完全な一致においても成立することを拒絶される。輿論は一致と不一致との中間にのみ成立することを許されると言わねばならぬ。言葉を換えれば、輿論は常に社会成員の一切を通ずる見解の如く見えるにも拘らず、実は社会成員の一部のものの見解であると見なければならぬ。

それは対立物を予想して始めて考えられるものである。

報道が外部の事実から人間へ伝えられるという方向を持つものであるとすれば、輿論はいつも人間主体から発して外へ向うという方向を取るものと見ることが出来よう。報道と輿論との間には段階の差異或《あるい》は順序の差異があるのではないか。報道は輿論という問題を離れても立派に行われるであろう。しかし輿論は一般に報道を離れて成立することが出来ないのではないか。報道が外部の事実を報告する。それは外部の事実が新しいものを生み出したからであり、変化を遂げたからである。そうでなければ在来の習慣に頼って人々は生きて行くことが出来るからである。ところでこのように外部の事実に関して報告が行われ、環境のイメージが人々の胸に住むことになった時、人々はこのイメージとしての環境に対して新しく適応を試みなければならぬ。即ち報道を通じて環境が人間にその作用を及ぼしたものとすれば、今や人間が反作用の主体として立たねばならぬ。ところで反作用のうちにも様々なものが含まれている。或る報道に接して容易に自分一人の思慮に基づいてこれに対する反作用を行うことが出来る場合も多いであろう。極端な例を取った方が理解に便利である。今日は午後に雨が降るという天気予報を朝刊で読んだ人間は、出勤の時に雨傘を携帯するであろう。それは別に多くの人々に相談しなくてもよいことであり、これを阻む法律や制度があるわけでもない。そして自分で立派に反作用を試みているわけである。けれどもすべての反作用がこのように容易に行えるものではない。自分だけで反作用が行えるとは限らず、反作用を禁ずる法律や制度がないとも限っていない。或る法案が議会に提出されるという報道があったとしよう。そしてその法案が法律として施行された暁には或る職業に従事している人々が今日まで享受して来た利益の一部が失われる結果を生ずるものと仮定しよう。この職業に関係している多くの人々はほとんど同日の同時刻に新聞でこの報道に接するに相違ない。今や彼等の前には新しい環境乃至《ないし》そのイメージが現われる。よく生きるためには、或は生きるためには、この環境に対して適当に反作用することが必要である。といって一人で議会へ出かけて行っても、一体それが何の役に立つであろうか。大臣や代議士に面会しても、どのような効果を挙げることが出来ようか。そもそも議会へ行ったり大臣や代議士に面会すること自身容易に出来ることではない。そこで適当な反作用を試みるためには、同じ職業に従事し同じ利益に立脚する人々が集って対策を協議する必要がある。そしてこれは可能なことである。各地から代表者が集って、某法案反対の演説会が開かれ、決議が採択され、大臣や代議士の訪問となり、決議文の手交となる。既に一つの輿論がそこにある。

この場合にも輿論が一致した意見であることは明らかである。けれどもこの一致は同じ職業に関係している人々の間のみを支配しているもので、それ以外に広く及んでいるのではない。かえって官辺にはこれと正面から対立する意見が有力なのである。輿論はこれに対立するものを持ちながら、自己の基礎に一致を含むものである。もしこの輿論の基礎に横たわる如き一致が極めて広範囲にわたって支配を確立していたとするならば、そもそも某法案は最初から問題とならなかったであろうし、従ってこれに対する反対運動も現われなかったであろうし、輿論そのものが生れる理由を持たなかったであろう。

輿論は報道に続くものである。すべての報道が輿論を生ぜしめるのではない。環境への反作用が個人の手によってしかも重大な障碍《しょうがい》に出会うことなしに成就出来る場合には輿論は成立しない。それが究極において一個人の運命に関することでなく、また一個人の手を以《もっ》てしては如何《いかん》ともすることが出来ぬような障碍——その基礎には輿論と対立する一つの見解が潜んでいる——が待ち設けている時に、輿論は一定の反作用或は更に一定の反作用への要求として出現する。

輿論が報道との関係においてどのような地位を占め、人間の世界においてどのような意味を持つものであるかは大体明らかになったと思う。しかしここで二つの種類の輿論を区別しておく必要があると考えられる。その一つは顕在的なものであり、他は潜在的なものである。顕在的なものは普通人々が輿論という問題を云々する時に考えているところのものである。某法案に反対する意見の如きはこの顕在的な輿論である。それは自己を実現することを得た輿論とも言えようし、現実的となった輿論とも言えよう。これも最初は各個人が新しい環境乃至そのイメージに対して取った反作用の態度から出発したにしても、やがてかかる状況を脱して人々の間に生き、一つの集団の生命として現われ、自己を公の社会生活の中に立たせることが出来たものである。それは公然の存在である。これに反して潜在的輿論の方はこのように自己を実現することが出来ず、かえって可能の状態にとどまっているものであり、社会集団をその担荷者として持つものとして生きることなく、単なる個人を自己の場所として有するものである。これは公の存在でなく、私的な存在である。人々の間に生きていることを以て自己の力とすることが出来ぬ如きものである。

いかに顕在的な輿論でもその始めには例外なく潜在的であったことは認めねばならない。さきの某法案反対の輿論でも、最初から顕在的な輿論であることは出来なかった。多くの人々が新聞で某法案の提出を知り、同業の友人とこれについて語り合っていた頃はまだ潜在的なものであった。だが地方から代表者が上京し、大会が開催され、決議文が起草される頃になれば、もう誰もこれを潜在的な輿論であると言いはしない。潜在的と顕在的とは一切の輿論が通過する二つの段階であると言えるかも知れない。しかしながら一切の顕在的輿論がかつては潜在的輿論であったにしても、一切の潜在的輿論は顕在的輿論に発展し成長することが出来るであろうか。それは不可能である。輿論は国家或は社会の内部に生ずるものであり、それ等の成員の行動である。ところでこれ等の国家乃至社会は自己の存立を保つための秩序を持ち、これによって成員の行動を束縛せねばならぬ。そこには法律或は制度というようなものがなければならぬ。潜在的輿論が顕在的輿論となるためには人間行動による媒介を必要とする。ところでこのような人間行動が法律または制度によって承認されている場合と承認されていない場合とがある。某法案反対の場合は明らかに承認されていた訳であり、それ故《ゆえ》にこそ顕在的輿論に自己を高めることが出来たのである。しかしそれはすべての潜在的輿論の運命ではない。潜在的輿論の中心の問題の性質により、更にこれに対する作用の方向如何によって、潜在的輿論は法律や制度のために顕在的輿論になることを阻まれることがある。その道を歩もうと欲しているにも拘らず、それは閉されていることがある。

それゆえに潜在的と顕在的とはすべての輿論が通過する二つの段階であると言い得ると共に、二つの種類であるとも言うことが出来るのである。輿論が社会生活において根本的な役割を果している国々、即ちデモクラシーの発達した国々においては極めて多くの潜在的輿論が顕在的輿論に発達する機会を持つのであって、それだけ潜在的と顕在的とは二つの段階として存在するのであるが、デモクラシーのあまり発達していない国々においては潜在的輿論のうちで顕在的輿論に発達し得るものは極めて少数である。他はすべて潜在的な形態のままで何処《どこ》かへ消えて行かねばならぬ。

二　流言蜚語の文法

流言蜚語を報道との関係において即ち一つのアブノーマルな報道形態として見るのが吾々の今まで取って来た方針であり、また多くの人々によって採用された方針でもあった。

ところが報道との関係において流言蜚語を考える場合は、報道の生命が何よりも客観的な真実性にあったところからして、当然否定的な評価を下さざるを得ないのであった。蓋《けだ》しその全体たるa―b′―cにおいては一つの真実を現わしているにしても、b′という公表せられもせず何人も接したこともない事実を報告する限りにおいて、不可避的に真実との距離即ち虚偽の性格を持つものとして現われねばならぬからである。流言蜚語は報道の一つの形態として見られる時、正に報道の生命たる一点においてその信用を失うのを如何ともなし得ない。だが流言蜚語を単なる報道の一種としてのみ取扱うことは決して適当な見方ではない。それは更に輿論の一種として、アブノーマルな輿論の形態として理解される必要がある。この側面は今日までほとんど常に看過されていたところである。だが何故人々はこの側面を看過して来たのであろうか。それには流言蜚語の文法について語るところがなければならない。

まず報道の文法的形態はいかなるものであろうか。「某政党総裁は今暁二時半脳溢血のために急逝した。」「スペイン革命軍は某日某地において政府軍を全滅せしめた。」これが報道の模範文である。主語は一般に三人称である。時は過去である。しかし過去がそれ自身報道されるのではなく、この過去から生ずると考えられる結果即ち一定の未来のために報道されるのであり、またそのために読まれるのである。報道の文法的形態が過去であるにも拘らず、未来への期待というものが生きているのでなければならぬ。

ところで輿論の模範文はどうであろうか。「吾々は某法案の撤回を要求する。」これが輿論が命令する文法的形態である。ところでこの文章において主語は一人称であり、普通は複数である。輿論は一致と不一致との中間に立つものであった。一致の上に成立しながら、他のこれに対立するものと戦うべき性質を有するものであった。それは対立するものに対して戦う自己というものをはっきりと示さねばならぬ。また輿論は人間が環境の作用に応じて営むところの反作用或はこれへの要求であり、報道が外から来るものであると反対に、人間主体から発して外に向うものであった。主語はどうしても一人称とならざるを得ない。しかもその内容は実現されているものであるよりは今後において実現さるべきものに属する。もしも実現されているならば輿論は敢えて活動する要を見ないのである。その上この実現を阻もうとする力なり意見なりが存在しているのである。そこでそれは「要求する」という如き語を含まねばならぬ。

報道と輿論とがその文法的形態において著しく異なるものであることは最早何人も疑わぬであろう。それならば流言蜚語の文法的形態はいかなるものであろうか。「某政党総裁は今暁二時半自殺した。」これが流言蜚語の模範文である。「革命軍は某国より供給された毒ガスによって某地の市民を虐殺した。」これもそうである。流言蜚語と報道とをその文法的形態において区別することは、双生児の何れ《いず》が兄であり何れが弟であるかを識別するよりももっと困難である。それは何等の差異も持っていないのである。報道の場合には脳溢血となっており、流言蜚語の場合は自殺となっておるだけのことであって、その形式は全く同一である。しかしそれにも拘らず自殺説は流言蜚語として待遇される。何故に一を報道とし、他を流言蜚語とするかに関しては前に述べておいた。何れにしても、このように両者が文法的形態において全く同一であるという事情こそ、人々をして流言蜚語を一種の報道として即ちアブノーマルな報道形態としてのみ考えさせる原因である。そしてまたこれこそ流言蜚語がa—b′—cという全体の中のb′を中心として把握され、真実性を欠くものとして評価される所以《ゆえん》である。だが流言蜚語の文法が報道の文法と同一であるからといって、前者を後者の一種としてばかり考えるのは皮相《そし》の貶りを免れない。それは何故であろうか。

或るお客がお菓子を持参したとしよう。お客が帰ってしまってから、子供が「このお菓子は大へん美味しそうね」と言ったとする。その時に「このお菓子は決して美味しくはありません。実は不味いお菓子です」と答える母親があったとしたら、この母親はよほど愚かであるか、それとも非常に政治的である。「このお菓子は大へん美味しそうね」という言葉は、言うまでもなく一つの報告の形式を具えている。しかし単なる報告ではないのである。そこには「このお菓子が食べたい」という要求が隠れているのである。自分を主語とする要求の言葉をお菓子を主語とする報告の言葉に変えているのである。それを一片の報告と受取ってその誤謬を訂正しようとする母親は愚かであり、それを要求として知りながらも、その形式が報告であることを利用して拒絶しようとする母親はあまりに政治的である。しかしこのような文法的形式の変化は日常生活においてしばしば見られるところである。デパートを歩きながら妻が夫に向って「この柄は非常によい」と言う時、それは報告ではなくしてやはり一つの要求である。それならば何故率直に要求しないで、わざわざ報告の形式を採用するのであるか。それは安んじて要求を提出し得るような条件が与えられていないと信ぜられたからに外ならぬ。もしこの条件を無視して要求を提出したならば、或は子供は「行儀が悪い」という叱責に出会わねばならぬかも知れない。そういう危険が予想されるのである。危険を予想しながら要求を提出するのは決して賢明な処置とは言えない。危険はただお菓子が貰えぬことを意味するだけでなく、更に叱責なり罰なりを受けることを意味するからである。そこでこれを報告の形式において言えば、相手がこれを与えるだけの好意を持っている時は容易にこれを手に入れることが出来るであろうし、また仮に貰うことが出来なくても、叱られたり罰せられたりせずに済む。勿論要求として提出する場合に比較すればその強さにおいて欠けるところがあるのは確かである。しかし安んじて要求を提出することが出来るような条件のない場合はこれも一つの便法である。このように考えると子供がいかにも奸智に長けている如く見えるが、子供としては吾々が今記述したような計算と考慮とを経てからこうした行動に出ることは稀である。寧《むし》ろ無意識のうちに要求が報告に変ずるものと考えてよい場合の方が多いであろう。だが無意識の底にも要求は動いているのである。その証拠には、「ではお上りなさい」と言われて、「いいえ、僕はただ美味しそうだと言っただけで、食べたくないのです」と答える子供はいないのである。

流言蜚語が常に報道の文法を守っているところから考えて、これを報道の一種とばかり見るのが誤っていることは、以上の例からしても理解されるところである。輿論が一定の条件の下に報道の形式を取って現われることがあるのである。そしてそれが流言蜚語として通用することがあるのである。輿論の模範文は「吾々は某法案の撤回を要求する」というのであった。主語が一人称であること「要求する」というような語が用いられること、それが文法的特徴であった。だが社会には法律があり制度があって、一定の框《かまち》を越えた人間行動を禁じ、これを敢えてするものに対しては刑罰を以て臨むことになっている。これは社会が存立する上から見て当然のことであり、正当のことである。人間は様々な要求を抱く。その中にはもしこれを公表したならば即座に恐ろしい刑罰を蒙《こうむ》らねばならぬようなものもある。これを主張し要求する時、ただにそれが通らず或は容れられないというのみでなく、かかることを主張し要求する人間そのものが罰せられるという場合がある。罰せられぬまでも非難を蒙るという場合は多い。そういう時に「吾々は……要求する」という形式を以て要求を表現するものは稀である。だが表現をやめても要求はそのまま消えるものではない。あるものはついに現われずにはやまない。要求は形式を変じて自己を表現する。フロイトの精神分析学において言われるように、或る種の欲望はその充足のみならずこれを表現することをも社会的秩序によって禁圧され抑制されているために、人間の無意識の中に沈澱し他の形態を以て現われるものとすれば、ちょうど同じような過程がここに見出されるのである。

そこで輿論の形式は捨てられて報道の形式が採用されるのである。「吾々」が失われ、「要求する」が消える。一転して報道の文法が守られるのである。輿論に潜在的と顕在的とを区別しておいた。これは二つの段階とも考えられるし、二つの種類とも考えられると言った。吾々は二つの潜在的輿論を取り出して見よう。その一つはさきに見た某法案反対の輿論が未だ潜在的な段階にとどまっている場合の姿であると仮定しよう。同業の友人から友人へと各自の意見と要求とが伝えられていた段階のものと考えて見よう。この時それはやがて公の舞台に輿論として登場することが出来るであろうという自信と予想とを伴っている。そう大きな声で語り合うことはないかも知れない。しかしそれは周囲を憚《はばか》ってであるよりも、むしろ低声で十分に事足りるからである。それぞれ率直に自分達の要求を正に自分達の要求として語り合い伝え合うに相違ない。今はまだ吾々の間だけである。しかしやがてこれは壇上から叫ばれるであろうし、新聞にも発表されるであろう。つまり公共的なものになるという期待があるのである。こういう予想なり自信なり期待なりがあるのは、自分達の要求を要求として提出することが何等《なんら》法律上の規定を犯すことにならぬという確信が支配しているからである。今一つの潜在的輿論はこれと異なる。そこにはやがて公然の顕在的輿論になるという予想も期待もない。恐らくこういう考えは吾々の間を動き廻っているだけであって、これを壇上から叫ぶ機会はないであろうし、活字として発表される日も来ないであろうと考えている。だからそれは秘かに低声を以て伝えられる。前のものにとっては潜在的形式は一時的の住家であり、間もなく見捨てるに相違ない仮の宿である。ところがこの後のものにおいてはこの潜在的形式が一切であって、これ以外に自己の住むべき家はない。それは永久に顕在的形式に浮び上ることが出来ないのである。

それならこの二つの潜在的輿論の間にはただ一方はやがて顕在的になるのに他方はいつまでも潜在的であるという差異しかないのであろうか。そうではない。この差異が文法的形式の変化に現われるのである。遠からず顕在的になるという自信のある潜在的輿論においては何人も「私は……を要求する」という形態を避けようとはしない。避ける必要がないのである。しかるに永久的に顕在的になる見込のない潜在的輿論においては最早この「私は……要求する」という形態を採用するものはない。元来安心して話すことの出来る人々に伝えるのであろうが、甲が乙を信頼して自己の要求を伝えるにしても、乙はまた丙を信頼してこれを語り、更に丙は丁を信頼してこれを伝えるであろう。その時丁はこの要求が甲の要求であることを知っているのである。丁が甲にかねて悪意を抱いて陥れようと考えていることもあろうし、或は治安の維持に任ずる官吏であることもあろう。甲が舌禍に依《よ》って刑罰その他の不幸を蒙らねばならぬのは既に明白である。だからこの種の潜在的輿論においては一人称を主語として用いる形式はどこまでもこれを避ける。「要求する」という語も同時に失われる。そしてもしも要求が実現されたならば生ずるであろうと考えられる事実、この事実が報道の形式を以て述べられるのが普通の形態である。

要求の内容をAとする。この要求が通った時に生ずると考えられる結果をBとする。やがて顕在的になるという自信のある潜在的輿論においては「私はAを要求する」という形態が採用される。ところがこれに反して顕在的になる見込のない潜在的輿論にあっては「Bがあった」という形態が用いられるのである。これが最も簡単な道筋である。「Bがあった」という形式を用いているなら、それは何と言っても報道である。要求という要素はなかなか発見出来ない。しかしそれはもう流言蜚語である。流言蜚語の常として「Bがあった」というだけでなく、「……という話である」、「……というそうだ」などという語がこれと結びついている。語り伝える場合には一々用いられていなくても、問いつめれば、きっと出て来るに違いない。英語の they say ……やドイツ語の man sagt ……に当るものであろう。こういうふうにして要求を提出する人間は、自ら要求を提出しながら責任を免れることが出来る。その代り要求としての迫力は弱められざるを得ないのであるが、それでもはっきり要求を提出して刑罰を蒙ることに比較すれば、否、要求を自分の胸の中だけに収めて黙っていることに比較すれば、まだ我慢出来ることである。だが既に報道の形態を具えている以上、これが報道の一種として取扱われても、報道の生命たる客観的真実性を標準として審《さば》かれても、もうこれに抗議を申込むことは出来ない。「私」というものはどこにもいないのである。それどころか自分で伝えた報道を自ら打消したり愚弄したりするような態度を取ることがある。「……という話だが、まさかそんなこともあるまい」という如きがそれである。自ら語り自ら打消すのは、出来るだけ責任を逃れようとするためであると共に、「私」というものを自分で抹殺してしまったために、それが何か自分とは独立な客観的なものと見える錯覚に基づくのでもある。

「私はAを要求する」と言う代りに「Bがあった」と言うのは一つの形式である。その他にはこういう形式がある。輿論は多くの場合何かアクチュアルな問題を中心として構成されるものである。けれどもこれは毎日報道されるすべての事実が輿論の題目になることを意味するのではない。輿論の基礎にはやはり一つの一般的な見方というもの乃至は一般的な意欲というものが動いていると考えられる。そしてこれが或る報道と結びついてこれを機会として自己を実現するということが考えられる。某大官が脳溢血のために急死したという報道が現われた時、彼が死んだのは本当は自殺であるという流言蜚語が町角から現われ始めたとしよう。この流言蜚語の中には尠《すくな》くとも一つの潜在的輿論が含まれていると見て大過ないと思う。それはこの大官を代表者とするところの政治的勢力の敗退を喜ぶところの見方である。この政治的勢力は予《かね》て大衆の要求と正面から対立して今までにも色々と眼に余ることをやって来たとしよう。数日前の新聞はこの一派の先頭に立つ某大官と或る大規模な疑獄との密接な関係を報じていた。その矢先である。或は本当に自殺であるかも知れない。しかし新聞にはそう書いてない。どこまでも脳溢血というのが報道である。自殺であるという流言蜚語は、某大官の肉体的生命の喪失に先立つ社会的乃至政治的生命の喪失を主張且つ要求するものであり、それは更にこの大官を中心とする政治的勢力の没落を欲求しているのである。

なお幾つかの形態があるであろう。しかし要求が報道の形式において現われるということは基本的な意味を持っている。潜在的な輿論が顕在的なものに高まるという過程にはほとんど無限な難易の程度がある。それは勿論問題となっている事柄から分析的に導き出されるものであるというよりも、その間に介在する社会的な秩序というものとの関聯《かんれん》において綜合的に理解さるべき性質のものである。そこで古今を問わず多くの社会には往々タブーと呼んでよいようなものがある。人々はこれに触れる必要を感ずるのではあるが、敢えて触れることを許されていない。またそのためにこれに触れようとする要求が必要以上に高められるものである。それは社会生活における神聖なものとして通用する。社会生活のうちにおいてこれが重大な役割を果すものであればあるほど、人々がこれに対して何等かの要求を抱くということも多くなるのが必定である。ところがこの要求を要求として表現することが困難というよりも不可能であるのは最初から判っている。そこで要求を報告に転ぜしめるという方法が用いられる。それは或る偶然的な事柄ではなく、かえって一つの必然的な事柄とならねばならぬ。タブーの多い国は流言蜚語の多い国である。ところで人間が語り合うということに独自の興味を感ずる存在である限り、この興味というものに導かれて、その内部に要求を含む報道が思わぬところへ流れて行くのはそう珍しいことではない。要求は一つであろう。しかしそれが報道の形式を取るや否や、そこには別の原理が、報道の原理が作用せねばならぬ。要求は一つでも、報道は一つではない。報道がただ一つの事実の報告であるとしても、事実は触れることが出来ぬものであり、接することの出来ぬものであった。事実を離れて報道は自由に動き流れることを許されるのである。しかも他面においてタブーとなっているものは神聖なものであった。興味に導かれてこれが動いて行く時、それが神聖なものとされていればいるほど、かえってこれと対立する如き低級な世界へ引き下げることが行われる。神聖なものを興味深く語る一つの道は、これからその神聖なる所以のものを剝奪することである。神聖なものをタブーとすることは、しばしばその神聖を失わせる方法となる。そしてこれと逆に一切の神聖なものを追放するかに見えるデモクラシーは神聖なものを神聖なものとして保存する方法である。蓋しデモクラシーにおいてはこれを特に引下げて語る如き刺戟と興味とが存在しないからである。

三　流言蜚語とユートピア物語

ユートピア物語というものがある。ユートピアは理想郷とも訳され、無何有郷とも訳されているが、英語の Utopia はギリシア語の ou（無）と topos（所）とから出た語であって、この点から見れば、後者の訳語の方が原義に忠実であるとも言えよう。とにかくそれは現実のどこにも存在しない理想の社会である。トマス・モーアの『ユートピア』（一五一六年）はこういう理想社会を描いたものの恐らく代表的なものである。モーアにとって理想の社会は共産主義社会であった。しかしユートピア物語の歴史はもっと早く既にプラトンの『国家篇』に始まる。家族生活と私有財産制との否定がプラトンのユートピアの特徴であった。近代ではモーアのものとは別にカンパネラの『太陽の国』（一六二三年）その他が発表された。その後におけるエドワード・ベラミーの『回顧録』（一八八七年）やモリスの『無何有郷通信』（一八九一年）やサミュエル・バトラーの『エレホン』（一八七二年）――モリスの無何有郷は Nowhere を訳したものであるが、バトラーのエレホンというのはこの Nowhere を逆にした Erewhon のことである――などはユートピア物語の例である。

ここでユートピアのことを言ったのは、潜在的輿論としての流言蜚語が一つのユートピア物語として見るべき側面を具えているからである。ユートピア物語と言われるものの中にも、その主題や様式において多くの異なったものがあるに違いない。プラトンのものとバトラーのものとを距てる深い溝は、何人の眼からも逃れることは出来ない。けれどもその根本的動機について言えば、何《いず》れも現実の与えられた社会に対する不満乃至否定的な評価を前提し、この現実との距離を意識しながら、自己の要求或は理想が完全に実現せられている世界を描こうとしたものではないであろうか。現実に対する批判的な態度がこれを貫いているのではないであろうか。もし作者に正直なことを言わせたら、彼はユートピア物語を書くことをやめて、自己の住む現実の社会について一々鋭い批判を下すであろう。そしてこれの改革を提議するであろう。しかしそれはいつも許されているとは言えない。特にユートピア物語が多く現われたような時代には許されていなかった。許されていても、別の例えば芸術的な動機に基づいてユートピア物語を書いたかも知れぬ。しかし許されていたら、物語の数は減ったであろう。許されない時にも要求がなくならない。率直な表現を阻まれた要求は、別途の方法を講ずる必要がある。幸にして偉大な想像力が恵まれていた場合、この新しい別途の方法としてユートピア物語が生れる。

ユートピア物語は事実に関する報道としての形態を持つ。それは単に主観的な要求としてでなく客観的な記述であるように見える。要求を要求として提出することが出来ないから、或はまたこれを要求として提出することをやめて、この要求が通った場合に生ずると思われる理想的状態の記述を行っているのである。(バトラーのものは別にした方がよいかも知れぬ。)「吾々はAを要求する」と言わずに、「Bがあった」と記しているのである。潜在的輿論としての流言蜚語とユートピア物語との類似は極めて顕著であると言ってよい。モーアの『ユートピア』には一片の地図が添えてある。「ユートピア島はその中央部(そこが一番広いのですが)のところで幅が二百哩《マイル》あります。その幅はこの島の大部分にわたって続いていますが、端の方へ進むにつれて少しずつ減じて狭くなって行き、その両端は五百哩の円形を描いて全島を三日月形にしています。」こういう風にその第二巻は書き始められている。けれども地図が附せられてあるからと言って、これに相当する場所を探そうとして船に乗り込む人はないであろう。すべてユートピア物語の記事に該当する事実がこの世界に見出されぬという理由によってその作者を罵るものではない。事実の報告でなく架空の物語であることは誰も知っているからである。作者の方からこれは嘘だと断らなくても、読む方はこれを予《あらかじ》め嘘として承知しているのである。

けれどもこの点まで来ると、ユートピア物語と潜在的輿論としての流言蜚語との間の類似は次第に終りに近づかねばならぬ。第一は今言ったことである。ユートピア物語は誰も嘘の物語として読む。ところが潜在的輿論としての流言蜚語は事実との間に持つ距離のゆえに告発されるのである。勿論事実といっても本当に人々が事実というものに接して見て、それから流言蜚語を非難しているのではない。やはり事実のイメージであるに過ぎない。ユートピア物語は嘘として許されるのに反し、何故流言蜚語は非難されるのであろうか。

それはまず流言蜚語は普通の報道と並んで存在することが多いからである。報道があるにも拘らず、同じ事実について別に流言蜚語というものが生ずるのが通例である。一方が真実を映しているものとすれば、他方はこれを歪めているものであるのが当然である。比較すべきものが他方に存するということが重要である。ユートピア物語とは別に理想社会に関する真実の報道があるということはない。あるのはただユートピア物語だけである。次にユートピア物語に出て来る土地なり人物なり制度なりは、それ自身人々の見知らぬものであり、ありそうに思われぬものである。ところが流言蜚語に登場する人物は、既に幾度か新聞にその写真が載ったような知名の人士であり、土地は人々の住む同じ国のしかも多くは同じ都会であり、制度もまた人々が現にその下に生活している如きものである。組み立てている材料が既に見知っている現存のものであればあるほど、そのうちに含まれる小さな虚偽も罪深く感ぜられるのである。それは欺く危険が多いのである。ユートピア物語が始めから人々を童話の世界に連れて行くのであるならば、流言蜚語は実話の世界を吾々に示すのである。

潜在的輿論としての流言蜚語は今やユートピア物語と全く異なった運命の下に立たねばならぬ。私は今まで「吾々はAを要求する」と言う代りに「Bがあった」と言う場合を問題として来た。これは一つの典型的なものを現わしていると考えられたからである。けれども容易に想像されるように、この過程は直ちにまた逆の過程をも生ぜしめる。Aというのは或る要求の対象であり、輿論の中心に立つべきものであった。だが輿論は元来一致と不一致との中間者であり、対立するものを前提するはずであった。Aに対立する要求をA′としよう。社会の内部にはAとA′とがそれぞれ対立しているのである。そこで「吾々はAを要求する」ということの中には、「吾々はA′を排斥する」ということが含まれていることになる。前者を積極的な側面と考えれば、後者は消極的な側面である。

A′が実現された時に生ずる状態をB′とする。「吾々はAを要求する」と言う代りに「B′があった」という形態で流言蜚語が成立することがあるのである。BとB′とがちょうどAとA′とが対立するのと同様に対立するものである以上、「吾々はAを要求する」と言う代りに「B′があった」と言うのはいかにも奇妙なことのように思われる。しかし事実としては存在するのである。けれども「吾々はAを要求する」ということを「Bがあった」と言い換えるか、それとも「B′があった」と言い換えるかは、幾つかの条件によって定まるのであろう。「吾々はAを要求する」とはっきり主張することが出来ないのは、ただそれの実現が困難であるというのでなく、そもそもこういうことを主張するという行動が刑罰その他を蒙るからである。それ故《ゆえ》こうした事情の下においてはBという結果よりもB′という結果の方が遥かに蓋然性が多い訳である。しかしながらこのことはB′が事実として実現されていることを意味するのでもなく、新聞に報ぜられていることを意味するのでもない。B′は実際に起こるかも知れないし起こらないかも知れないような事柄である。「B′があった」というのも立派な流言蜚語である。けれども「Bがあった」というのよりも大抵は他人の耳に入って困らぬことが多い。その理由は既に明らかであろう。「吾々はAを要求する」を言い換えて「B'があった」と言う時、人は全く逆のことを言っていることになる。白を黒に言い換えているのである。それは不思議な現象である。しかしながらこれはそう不思議なことではない。流言蜚語は一般に口頭を以て伝えられるものであるからである。口頭で伝える時に働くのは言葉ばかりではない。身振も表情も働くのである。言葉にしても凡《およ》そ文字に書くことの出来ぬような陰影を含むことが出来るのである。こみいった相談がどうしても手紙や電話で済まない理由の一つはここに見出される。「B'があった」と口では言う。しかしその身振や表情や言葉のニュアンスを利用すれば、全く逆のこと即ち「Bがあった」ということも表現出来るのである。全く反対のことでなくてもよい。「B'があった」と言いながら、その他の手段によって「これは全く困ったことだ」とか「情ない話だ」とか「これが黙視出来ようか」とかいうような意味を伝えることが出来るのである。それは恐らく口頭という方法の持つ強味であろう。けれどもその弱味のあることも忘れてはならぬ。

口頭の場合に働くものは言葉ばかりではなく、表情や身振も共に働いて効果を挙げることが出来る。「吾々はAを要求する」と言うべきを「B'があった」と言い換えることが出来たのもそのためである。「Bがあった」と言うにせよ、「B'があった」と言うにせよ、それは報道の形式は具えているが、その底に潜むものは要求であった。流言蜚語はすべて多くの人々の間を結び合せて、そこに眼にこそ見えぬが一つの集団を形作るものである。けれども各人が社会生活において何れも同じ利害を持ち同じ感情を抱いていると考えるほど甘い信仰はない。もしそうならば流言蜚語は始めから生れる理由がなかったのである。「Bがあった」と最初に言ったものは、その底に要求を隠していたのであろう。だがこれは他人に語られるものであり、語られねば流言蜚語にならぬものである。これを受取る人間が要求として受取るということは可能であろう。要求として受取ったにしても、これを語る人間の抱いていた通りの要求を見出すとは断言出来ない。仮に語られた通りにこれを受取ったとしよう。そしてこれを受取った人間は、再び他の人間にこれを伝えねばならぬ。それがまた新しい関門である。一つの流言蜚語はこうして無限に多くの関門を通って生きて行かねばならないのである。関門を通るたびにその本来の形態は少しずつ変化を蒙る。無疵で窄《せま》い門をくぐることは極めて稀であると考えられる。

要求という成分がいつか全く失われて、ただ一片の報告として生きるようになることが多い。いかに報告として受取られ且つ語られようとも、それはもうこれに抗議を申込むことが出来ない。最初に要求の形式を捨てて報告の形式を採用しているからである。従ってそれは新聞その他に発表される報道との比較において空虚な無意味な虚報として評価されることを避け得ない。またこういうことがある。輿論は対立を前提とするものであった。

それゆえに一つの要求を背後に持つ流言蜚語即ち「Bがあった」や「B′があった」という如きものは、大体において社会成員の間で二つの異なった感情を以て受取られる性質を有している。輿論の世界においては一方のプラスはいつも他方のマイナスであるからである。一方にとって積極的なことは他方にとって消極的なことであるからである。社会成員の或る部分において「Bがあった」という流言が恐怖と嫌悪との感情を以て受取られる場合、それは他の部分においては歓喜と希望との感情を以て受取られる傾向がある。

Bにしても B′にしても、そういうものは現実には存在しないのである。しかし存在しているか否かはもうどうでもよいことである。それは社会成員の間に可能性の状態を以て潜んでいた対立を鋭くする機能を営むであろう。実際にあるかどうかわからぬことを中心として対立する双方は本当に立上るかも知れない。戦うかも知れない。それは報道の形式を持つ流言蜚語の背後に或る要求が、自己を要求として表現することの出来ない要求が動いているからである。

四　流言蜚語と神話

流言蜚語を報道として捕え、事実との関係においてこれを吟味し、事実との間に横たわる不一致を指摘するというのは確かに一つの見方たるを失わない。けれどもそれはただ一つの見方であるに過ぎぬ。このような見地からすれば、流言蜚語はあくまでも消極的なもの乃至否定的なものにとどまり、人々は欲するままにこれを嘲ることが出来る。しかしこの見方は流言蜚語の恐るべき力ということに想到するや否や忽《たちま》ちに制限せられねばならぬ。軽く扱い得ると信じていたものは、やがて恐怖の対象として現われるからである。人々は今までの態度を改めようとする。しかし改める余地はもう残されていないのである。そこで社会的な虚言を作り出したものを呪い、これによって動かされる民衆の軽信性を罵ることに終る。それは一つの、そしてただ一つの見方である。

今一つの見方からすればそうではない。それは一種の神話の如きものとして現われる。社会生活における神話の意義を最も高く評価したのは、ジョルジュ・ソレルであろう。彼はこう語っている。「私はこの研究を通じてあまり主張する必要がないほど単純に思われる一つの事柄を確認したのであるが、それは即ち様々な社会的運動に関係している人々は、自己の将来の行動をばその主張の勝利を確保する戦というイメージの形態で考えているということである。私はこれ等の構成物を神話と呼ぼうと提議したのであるが、これの認識は歴史家に対して大なる重要性を提供するものである。堪え難い試煉の中にあってカトリックの人々は何故にその意気を沮喪せぬのであろうか。この事態を残りなく解明することが出来るのは神話の観念である。即ちカトリックの人々はサタンとヒエラルシーとの間に行われる闘争として教会の歴史を理解する。いかなる困難が彼等の前に現われるにしても、彼等はそれをこの闘争の一つのエピソードとしてしか考えない。彼等はそのあらゆる苦痛にも拘らず、常にカトリシスムの最後の勝利を堅く信じて疑わないからである。このような神話によって貫かれておればこそ、彼等はその意気と気魄《きはく》とを喪失することがないのだ。」歴史上に吾々が見出すところの大運動なるものは、例外なしにこの神話の産物である、とソレルは考える。初代キリスト教徒は第一の世代の終り頃におけるキリストの復活と異教の世界の破滅とを聖者の王国の建設と共に確信しておった。カタストロフは起らなかった。だが神話は決してそのまま実現されることを必要としない。それゆえにキリスト教の思想は黙示録の神話から多くのものを抽き出すことが出来たのである。ルテル及びカルヴィンの熱情が少しも現実のものとならなかったにしても、彼等の夢から生れた偉大なる変革を誰が否定し得るであろうか。フランス革命もまた最初の老兵達の心を躍らせた魅力ある構成と同じ運動を辿りはしなかったにも拘らず、もしこの神話がなかったとしたならば、フランス革命の成功はそもそも考えられるであろうか。

神話に対する最大の暴行は、これをその構成要素に分解することである。「人々が一つの事物を要素に分解するように、かくの如きイメージの体系を分析しようと試みるべきではないこと、それを歴史的な力として、全体として理解すべきこと」をソレルは要求する。吾々はそれを全体として認めればそれでよい。その偉大なる力を信じればそれでよい。そこには論議の場所は与えられていない。「もしも人々が神話の領域にいるならば、一切の駁論を免れることが出来る。」

ソレルが神話という概念によって現わそうとしているものが人間の世界において深い意味を持っていることは確実であり、またこれが従来軽視され或は無視されていたことも同じく確実である。神話に対する暴行は流言蜚語に対する暴行でもある。神話に対する暴行がそれをその構成要素に分解するところにあったように、流言蜚語に対する暴行もまたこれをその要素に分析するところにある。分析すれば該当する事実の存在せぬ如き要素が必ず現われる。人々はこれを捕えてこれを非難するのである。しかし事実に反するという理由で力を失った神話があったであろうか。流言蜚語もまた遺憾ながら同じである。

吾々は人間の世界における知識の意味を低く考えようとするものではない。けれどもそれは現実の社会においてそれが根本の唯一の支柱をなしていることを認めるのでもなく、個々人の生活の隅々まで知識が支配していると言おうとするのでもない。現在の人間生活にあっては概ね知識は信仰の下位に立っている。そして流言蜚語に対する普通の見方は現在における知識の地位をあまりに高く評価し過ぎる立場と結びついている。知識というものだけが人間の世界を支配していると考える時、流言蜚語は単に否定的な取扱しか与えられない。けれども流言蜚語をして生命あらしめているものは、知識であるよりもむしろ信仰であり意欲である。

事実と一致するか否かという如きことは最早何等《なんら》の問題ではない。事実とは無関係にこれは自己の生命と作用とを有することが出来る。それは誤謬や錯誤ではなくして、実に人間の生きていることの証拠ですらある。そこにはしばしばあまりに真剣なものが潜んでいる。しかしその問題の真剣さに相応《ふさわ》しい形式を自己に附与することが出来ないという点にその不幸があるのであろう。

政治に関係するもの或は社会を統制するものは、もし流言蜚語の発生を防ごうと欲するならば、まず民衆の信頼を得なければならぬ、と吾々は言った。しかし――今やこれに附け加えねばならぬ――もし既にして流言蜚語が発生したならば、それを一つの潜在的輿論として受取るべきである。「吾々はAを要求する」と言う代りに「Bがあった」或は「B′があった」と言われることが多いからである。流言蜚語を潜在的輿論として取扱うことは、第一に民衆のために幸福である。第二にこれを統制しようとするものの幸福である。そして流言蜚語そのものは急速にその姿を消すであろう。だが一つの流言蜚語の背後に何が立っているか。報道の姿を借りているものはいかなる要求であるか。それは極めて困難な問題である。何故困難であるかはさきに述べておいた。真か、偽か、事実に一致するか否か、このような問題は政治の大業に携わるものの第一に念頭に置くべきことではない。真偽を超えて生きているものを捕えて、事実を超えたその価値と意義とを正しく生かすことが大切なのである。

かつてこういうことを述べた。或る国において立派な報道として通用しているものが他の国に入るや否や虚偽の流言蜚語と化することがある。この時に流言蜚語と呼ばれるものは根本的に事実との関係において考えられたものであった。その意味で報道と流言蜚語との対立が国と国との間にあったのである。けれどもこれと共に記憶すべきことは、或る国において堂々輿論として通用していることが他の国においては流言蜚語となっているという事実である。甲という国において或る問題が議会において論ぜられているばかりでなく新聞もこれについて色々と論じ、電車内の会話にも現われ、辻演説の題目ともなっているとしよう。ところがちょうど乙という国においてこれに匹敵するような問題があるとする。ところがこの国では普通の国民とはおよそ懸け離れた場所では論議せられているのであろうが、ほとんど新聞にも出ず、個人の会話にも公然と語られることなく、演説などということは思いも寄らないのである。ところが甲という国においてこの問題が広く論ぜられているのは、それが一般国民の生活と堅く結びついているからである。乙という国においてもこれは同様である。しかしこの国では民衆の生活と緊密に結合していることでありながら、これを公然と論ずることが許されていない。それについての要求を提出する場所もなく、それは許されてもいない。許す許さぬというのが不思議なのであるが、とにかく許されていない。そこで前に挙げた「Bがあった」とか「Bがあった」とかいう流言蜚語が現われて、民衆はその問題に対する関心と自己が未だ生きているという証拠とを示そうとする。これを誰も輿論などと言うものはない。流言蜚語というのがその名である。

問題が同じようなものであっても、一は輿論として明るい公の性質を帯びることが出来るのに反して、他は暗い私的な性質を与えられて、夜の裏街を歩き廻らねばならぬ。何と言っても流言蜚語は歓迎すべきものではない。だが一方の国にはこのような流言蜚語がほとんどないか、あっても少いかであるのに、他方の国にはそれが多いという結果になる。何《いず》れが好ましいかは大体明らかである。多くの流言蜚語は流言蜚語になりたくてなっているのでなく、心ならずもなっているのである。流言蜚語の数は輿論統制の強度の函数であると言えるかも知れぬ。そしてそれは極めて平凡な事柄であると考える人もいよう。しかし吾々はこれを通り過ぎることは出来ない。

五　報道の統制と輿論の統制

輿論の統制はすべての社会が何等《なんら》かの程度において行っているものである。輿論は何故統制されねばならぬのであろうか。社会は吾々人間の行動などとは無関係に個人の生活の彼岸に立っているように見える。吾々の行動がどのような方向を取ろうとも超然として存在しているように見える。人々はそう信じ、社会もまたこのように信じられることを好む。しかしながら個々の人間の行動ということを離れて社会はどこにあるのであろうか。社会の存立は人間の行動を以て成り立ち、社会の運動は人間の行動を以て遂行されるというのが吾々の基本的な見地であった。社会は自己の存立を確保するためには人間の行動が或る定まった軌道の上を走って行くことを要求する。報道は輿論の前提であった。報道は人間に新しい事実或は事実の変化を告げる。新しい事実乃至事実の変化は社会成員に対して新しい反作用乃至は反作用の形式の変化を要求する。それが人間の生きる道である。ところですべての報道が輿論を惹起するのではなかった。自己の計量と能力とのみによって十分に反作用を営むことが出来るような場合、報道は輿論の前提とはならない。反作用を行うことが個人の計量能力を超えた大きな困難を伴う時にのみ報道は輿論の前提となるのである、報道は外から内へもたらされる作用を中心とするものであり、輿論は内から外へ進む人間主体の反作用を中心とする。前者が新しいものを含んでいればいるほど、後者もまた新しいものとならねばならぬ。しかし後者がこのように新しいものとなる時、社会の存立は一つの危機に直面せざるを得ない。蓋し社会が今まで一定の形態を具えて存在を保って来たのは、社会成員が或る行動の様式を守り、その中を動いておったからである。そして新しいものはこの行動様式の否定或は制限を意味するからである。

輿論が統制されねばならぬのはそのためである。輿論の統制は二つの道を持っている。その一は或る輿論の形成を禁止することであり、従ってその活動を禁圧するものである。この方法は昔から多くの社会において用いられて来たものであるが、それには致命的な欠陥がある。即ち輿論は統制されていても、これの前提となるべき報道の方が十分に統制されておらぬために、正に禁圧さるべき輿論がその材料だけを与えられることになるからである。公然たる輿論の材料として生きることの出来ぬ報道は、今や自己を潜在的輿論としての流言蜚語の中に生かせようとする。

そこで第二の更に賢明な方法は、報道が輿論の前提であるという認識から出発する。報道をそのままにしておいて輿論を統制しようとしても源を放置しておいて河を涸《か》らそうと努めるようなもので、有害な氾濫が起こるだけである。それゆえに報道から輿論へという道を逆に歩もうとする。帰結に対する考慮が前提に対する考慮に変ずる。報道の統制と結びついた輿論の統制が、かくして第二の進歩した方法となる。第一の方法においてはa—c′—b′—c—a′—bという報道が前提されていた。従ってそこにはa—b—cという事実のイメージとa′—b′—c′という事実のイメージとが生れる。これに対する反作用は尠《すくな》くともAとA′との二つであることになる。それにも拘らずAを中心とする社会的意見は輿論として通用することが許されても、A′の方はこの資格は認められない。Aは在来の社会的行動様式の部分的修正を含むに過ぎないが、A′の方はこの行動様式の全面的否定において成立するものであるからである。公の存在たることを拒絶されたA′は、潜在的輿論としての流言蜚語になる。昼でなく夜に生き、議会でなく陋巷《ろうこう》に語られる。これに反して第二の方法においてはa—c—bというような事実の系列のみが報道される。a′—c′—b′という事実がないのではない。あっても報道されないのである。報道されぬことは多くの人々にとっては存在しないのと同様である。人々は知識の世界よりも信仰の世界に生きるからである。a—c—bしか与えられていないとすれば、そこからはa—b—cというような統一だけしか生れて来ない。従ってAという反作用の方法のみが結果するわけである。

報道の生命は真実性にあると言った。人間の欲すると否とは無関係に吾々の外部に展開される事実の変化を忠実に報告するのがその精神であると言った。だがこのように統制された報道は、果してこの生命或は精神をよく発揮しているものであろうか。a—b—cを虚偽だと言いたくはない。それは事実としてあるのであろう。けれども事実はそのように純粋なa—b—cとして存在するのではない。a′もb′もc′もあるのである。これ等のものは切り捨てられ捨象されている。報道において働いているものは既に報道の精神ではない。報道のうちに生きているものは報道の生命ではない。報道の後に来るものへの考慮が予め報道を左右しているのである。輿論を導くべき報道が逆に輿論への懸念によって導かれているのである。報道を材料に見立てることもよいであろう。その時、輿論はこれを組み立てて作られるものとなる。ところが材料からはただ一つのものでなく、かえって多くのものが作られるはずである。しかるに今や材料が予め制限されており、一定の形態を予想して送られて来るのである。

終りに来るべきものが始めにある。他を支うべきものが他から支えられている。報道から輿論へという道は逆に歩まれているのである。その材料が最初から着色されているのである。a—b—cは虚偽ではないであろう。しかし虚偽でないと言われる前に、真実でないと言われるべきである。真実性こそ報道の生命であった。ただ装飾のためにそう言われるのではない。人間が環境への適応においてしか生きて行くことが出来ないからである。適応を正しく成就するには、環境の真実を知ることが大切だからである。だが人間は環境の真実を知らねば生きることと或はよく生きることが出来ぬのに反し、社会はその成員に真実を知らせては生きて行けぬのであろうか。これは考えるさえ恐ろしいことである。しかしこの恐ろしいことさえ吾々は信じねばならぬように見える。個人の幸福や不幸に対して社会が一々責任を負ってくれるならばそれでよい。吾々はどんなに着色された報道を与えられようとも文句を言うまい。けれども近代の社会においては各人が自己の運命の主人公でなければならぬ。ひどい貧困のために一家族が心中せねばならなくなった時、社会はこれを非難することがあっても、救助してくれることはない。責任を各個人が負いながら而《しか》も他面において報道の着色が行われているのである。この事実を説明するものは何であろうか。

報道から輿論へという順序が或る意味で逆にされて、報道の前に輿論への考慮が立っているということは報道の生命の否定であった。真実性が傷つくからである。それならばこのことは輿論が十分に発展する道であろうか。輿論が自己の立つべき場所だけでなく更に報道の前にも立つに至るということは、輿論のために祝福されてよいことであろうか。一見そのように思われる。しかしそうではない。輿論は単なる一致でもなく、また単なる不一致でもなく、反対に不完全なる一致と不完全なる不一致とに立つものであった。一致と不一致との中間が輿論の住家であった。輿論にとって根本的なことは、それが或る他のものに対立するということであった。一つの社会的意見が他の社会的意見と対立して戦うことが輿論の活動形態であり、またその意味もこの戦いの中に求められる。必要なのは対立物である。Aにとって必要なものはA′であり、A′にとっても必要なのはAである。もしもAがなかったら、A′もまた輿論として存在することは不可能である。A′がないならば、Aもない。そういう意見はあるかも知れぬが、それはもう輿論ではない。A′の成立を不可能ならしめ、Aだけを支配的ならしめようとするのが進歩した輿論統制の形式なのであった。従って報道を犠牲に供してまでも輿論を重視しようとする方法は、ひとり報道からその生命を奪うのみでなく、飜《ひるがえ》って輿論そのものを死滅させるものと言わねばならぬ。そして注意すべきことは、輿論と報道とを共に死滅させようとする人々が最も多く輿論と報道とについて語るということである。

それで済めばよい。a—b—cが与えられ、そこからAだけが作り出されて、すべての人がこれで納得し満足しておれば、何も言う必要はない。流言蜚語というようなものも発生する余地がなく、発生しても伝播する地盤が欠けているなら、それでよい。しかしそれは困難なことである。a—b—cというふうに立派な統一を与えることがいつも可能だとは限っていない。これを統一として現わすためにはどこかで論理の飛躍がなければならぬという場合がしばしば生ずる。多くの人々は報道におけるこのような飛躍に気づかぬであろう。しかし百人のうちの一人が気づいても、これは九十九人に伝えられる。一度注意が集中されると、今まで読み過ごされていたものが次々に疑惑の種となる。飛躍なしに統一を成就しようとすれば、ないものをある如く報ずる必要がある。あるものを抹殺する方は最初から行われているのである。つまり思いきって真実を離れることによって始めて統一が獲得される。しかしながら人間が報道に接するのは虚心を以てするのではない。いつも自分の気持なり生活なりと引較べながら読んでいるのである。或る人の或る感情について新聞が報じているとしよう。これを読むものは勿論別の環境の中にあって読んでいるのである。記事は立派な統一を持っているけれども、自分の気持とそこに記されている人の気持とではその差があまりにも大きい。一体これは本当であろうか、人間がこんな気持になることがあるのであろうか、と思わず疑いたくなる。いや、もっと重大なことがある。環境から人間が受ける作用は、大抵は人間の反作用を前提している。環境から人間への作用、これに応ずる人間の反作用、更にこれに対する環境の反作用、そこには相互作用がある。人間が環境に働きかける時、彼は環境のイメージを持っているのである。これに続いて環境から来る作用は、人間の持っていたイメージの正しさの程度を教えてくれる。経験というものはそこから生ずる。そしてこの経験は自ら人間にa—b—cを審く眼を与えるのである。このように考えて来れば、統一の獲得が真実からの距離を大きくすればするほど、この距離がひとりでに滲み出て、人間の経験乃至気持による自然的な評価と判断との前に崩壊する危険が増大すると言わねばならぬ。後者を満足させようとすれば、統一は失われて輿論の統制を不可能ならしめざるを得ない。一に陥ることなくして他を避けることは極めて困難である。

以上の如くa′―b′―c′を切り捨て、A′の成立を避けようとする方法も、流言蜚語の発生を防ぐことが出来ぬように見える。それならば一体どうしたらよいのであろうか。しかしこれについてはもう述べる必要はないであろう。私は言うべきこと或は言い得ることのすべてを語ったはずである。それよりも吾々は新しい問題に向おう。流言蜚語を輿論との関係において見て来たが、一体流言蜚語を担うものは誰であるか。輿論を担うものは公衆と呼ばれる。流言蜚語を担うものは何と呼ばれるのであろうか。

六　群集と公衆

「群集と公衆とを混同してはならぬ」と言ったのはガブリエル・タルドであった。彼はこの二つのものを区別するために有名な論文を書いた。流言蜚語を担うものは何であるかという問題の前に立っている吾々にとっても、まず群集と公衆とを区別することが大切であると思われる。これ等二つのものはいかなる点において異なるのであろうか。

一、タルドが最初に挙げているのは、精神的と物質的との対立である。広く知られているように、社会集団は動物の世界にもこれを見出すことが出来る。ところが低級な動物の社会においては個体が物質的凝集の形態を示している。集団の成員たる各動物は常に空間的に接触し交渉し合っている。動物の世界においても長い進化の過程を経た高等の種類に至ると、このような物質的凝集の代りに精神的な結合が現われる。同じような対立が群集と公衆との間に見られないであろうか。群集は一種の動物性を示している。群集には特殊の心理があると言われているが、それは肉体的接触によって生ずる精神的伝染の結果ではないであろうか。ところが公衆はその成員が肱で押し合うこともなく、姿を見たり声を聴いたりすることもなく、ただ広汎な地域に散在して同一の新聞を読み、各自の部屋に坐っている。同一の信念や感情に貫かれているという意識だけが、公衆を一つの集団たらしめる絆である。公衆は純粋に精神的な結合である。動物社会における対立と比較すれば、群集は低級なものとなり、公衆は高級なものとなる。或は群集を動物的な集団と考え、公衆を真に人間的な集団と呼ぶことも出来よう。

二、群集は古いものであり、これに反して公衆は新しいものである。公衆という語に対応するものをギリシア語やラテン語の中に探そうとしても徒労であろう。群集は古代にもあり、中世にもあった。しかし公衆は十八世紀以来のものである。ボガーダスは公衆を、a group without presence と呼んだ。相見ることなき集団が成立し得るためには、遠く離れた多くの人々に同一の信念や感情を持たせる手段が存在していなければならない。新聞と雑誌と書籍とが存在していなければならないのである。こういう条件が本当に充たされるようになったのは十八世紀に入ってからのことである。そしてその時以来公衆は確実な存在となり始めた。毎朝同じ時刻に何万とも知れぬ人々が新聞で同じ事件を知り、多くの人々がこれについて相似た考えを持つということは、古代や中世の人間にとってはおよそ考えられぬことであったに違いない。群集においては人々が空間的に接触していなければ、精神の交流が成り立たない。公衆にあってはこれ等の手段によって相見ぬ人々の間に交流が行われる。タルドは「群集は過去の社会集団である。社会集団のうち家族に次いで最も古いものである」と書いた。そして「公衆が未来の社会集団であることは否定出来ない」と言う。

三、群集の含む成員は、公衆に含まれる成員よりも少数である。群集は多くの場合指導者がある。指導者によって群集が正に一つの群集となることを得るのであろう。しかし指導者の声が届くのは、一定の距離を越えることが出来ない。声の届かぬところに群集は存在することが出来ぬ。今日に至るまで最も多くの成員を擁した群集はル・コリゼの聴衆であると言われるが、これも十万を越えなかった。ペリクレスやキケロの演説を聴いた人々は、恐らくもっと少数であったろう。ピエール・レルミートやサン・ベルナールのような大説教者の周囲に集ってその声を聴いたものも遥かに少数であったと思われる。だがこれに比して公衆の数は無限であると言えないであろうか。無限であると言わなくても、群集との比較を絶するほどに多数であることは認めねばならぬ。群集の数は計算することが出来るかも知れぬ。しかし公衆の場合は不可能である。

四、群集の精神的交通は口頭によって行われ、公衆の精神的交通は主として文章を通じて行われる。言葉を語るということが交通の手段として最も基本的なものであることは確かである。しかしながらそれは同時に最も原始的なものである。群集はこの最も原始的な交通手段しか使用出来ない。古代や中世の人々が雄弁術というものを極めて高く評価しておったこと、実際にこの技術が著しく進歩したのがこの時代であったこと、これは一つの証拠として役立つであろう。(吾々はタルドの知らなかったラジオというものを考える必要がある。)

五、人間は一つの群集に属するに過ぎぬが、二つ以上の公衆には属することが出来る。この区別は社会集団の区別に当っていつも重要な標準となるものである。例えば吾々は同時に二つの国家に属することは出来ない。しかし娯楽や社交の団体であれば、二つ以上のものに同時に属することが出来る。社会集団が人間を吸収する程度は様々である。群集は人間の全部を剰《あま》すところなく吸収する。公衆は人間の一部分しか吸収しない。群集としての人間は自己の一切を残るところなくこれに捧げる。公衆としての人間は常にそれとは別の生活を持つことが出来る。前者においては人間の埋没が顕著であり、後者にあってはそのようなことは見出されない。

六、群集は自然の影響を公衆よりも強く受ける。群集が自然に近いものであることは前に明らかにされたが、それはまたそれだけ自然の力に服従するものであることを意味する。晴雨寒暑も群集にとって無関係なものではない。冬よりも夏に群集が多く、蒼空を仰いで集合し、驟雨に遭って散ずるのが普通である。或るパリ市長は雨の日を祝福し、日光の輝くのを見て嘆息したと伝えられる。だが公衆はこうした自然的環境の変化から独立なものとして群集から区別される。

七、群集は時代の進歩と共に変化せぬが、公衆は時代と共に進歩する。群集は時代の変化とは無関係である。クロムウェル時代の群集は今日のイギリスの群集である。その間に横たわる百般の進歩は群集の上に何の痕跡も残してはいない。フランス革命頃の群集と同じものを見るためには、パリへ行けばよいのである。しかし公衆はこれと異なる。このことは群集が民族的乃至人種的素質からその特質を与えられているのに対し、公衆がこれを超えた精神的のものであるところに根源を持つ。イタリアの群集はイタリアのものであり、ロシアの群集はロシアのものである。公衆はそうではない。

八、群集の行動を支配するものは感情であり、公衆を動かすものは知性である。群集については様々な見解があって、相互に対立している。けれどもいかなる見解にあっても一様に認められていることは、群集の行動が感情を基礎とするという点である。そこではいかに自明の真理といえども感情を動かすという方向に働かぬ限り、全く無力なものとしてとどまらねばならぬ。各個人の思慮はその姿を消して、ただ大濤《おおなみ》のような感情の起伏のみが見られる。多くの人々はそう主張する。公衆もまた感情から自由であるとは言えない。けれどもそこには群集においては到底見出すことの出来ないような計算があり批判があり反省がある。感情の昂奮と伝染とが自然に近いものであるならば、理性的な批判の眼は自然から遠く離れているものと言えよう。群集の行動が常に一つの極端から他の極端へと移ること、公衆がこれと反対に中庸を守り得ること、群集が生産的であるよりも破壊的であり、公衆がこれに比して遥かに生産的であること、これ等の特徴も右の事柄から導き出されるに相違ない。

ル・ボンが「群集の世紀」を語ろうとする時、タルドは「公衆の世紀」を語ろうとする。輿論を担うものはこの群集から区別された公衆であるというのがタルドの考えであった。そして輿論こそ伝統と理性との中間に立って両者を媒介するものであるというのが彼の動かざる信念であった。だが流言蜚語を担うものは誰であろうか。それが単なる個人でないことは更《あらた》めて言うまでもない。けれども流言蜚語が一種の輿論であるにしても、本格的な輿論でなくしてむしろこれと対立するものであった以上、これを担うものとして直ちに公衆を挙げることは不可能であろう。群集と公衆とを区別する諸点を見て来たが、既に読者は、流言蜚語を担うものが群集と公衆との中間に立っている、或は群集と公衆との混合物であると感じなかったであろうか。流言蜚語を担うものは、群集に似ると同時に公衆に似ると言ってもよいのではないか。

七　潜在的公衆

流言蜚語《りゅうげんひご》は主として口頭によって伝えられる。これは群集における精神的交通が口頭によって行われるのと同じである。しかし流言蜚語が言葉に頼るのは喜んでそうするのではない。その発生する条件の一つとして報道や交通の機関の機能の停止ということが指摘された。人々が眼や耳或はその延長を失うことが流言蜚語発生の一般的地盤であると説いた。新聞、電信、電話、ラジオがその機能を営まなくなった時に流言蜚語は最も生じ易いのであった。これ等のものが失われる場合、後に残って精神的交通の手段として役立つのは人間の言語のみである。しかも語られる言葉のみである。流言蜚語は口頭によって伝達される。しかしながらこのように通信や報道の機関がその機能を停止することがない時でも、口頭ということは流言蜚語にとって本質的なものであった。それは秘密を欲するからである。秘密を欲するものは伝える人と伝えられる人との間に第三者が介入することを許さない。ところが語られる言葉以外の交通手段にあっては、必ずこれ等二人の人間の間に複雑な構造を有する機械が立っており、この機械には一人或は二人以上の人間が配置せられている。従って伝達の内容がこれ等の人々に知られる機会が生ずる。次に秘密を欲するものは、証拠の残存することを恐れる。直接に第三者が介入していなくても、証拠が残っておれば、いつでも第三者が入り込むことが出来る。証拠を残さぬ点においては口頭は一つの典型的なものであると言わねばならぬ。

だが証拠を残さぬことは秘密を欲する流言蜚語にとって必要なものであるにしても、ここにまたその無力が胚胎する。流言蜚語が事実と一致しないということは一つの信仰であった。けれどもこの信仰は必ずしも根柢《こんてい》のあるものとは限らぬ。政治的事情の著しい変化のためにかつて流言蜚語として通用しておったものが公の舞台において社会を批判する言葉に転ずることがある。この時に必要なのは証拠を持っているということであり、自己を客観化しているという資格である。自己の安全を守るために身を隠した流言蜚語は、正に自己の姿を示すべき折に示すことが出来ない。他から捕えられる危険に身を曝さねば人を捕えることは出来ない。隠簑を脱することが出来なかったために討つべき敵を討ち得なかった多くの流言蜚語があるのである。

流言蜚語は口頭に頼らねばならぬ。しかしこれは演説の形式においてではない。従って群集の存在が雄弁術を発達せしめたという如きことはここには見られない。所謂雄弁は流言蜚語の伝達にとってそう必要なものではない。また口頭であると言っても、群集におけるように、多くの人々が一時に同じ言葉に接するということは不可能である。一つの中心から各個人に或は集団の全体に同時に言葉が流れて行くのではない。そういうことが可能ならば、流言蜚語は最初から存在しないのである。個人から個人へと伝えられるのが流言蜚語の普通の形式である。多くても一人から数人へである。

口頭は原始的な交通手段である。流言蜚語も近代を俟って始めて現われたものではない。流言について詩を残したウィルギリウスは古代ローマの詩人であった。流言蜚語という文字が出ている『荀子』や『史記』や『書経』も同じく古いものである。流言蜚語を担うものは公衆のように新しい存在ではなく、かえって群集と共に古いものであると言えよう。流言蜚語が古く、従ってこれを担うものが古いというのには今一つの理由がある。流言蜚語の発生にとって輿論に対する統制或は禁圧が重大な開係を持っていることはさきに述べた。しかも古い時代にあっては、a—b—cと共にa′—b′—c′が入って来ておりながら、A′が禁ぜられて、Aが強要されていたのである。「吾々はA′を要求する」と言う代りに「B′があった」という流言が蔓延する理由は十分にあったのである。

流言蜚語を担うものが群集と似ているということを中心として論じて来たが、今度は逆に公衆との類似について言おう。流言蜚語について広く流布している誤った見解によれば、これは盲目的な感情の昂奮から生れ、感情の伝染と同じように広まって行くものであると言われる。そして流言は根も葉もない本当に無根拠の妄想であり妄言であると言われる。そういうことがないとは言わない。特に直接的環境が急速に変化した場合に生ずる流言蜚語は所謂《いわゆる》群集心理に立脚している。関東大震災などは確かにこの種の例を提供していると考えられる。しかしこういう例ばかりが流言蜚語なのではない。むしろ多くのものは或る程度こうした昂奮から離れている。長時間にわたって持続することが出来ぬのは群集の特徴である。群集心理に基づく流言蜚語もまた永続しないのが普通である。これに反して多くの流言蜚語は若干の知性を含んでいる。それがいつも或る正しい方向に進んでいるとは言うまい。しかし思惟というものが本当に活動するのは個体と環境との間に不幸な関係がある時に限られるというのはこの場合にも当てはまる。閉ざされ圧迫された生活は空虚な昂奮よりもかえって鋭い知性を働かせる。群集のように自己の責任を負わずに行動するのと異なり、ここでは言動に細心の注意が必要である。流言蜚語は秘密を要求するからである。もし知的であり反省的であり批判的であることが公衆の特質であるならば、これに似た性質は流言蜚語を担うものにも見出されるところでなければならぬ。

そのために流言蜚語は或る限られた人々の間だけを動き廻るのでなく、およそ群集の数との比較を許さぬ如き多数の人々の間を歩み、彼等を結びつけるのである。これに結びつけられる人間が多数であることは、あたかも公衆に似ると考えることが出来る。けれども流言蜚語を担うものにおいてはその人々の相互において同一の流言蜚語を担っているという意識が動いていない。群集は物質的凝集に似て、相当に空間的に接近し、その顔を見、その声を聴いている。公衆はかかる意味の接触は持たぬとしても、やはり同一の精神的な流れに立つ多くの人々の存在を意識しているのである。ところが流言蜚語を担うものはその数において公衆に似るにも拘らず、同じ流れに立つ人々の存在をはっきりと意識することが出来ない。予想はされても確信することは不可能である。

群集は破壊的であり、公衆は生産的であると言われた。流言蜚語を担うものは一般に群集よりも更に破壊的であり陰険であり危険であると信ぜられている。けれどもこれがいかに無智なる偏見であるかは前に詳論したところである。勿論そういうこともある。しかしながらそれは時として公衆の意見にも優る生産性を有することがある。だが流言蜚語の含む生産性は、政治に関与する人々によってこれが真に生かされ救われる時においてのみ明らかとなる。深夜の陋巷を徘徊する寡婦に会ってその欲するところと信ずるところとを聴こうとする態度が政治家になければ、流言蜚語はその生産性を示すことが出来ぬ。これを生産的ならしめるか破壊的たらしめるかは流言蜚語を担うもの自身の中にあるのでなく、この外に立つものにあるのである。これは流言蜚語が流言蜚語であるのは自己自身によってでなく、他の条件によってであることと結びついている。流言蜚語の生産性は場合によっては極めて大であって、公衆の意見の生産性を遥かに凌駕することがある。生産的なものは極度に生産的になる時、必ずや他方に危険と破壊とを伴わねばならぬ。偉大なる思想がしばしば危険であり、偉大なる建設が根本的な否定を含んでいるのと同じであって、これは流言蜚語のみの知る運命ではない。

潜在的輿論ということを言った。今や潜在的公衆という語を使用すべきではないか。流言蜚語を担うものを更めて潜在的公衆と名づけようと思う。

人間は一つの群集に属するのみであるが、同時に幾つかの公衆には属することが出来ると言った。この潜在的公衆においても人間は幾つかの流言蜚語の交叉点に立つことが出来る。それは潜在的公衆が人間の全体でなくかえってその一部分を吸収するのに基づくのかも知れない。とにかく明らかなことは、流言蜚語を担う人間はそこに自己を埋没せしめるのでなく、或る程度まで自分というものを失わずに、保つことが出来るという事実である。潜在的公衆の内部に自己を完全に失うというようなことは未だかつてなかったであろう。それればかりではない。人間は個人としての資格において強大な作用を営むことを許されているのである。a―b―cというような統一を有する流言蜚語が或る人に伝えられた時、これを受取った人間は自己の想像に基づいて新しくdという要素を附加して、これにa―b′―c―d′という新しい形態を与えて更に他の人に伝えることが出来る。d′を加えねばならぬと言ったものはない。それは全く彼の自由な行動に発することである。しかも彼はこれを他の人に伝えることによって、また次の人間に伝えられることによって、多くの人々に新しい環境のイメージを与えることが出来る。そしてこれは多くの人々に一定の行動への用意を持たせることである。人間を動かすことである。その源は一人の人間の言葉にある。このように個人の力が広い場所を与えられるのは、群集においては勿論のこと、一般の公衆においても全然考えられぬことである。ここに働くものは思惟のみではないであろう。群集のように感情の支配下に立たぬにしても、感情はやはり生きている。しかし一般に群集における感情の力というものを人々はあまり非難し過ぎているのではないであろうか。行動を支配するものが感情であって、知的水準の低下が顕著である、と或る人は言う。行動が常に両極端の間を動いて中庸を知らない、と他の人が言う。第三の人は盲目的な野蛮を指摘する。しかし考えねばならぬことが一つある。群集は平常の一人一人の生活においてはおよそ一切の社会的乃至政治的な力を持たぬものである。このような公の世界においてはほとんど無であるのが彼等の運命である。「人間は個人としては無である」という言葉は最もよく彼等に当てはまる。その彼等が一つの群集に已れを投じて偉大なる感情に燃え上る時、彼等は始めて一つの力となる。人々は彼等を恐れる。今まで彼等を無として遇していた人々も彼等を悪魔の如く恐れる。彼等の中には今や従来経験したことのない力の自覚が生れる。個人として無であった人々は群集となることによって恐るべき力を与えられる。そして更に大切なことは力の自覚を与えられることである。平常の生活において無であったことこそ群集としての彼等の力を強大ならしめるものである。失われていたものは一挙に回復されるのである。

公衆は概ねその生活において個人として一応の権利を持ち、また力の自覚を有している。自己の見解をやがて公のものとして働かせることが出来るという自信もある。そういう力の自覚において生きるのが公衆の生活なのである。このような自覚と自信とを欠いた生活を送っているものが、或る機会に群集となってこれを一度に取り戻そうとするのである。潜在的公衆の感情は群集の感情のように一度に燃え上るものではない。その代り流言蜚語を担うものにおいては個人の感情が決定的な働きを持つことが出来る。口頭を手段とするための浮動的な性質は免れ難いが、自己の感情によって他人に強い影響を与えて相手を或る方向に導いて行く余地は十分に与えられている。

群集においては跡もなく失われる個人的なものが、潜在的公衆においてははっきりと残っている。残って活動している。だがそこにはもう群集に見られるような力の自覚はない。個人を超えて高く聳えているものに力の限りぶつかって行こうという意気はない。一団の火となって何物をも焼き尽くそうという気魄はない。他方において自分達の思慮と運動とを通じて当局者の蒙を啓《ひら》き、堂々とその所信を通そうとする公衆の自信に相当するものもないであろう。自己の行為をそのまま客観的な制度の領域に生かし得るという安心も欠けている。潜在的公衆はそういう開かれた魂を持っていないのである。

潜在的公衆は謂《い》わば閉ざされた魂を持っている。生来閉ざされているのであるよりも、むしろ偶然の事情によって閉ざされている。そして閉ざされていることをよく認めている。しかし閉ざされたままでいることを喜んでいるのではない。潜在的輿論が潜在的であることを本意とするのではないのと同様である。自己を開こうと努めているのである。しかし開くことが恐ろしい結果を持つことを知っているのである。開こうとして開かれぬ魂が潜在的公衆の中に住んでいる。自己を開こうという欲求をこの不幸な条件の下で充たす時、そこに生れるものが流言蜚語である。

輿論が政治の上に基本的な意味を持つのはデモクラシーにおいてである。輿論が尊重されるというのは、一切の潜在的輿論が顕在的輿論となり得る機会を与えられているの謂《いい》である。単に潜在的であって顕在的たり得ない輿論というようなものはデモクラシーの下にはないはずである。潜在的と顕在的とが輿論の種類でなく段階であるところにデモクラシーの本義がある。原理的に見れば、潜在的公衆というものはデモクラシーの社会にはないものである。公衆が潜在的な形態を持たねばならぬのは、デモクラシーが確定されていない社会のみのことである。

八　流言蜚語と噂話

私はかつて流言蜚語《りゅうげんひご》と噂話とを混同してはならぬと言った。ところが流言蜚語を担うものが潜在的公衆であると判り、この潜在的公衆が閉ざされた魂を持つものであることが理解されるに従って、この二つのものを今一度はっきりと区別する必要に迫られる。閉ざされた魂というものは著しく個人的なものに見えて来るからである。けれども流言蜚語を担うものが同時に噂話を担うと言うことは出来ない。これは流言蜚語とは何処《どこ》までも区別して考えねばならぬ。

両者を区別せねばならぬのは、これ等の間に混同を惹起するような類似があるからである。第一に噂話は勿論口頭で行われるものであるが、演説の形式を以《もっ》てなされるものではない。演説に必要な高い声は噂話にとって禁ぜられている。低いひそやかな話方こそ噂話にとって相応しいものと言わねばならぬ。やや高い声が使用せられることもある。しかしそれにはいつも或るきまった限度が設けられているのであって、これを超えることは許されていない。即ちそれは噂話は二人或《あるい》は少数の人々の間においてのみ語られるものであって、噂話はただこの人々の間においてのみ語られるということに、言い換えればそれ以外の人々が排除されているというところに、つまりこれを語られる人々とこれに与《あずか》り得ぬ人々との間の緊張――或はこれが語られる人々の内部に生ぜしめた緊張の感情――に生命を有しているのである。声の高さはこの語られる人々の圏によって規定されることになる。低い声であるならば誰に向って語ってもよいと言うのではない。聴く資格のある人は気心の判った人間、信頼出来る友人、味方というような人に限られている。その他の人々はこの話に参加する資格を欠いているわけである。このように噂話は特殊な緊密な人間関係を前提として成立するものであり、かかる関係に立つものとその外に立つものとの間の対立乃至緊張を制約として含むものである。この点において噂話は流言蜚語との間に一つの著しい類似を持つと考えることが出来る。流言の取締に任ずる人々がしばしば両者を混同するのは、この類似に基づく場合が多い。

だが内容においてはどうであろうか。噂話において問題となるのは、一般に個人的な事柄である。或る人間の社会的或は私的な生活の消息である。社会的或は政治的な事柄も問題になることはあるが、一般にこれを個人的な事柄に引き下げて語るという傾向が看取されるのである。これに反して流言蜚語の場合には本質的に社会的乃至政治的な事柄が問題となるのであって、個人的な事柄は問題とならない。そういうものが語られることはあっても、社会的乃至政治的な問題にこれを引き上げて行くという傾向が見出される。それ故《ゆえ》に噂話と流言蜚語とはこの限りにおいて逆の方向を取っていると言わねばならぬ。噂話においては私的なことがやや公的に語られ、流言蜚語においては反対に最も公的なことが最も私的に語られる。前者においては当事者一人が知っておればよいことを数人の人間が語り、後者においては万人の知らねばならぬことを二人乃至数人が語るのである。

噂話においては或る個人のことが語られると言った。しかしこの或る個人というものは多くの人々の知っているものではない。大抵は数十人に限られている。もっと多くの人々が知っているにしても、その人の話について興味を抱く人はそう多いものではない。しかしこの人の話に興味を感ずる人々の全部が集って一度に話を聴き語るということはない。むしろ興味を持つ人が他にありながら今の話に参加していないということが大切である。噂話は伝達されるものである。流通するものである。ところで流通する範囲は問題になっている個人の生活について興味を抱いている人々の間のみに限られる。一つの噂話によって結びつけられる人間は精々数十人であって、これを超えることは極めて稀である。一つの社会の中にはいつでも多数の噂話が行われ、それぞれ特定の個人を中心として一定の圏を有している。しかし一つの噂話が社会の隅々まで広がるということはない。もしもそういうことがあれば、それは既に噂話たることをやめている。流言蜚語において問題となることは社会的政治的な公の事柄であった。従ってこれに興味を持つもの——勿論興味を持つ仕方は種々異なるが——はほとんど社会の全成員に及ぶものと見ることが出来る。それゆえに一つの流言が社会の隅々まで普《あまね》く伝播することも決して稀ではない。

流言蜚語と噂話とは流通の範囲を異にするだけではない。持続する時間においても異なるのが普通である。「人の噂も七十五日」というのは、やがてそれが生命を失って消えて行くことを告げるものであって、噂話は一般にその生命が短い。これと反対に流言蜚語はプガチョフ伝説のように一世紀以上も生命を持つのは例外であるにしても、噂話に比してその生命が著しく長いのが通例である。生命の長さにおけるこの差異はどこから来るのであろうか。噂話において問題となる事柄は或る個人に関係しており、これを語り且つ聴く人々はすべてこの個人の生活についてよく知っている人々である。もしこの個人に関してあまり奇妙な噂が立っているならば、彼を訪問してその真偽を問うことも出来る。噂の中心にある人間も、もし自分の生活に関してあまり不利な噂があるならば、自ら真相を明らかにしてこれを抹殺することも出来よう。前に事実ということを問題にした。噂においてはこの事実が容易に近づくことの出来るものなのである。従って噂と事実との対決が行われ得る機会が多い。ところが流言蜚語においてはそうではない。事実に接すること自身がここでは著しく困難乃至不可能であった。生命の長さの差はここから生れる。

人々が噂をするのは平時においてである。何か非常の事件が起こっている時に噂話をする人間というものは少いであろう。社会の根本にどんな矛盾があってもよい。しかし各自が平穏と感じる空気を前提として人々は噂話をするのである。噂話は余裕のある空気を俟って発生し且つ伝えられる。流言蜚語はアブノーマルな状況のうちに生れるものであった。噂話が余裕のある空気の中に育つものとすれば、流言蜚語は切迫した空気の中に芽《め》ぐむものであろう。ところでそれぞれが前提する空気の差異は、問題となる事柄に異なった色彩を与えずには措かない。噂話が余裕のある空気を前提するからといって、それがいつも明るい話題を中心とするとは限らない。かえってしばしば個人の死活に関し運命を左右する如き深刻な問題が中心になることがある。しかしこれを包む空気の特徴は、この深刻をそのままに放置することはないであろう。深刻味は減少する。暗さが失われて、少しずつ明るくなる。友人の不幸が問題になっている時にも、やがて人々の口からは笑声が洩れる。友人の不幸を喜んでいるのではない。しかし余裕のある空気がこうしたゆとりを各人の内部に生ぜしめるのである。流言蜚語においてはこれと異なる。そこでは些細なことも深刻なものに転じ、深い意味のない事柄にも自ら重大性が与えられる。明るいと信ぜられるものさえも暗く彩られずにはいない。冷たい空気の中に置けば、温いものもその熱を失い、温い空気の中に置けば、冷たいものも温くなる。噂話といえども環境を知ること即ち適応への手段の獲得という意味を持つものである。けれどもこれを包む空気の温さと明るさとは、往々にして語り且つ聴くということを自己目的の如く現われしめ、生活との関聯《かんれん》を切断する如く見えるに至る。しかるにこのような事情のために噂話はたとえ事実との不一致が明らかになっても、ひどく憎まれることはなく、軽い失望と笑いとの中に消えるのであるが、流言蜚語はその暗い深刻な表情のためにかえって事実との不一致が明白になった時に、余計に憎むべきもののように見えざるを得ない。人は笑いながら語られた嘘よりも真面目に語られた嘘を嘘として感ずるものである。

噂話の主体も開いた魂を持っているとは言えない。やはり閉じた魂を抱いているのであろう。しかしこれは外部から否応なしに閉じることを強いられているのではない。かえって自らこれを欲しているのである。開くことは出来るのである。けれども誰に向っても開いてよいとは言えない。第一に魂を開いてもこれに興味を感じない人が多いことである。話題に上る個人を知っている人は限られているからである。第二に話題の中心になっている人に向っては魂を開いて語ることを慎しまねばならぬ。自分が何か不利な事情に立たせられるからである。またそれではそもそも噂話というものが消失してしまうからである。話題の人物に関して興味を持っておりながら、まだこの噂について知ることのない人に対してはどうであろうか。彼はこの人々に対しても魂を閉じるであろう。けれどもこれはやがて開くためである。開くというところに重心があることは確かである。しかしそれにはまず閉じていなければならぬ。閉じているもののみが開き得るからである。閉じたものと開いたものとのこの対立に噂話の興味は結びついている。このように噂話の主体が閉じた魂を持っているのは、開くための手段であると言わねばならぬ。開くことはいつでも可能なのである。

流言蜚語においては問題となっている事柄に対して興味を持たぬものはない。何人も大きな激しい興味を以てこれを聴くであろう。それはよく判っている。自分もすべての人に対してこれを語りたい。その欲求は極めて強いものである。しかし魂を閉じていなければならぬ。そこには権力者に対する顧慮があるのである。魂を開きたいが、開くことは許されていない。噂話の主体が魂を開き得る時に敢えて閉じることを好むのとちょうど反対である。すべての人が話を聴きたがっている。それは判っているが、話した結果自分がどのような地位に置かれるかも判っている。しかし時々は魂を開くことがある。けれどもその時、彼の心は率直に語る気魄《きはく》を欠いて著しく臆病になっている。そこで文法上の変化も起こるのである。

九　誇示の本能

一つの反駁を予想せねばならぬ。――前に見たように流言蜚語も第一に報道の側面から第二に輿論の側面からこれを考察することが出来よう。潜在的輿論や潜在的公衆の話も一応それでよい。しかし人間というものはそんなものではない。私は人間をあまり高く買い過ぎているのだ。人間を美しく考え過ぎていることに注意すべきだ。人間にはもっと醜い本能や欲望があるのである。簡単に言おう。流言蜚語などというものは結局のところ人間が自分の知っていること或は知っていると信じていることを他人に見せびらかそうとすることに端を発するのであり、またそのために広く伝播するのである。知ったかぶりというものがどんなに大きな基本的な役割を果しているかを知るべきである。何と言おうと、流言蜚語は人間のこうした醜いものから生れ且つ支えられているものなのだ。

これが一つの反駁である。流言蜚語という問題について語り合う時、きっと誰かがこういう意見を出し、他の多くの人々がこれに和するところの見解である。謂わば最後の言葉である。そしてもしも理窟の好きな人間が居合せたら、更にこういうことを言うであろう。流言蜚語は秘密という衣を纏《まと》って現われる。それゆえにこそこれを知っていることを他人に向って誇り得るのであって、誰でも知っていることや、誰でも容易に知り得ることについては見せびらかすという行動は成立しない。ところがこれを誇るためにはいつまでも秘密という形式の中に置くことは出来ない。秘密の状態から引き出してこれを公表するのでなければ、秘密を誇示するという欲望を満足させることが出来ない。ここに矛盾がある。秘密は秘密の状態にとどまることを欲するにも拘らず、これを誇示するには秘密にしておくことは許されない。秘密を破ることによって始めて秘密が生かされる。こうした自己矛盾の故《ゆえ》に流言蜚語は迅速な運動を営むことが出来るのである。

ところでもしもこの最後の言葉の理論的根拠を求める人があるならば、彼はマクドゥーガルの本能論によって十分に自己の要求を満足させることが出来るに違いない。マクドゥーガルは誇示の本能を堅く信じている学者だからである。彼に従えば、群居的生活を営む高等動物においても誇示の本能はよく見出される。孔雀の尾や鳩の胸毛の如きは特にこの本能に仕えるところの誇示の機関であると見られる。この本能は看客の存在を前提とする。まだ歩行や言語が確実に自分のものとなっていないような子供は新しい智慧を獲得する度に、家族のものの喝采や驚きを期待して同一の行動を繰返すものであるが、これもやはり誇示本能の発現である。そうマクドゥーガルは言う。そこで流言蜚語もまた誇示本能によって発生し伝播するものであると言う人があろう。

人間の本能という観念はどんな困難からでも人間を救うことが出来るものであり、暴風雨に出会う度に避難するところの港である。解け難い問題に遭遇すると、人は本能に逃げる、本能ほど便利な語はなく、またこれほど危険な語はない。マクドゥーガルを模範とする本能概念の濫用はここに胚胎する。そして本能概念の批判を通じて社会心理学が一つの新しい段階に到達することを得た事情は周知の事柄に属する。マクドゥーガルは子供における誇示本能の発現を云々した。けれどもこれは右のような本能を仮定せずとも、次のように考えられるのではないか。まず子供が新しく習得した行動をやって見る。すると家族のものはいつでも子供の身体的及び精神的な成長を怠らず注視しているのであるから、この最初の発現を見逃すことはない。子供を賞讃するにきまっている。或は何かの方法で褒美を与えるかも知れない。とにかく仰山に騒ぐことだけは、どの家庭を見ても判ることである。子供はやがてこうした行動を繰返すであろう。そうすれば何かよいものが与えられるということを知ったからである。こういうふうに説明出来ることである。もし家庭の成員が子供の新しい行動に注意を払わず、特にこれを賞讃するということがなければ、子供はこれを繰返しはしないであろう。これは何も本能というような大袈裟なことを言わずとも十分に説明出来る過程である。誇示本能というものは尠《すくな》くともこの場合には無用である。

しかしそれはどうでもよい。誇示本能の存在を仮定しても構わない。しかしはっきりと認めねばならぬことは、誇示本能といっても、それはそれ自身としては毫《ごう》も非難に値するものではないという点である。動物にもこういう本能があるとすれば、それは生物学的な合目的性を含んでいるであろう。人間の世界についてこれを見れば、人間が成就し遂行する幾多の美しい偉大なる業績の底にはこの誇示本能が隠れているとも言える。他人に対して自己の能力を誇ろうとする欲望からいかに優れた芸術品が生れ、いかに多くの学問上の発見がなされたことであろうか。そしてそれ等のものがやがて社会の進歩や人類の福祉に対していかに莫大な貢献をしたことであろうか。誇示本能が人間の醜い行動を支えることがあったにしても、この本能は常にそういう評価から免れているものでなければならぬ。

もう一つ注意すべきことがある。この注意を通じて吾々は再び流言蜚語へ帰る。流言蜚語の根本に誇示の本能を認めようとする人に対して敢えて言いたいことは、誇示の本能がこれを支えているかも知れないが、人間に流言の本能というようなものを発見することは出来ないという点である。元来人間の本能は動物の本能のようにはっきりした輪廓や微妙な構造を有するものではない。これは明らかな事実である。そうでないために人間は本能によって環境への適応を成就することが出来ず、何事も後天的に学ばねばならないのである。誇示の本能と言っても、それは実際には無限に多数な形式において発現するものであってただ一つの形式を守るようなものではない。流言蜚語ということの中に誇示の本能が現われているとしても、いつもこういう形式を取るのでなく、またこの形式の下にのみ発現する特殊の本能があるのでもない。誇示の本能はもっと一般的なものであり、広汎なものである。従ってこの本能が流言蜚語の発生と伝播とに働くというためには非常に特殊な条件が充たされていなければならないのである。或る限られた条件を俟《ま》って始めてこの本能は流言蜚語を生み出し伝播させるのである。その条件はいかなるものであろうか。

知ったかぶりや見せびらかしが成功するには一定の条件がなければならぬ。即ち一方から言えば、問題となっている事柄について一般の人々が知っていないという事情がなければならぬ。もしこれを知っているとしたならば、或る人がこれを知っていても、それは彼に特権を与えないであろう。それは最初から秘密の形式を持つことが不可能である。多くの人々がそれを知っていないことが第一に大切である。ところが他方から見れば、ただ知らないというだけでは誇示の本能の発現を期待することは出来ない。知らないと同時に、これに強い関心を寄せて知ろうと欲する態度が与えられていなければならない。これが第二に大切である。関心を寄せておりながら、しかも実際には知っていない。このような条件が充たされている時、たまたまその問題について知っているもの、或は知っていると自ら信ずるものは、これを告げようとする欲望を感ずるのである。この場合に誇示の本能の発現を仮定することは人々の自由であるが、誇示の本能の充足形式としての流言蜚語は、このような条件の下にのみ生れるのである。そうでなければそれは始めから成功しないにきまっている。

流言本能があるのではなかった。あるものはもっと一般的な誇示本能であった。誇示本能はそれ自身としては非難さるべきものではなかった。本来非難に値せぬ本能をして非難に値する結果即ち流言蜚語を生ぜしめたものは、実にこの本能の外にある条件であると言わねばならぬ。鞭たるべきものがあれば、それは本能でなくして条件である。

仮に二つの社会があるとしよう。一つの社会では多くの人々が知るべきこと且つ知ろうと欲することを自由に知ることが出来ると考えて見よう。こういう社会では少数の人が知ったかぶりをする余地もなく、不確実な知識を見せびらかすことも総じて不可能である。知りたいことがあれば、そんな不確実な知識を貰わなくても、他に与えてくれる場所が沢山あるからである。そこでは秘密などということは無意味である。しかし誇示本能は人間に内属するものであろうから、こういう条件があっても消失するものではない。だが誇示本能は最早《もはや》流言蜚語の中に自己を生かせることは出来ない。流言蜚語を具体的発現形態として選ぶことは出来ない。その代り他の、恐らくはもっと積極的な方面に現われる。各種の発見や発明や創造によってこの本能は自己を表現しようとするかも知れない。言い換えれば、エネルギーが文化の進歩や人類の福祉に貢献するような形式の下に使用されるのである。デモクラシーの徹底した社会は或る程度までその例を提供する。流言蜚語にとってはこのような社会はあまり住心地がよいものではない。社会の気候というものがあるとすれば、この気候が流言蜚語の発生と成長とに適していないのである。

今一つの社会は、多くの人々が知るべきこと且つ知ろうと欲することを容易に知り得ないという特徴を持っている。ここでは誇示本能が流言蜚語という発現形態を取る。エネルギーがこの方面に向うのである。その代りもっと高尚な積極的な方面には当然エネルギーの不足が起こらざるを得ない。このような社会的風土は文化の進歩にはあまり適さないが、流言蜚語の発生と繁茂とには頗《すこぶ》る好適である。「知る」という語を「言う」という語に換えてもよい。知るということは主として報道の方面に関係し、言うということは輿論の方向を現わしている。問題は再び元へ戻るように見える。

一〇　沈黙と言語

しかし流言蜚語を極端に恐れる人は、しばしばもっと根本的なことを考えているようである。流言蜚語の背後に誇示本能を認めるというようなことで満足せず、進んで言語そのものの蔭に何か否定的なものを見出そうとしているようである。言語というよりも言語を使用することが比較的軽蔑され、これに反して沈黙即ち言語を使用せぬことが非常に尊重されているような社会がある。言語の社会的本質などからすれば、これはやや奇異の感を抱かせるものであるが、そういう社会もあることはある。

ラツァルスは「語ることは自然であり、黙することは人為である」と言っている。ラツァルスのこの言葉には注意すべきものがある。しかし彼がこれに加えている説明は、あまり満足すべきものとは思われない。それゆえ私はむしろ自分の考えを述べよう。人間が生きるのは環境に適応することである。人間が生命を自覚するのは、自己が環境への適応という意味を含むと考えられる行動の主体である時である。特にこのような行動をする必要のない時、どうしても人間は退屈を感ぜざるを得ない。ところで環境へ適応するためには、なんらかの形態において環境に触れねばならぬ。だがこれは強《あな》ち《が》直接的のものとは限らなかった。そして適応の意味を含む行動といっても、実際に身体を動かして行うもののみを指すのではない。心理的な働きも行動の中へ入るのであって、心の内部で環境への適応が出来ればそれでよい。この内部の適応の実現されたものが身体的行動となるのである。

眼や耳などのような感覚器官は何れも人間に環境を知らせるものである。それは明らかである。ところで言語というものもこれと結びついて理解される必要があるのである。汽車の窓から外の景色を見ている時、それが不断に変化して人間に新しい環境を提供する限り、彼は容易に退屈を感じない。新しい環境は絶えず人間に新しい適応へと駈り立てる刺戟として作用するからである。横に友人が坐っていても、そういう時はあまり口をきかぬものである。また歩んだことのない道を進んで行く時、同伴者と語り合うことは少い。新しい環境があり、適応を含む行動への刺戟を十分に与えるからである。その道が地図にはっきりと載っていない場合は余計そうである。ところが窓外の景色がほとんど変化を示さず、従って新しい刺戟を提供せぬようになると、横の友人と語り始める。友人でなく未知の人であっても会話を始める。歩んでいる道が熟知しているものであれば、会話が盛に行われる。もし一人で歩んでいる時であるならば、きっと何か考えるであろう。それは一般に道を歩んでいるということとは無関係な事柄である。反対に何か考えつめている時は、人間はほとんど語らぬものである。

人間が生きることを欲するという根源的事実は、更に人間をして生きていることの自覚を要求せしめる。単に生きているのでなく、生きているという自覚を持ちたいと思う。この要求は極めて強いものである。従って新しい環境が現われて、これへの適応へ駈り立てられることを欲する。新しい環境といっても、それは生命そのものを危殆に瀕せしめる如きものであってはならぬ。それでは根本の条件自身が否定されてしまうからである。しかし環境の新しさと困難との最大限を欲することがないとは言えない。それは冒険と呼ばれるものに見られるものであって、この時、人間は限界に生きる喜びを感ずるのであろう。だがそれは例外のことである。

環境の変化が著しく乏しいと感ぜられる時、つまり新しい適応によって生命の自覚に達することが出来ない時、退屈を感ずる時、――これ等は何れも相対的なものに過ぎぬ――人間は旅行をするかも知れない。或は読書を始めるかも知れない。或は考えるかも知れない。しかし多くの場合、人間は語り始めるのである。これ等の方法はすべて新しい環境に身を置くことを意味し、新しい刺戟と適応との必然性を意味し、更に生命の自覚を期待せしめる。旅行は多くの時間と費用とを必要とし、読書も思索もそれぞれ若干の精神的及び物質的負担を要求する。語ることはこれ等の方法の中で一番容易である。環境への適応はすべての生物に共通なことであって、人間に固有のものと考えることは出来ない。人間に固有な点は、自らフィクションとしての環境を作り出し、これへの適応に生きることに生命を自覚するところにあると言わねばならぬ。娯楽や遊戯もすべてかかる性質を帯びている。

会話には二つの面がある。一方においては明らかに一つの交通手段である。この時は言語の外にある環境がこれによって模写され、これへの適応を要求するのである。忠実に模写すればするほど、言語そのものは自己の存在を薄くして行く。他方においては言語が外に環境を予想せず、言語が自己の内部に環境を作り出すのである。と言うよりも、言語自体が環境であると言うべきかも知れない。フィクションとしての環境である。しかも人間はこれへの適応を目指す行動に出でて生命を自覚する。汽車に乗っていて窓外の景色が変化に乏しい時、談話を始めるのはフィクションとしての新しい環境を求めるからである。詳しいことは省こう。しかし人間が単に生きるものでなく、生きることを自覚するものである以上、「語ることは自然であり、黙することは人為である」と言うことが出来る。

会話は二重の意味において人間に必要である。第一に生きるために必要であり、第二に生きることを自覚するために必要である。会話(一般に言語)の二つの側面の間の関係から恐らく多くの問題が生れるのであろうが、今はこれに立ち入ることをやめよう。だが会話のこのような意味を考える時、例えばラツァルスがいかなる人が沈黙するかという問に対して、事柄について知らぬ人とあまりに多く知っている人、と答えているのは甚だ皮相の見解であると評すべきである。そう簡単に考えられてよいものではない。それにしても吾々は会話ではなく沈黙が支配的であった社会を知っている。それは言うまでもなく封建社会である。何故《なぜ》この社会は沈黙が支配していたか。ラツァルスの説く如き理由によってでないことは誰も疑わぬであろう。

れるとも言えよう。しかし条件が必要である。生きるための言語が不要になるといっても、それには二つの場合があるのではないか。一は環境に変化が乏しく且つこの変化の乏しい環境の下でとにかく十分に生活出来るという意味において生きるための言葉が不要の場合、他は環境に変化が乏しいけれども、かかる環境の下における生活が極度に窮乏乃至不幸の中にあって、言語が役に立たぬ或は言語が有効な作用を営む条件が欠けているという場合。第一の場合には生きることを自覚するための言語が大いに活動するであろう。楽しい旅行への途中、窓外の景色に飽きて未知の隣人と話し始めるのはこの例である。けれども第二の場合には直ちに生きることを自覚するための言語が働き始めるとは考えられない。第一の場合には変化のない環境というものは単に変化がないというのみではなしに、環境自体もはっきりと意識の表面に出て来ていないと言える。ところが第二の場合には環境は変化に乏しいのではあるが、しかし暗く且つ重苦しいものとして人々の上に蔽《おお》いかぶさっているのであって、環境はいつも意識されていると言えるのである。そのような場合に生きることを自覚するための言語は決して活潑に働くものではない。封建社会における農民大衆の生活は大体において第二の場合の如きものではなかったであろうか。そこでは生きるための言語が不要でありながら、他方に生きることを自覚するための言語が生れなかった。彼等にとって生きるための言語は不要であった。彼等はその祖父や父が生れ且つ死んだ土地に生活していて、その眼と耳とは荘園の外に達することは稀である。その土地には旧来の行動様式が用意されている。自分が生れる以前から存在していた行動様式を身につけて生活して行くことだけが残されている。古い環境と古い適応様式とが全部であって、その外には何もない。道で行き会う人を見れば、彼が誰れでありまた何を考えているかもよく判る。こういう動かぬ社会では何人も動く必要はない。しかしどうしても動かねばならぬと感ぜしめるのは生活の窮乏である。しかしこれはいかに動いて見ても、相手が動くものではなく、こういう場合の動き方を教えられてもいない。生きるための言語は一面においては不要であるが、他面においては必要であるのかも知れない。ただ用い方を知らず、用いても無効であると気づいているのだとも言える。生きることを自覚するための言語が働かなかったのはこの特殊な事情に基づくのである。

二、封建社会を貫くものは上下関係であり、これを保持するための秩序である。すべての人間はその地位及び関係の異なるに従って、それぞれの異なった徳を持たねばならぬ。それは自己にとって必要であるばかりでなく、社会そのものにとって必要である。高い地位に立つものの徳の一として沈黙ということが指摘されねばならぬ。沈黙は人を尊大なものとして現わすことがある。彼は自己よりも低い地位にあるものが質問をする場合にも軽々しくこれに答えることはない。相手が彼の言葉を待つ時間を必要とする。地位の低いものが語り合っているところへ加わるのは、自己の高い地位を保つ所以《ゆえん》ではない。彼は黙ってこれを見下している方がよいのである。彼は地位の低いものに対して質問すべきではない。質問ということは一般に問うものが問われるものの答に依存していることを示す。答を与えられることによって質問者は始めて救われるのであり、自己を統一して一個の全体たらしめることが出来るのである。質問することによって自己の不完全な所以が明らかにされざるを得ない。このような質問者となることは、高い地位に立つものに相応しくないことである。しかし訊問は別である。訊問においては質問者は自己の不完全や不統一を示す必要はない。彼は自己の完全と統一とを以て高い地位にとどまっていることが出来る。相手の答によって彼が左右される理由はない。むしろ彼は相手の答えるべきことを知っているのである。他人に依存しているのは訊問するものでなくして、かえって訊問されるものである。

容易に言語を使用せぬことが落着きという特殊な美徳と結びついて人間を何か高い地位に立たせるように見えるのは事実である。それは彼が環境を知らなくてもよいということを意味するのであろう。外の事情を知らずとも、そのようなものによって動かされることのない統一性と自足性とを自己の内部に持っているというのであろう。新しい環境が現われるや否や、これに向って適応を試みねばならぬのは、下人の世界のことである。高い地位にあるものは、外部に俟つことなしに内部の統一を確保出来るとされているのであろう。そうではない。知らなくても、というのではあるまい。反対に彼は一切の環境の変化を、下人がこれを見出して騒ぐ前に、よく知っているのかも知れぬ。神に似た眼で予めすべての動きを知っていたのであろう。地位の低いものが適応を試みる以前に、適応の道は完全に見出されているのであろう。彼の沈黙と落着きとはそこから来るのに違いない。といっても地位の低いものから質問された時に直ちに答える必要はない。自分が他の点で相手に依存しておってこそ直ぐ答えることも必要になる。しかし自分は相手に対して全く独立な存在であり、相手は自分に対して全く依存している存在である。それゆえにこそ質問を受けたのである。けれども直ぐ答えることは無用である。むしろ或る時間だけ待たせた後に言葉少く簡単に答える方が、相手をして自己への依存性を知らしめ、且つ自己の特殊な力を知らしめるために必要である。それはすべて上下の秩序が要求する行動様式である。

三、沈黙は上に立つものの徳であるばかりではない。それはまた下に立つものにとって欠くべからざる徳である。彼等は従順でなければならず、謙虚でなければならぬ。彼等はすべて一定の行動の領域を与えられている。その領域は単に自己のみでなく、祖先から幾つかの世代を通してそこに生活しているのである。この領域の中に生ずることはすべて黙ってこれを受け容れねばならぬ。これについて猥《みだ》りに云々することは、従順の反対を形成するものである。しかしこの領域の外から来て生活に作用するものがないとは言えない。しかしこれに関しても彼等は語ることを許されていない。それは祖先から受けて来た領域の外から来たことであり、これについて語るのは分を超えたことである。彼等は謙虚でなければならぬ。タブーという語が用いられていたのではないにしても、この語を以《もっ》て表現されねばならぬような事柄、即ちこれに触れ或はこれを語ることが堅く禁ぜられているような事柄が、彼等の社会には極めて多くあるのである。

下に立つものにとって分を超えたものは、上に立つものの領域に属する。それは信頼を以て上に立つものに委ねておかねばならぬことである。これを云々することは分を超えることであり、上に立つものへの不信を表明することである。それは与り知るべからざることである。「われ与えられし恩恵によりて、汝等おのおのに告ぐ、思うべき所を超えて自己を高しとすな。神のおのおのに分ち給いし信仰の量にしたがい慎みて思うべし。」

封建的中世の社会において沈黙が尊重され言語が軽蔑されたのは、かつて別の著書で詳しく取扱っておいたようなその経済的及び政治的特質に由来するものであって、なんら偶然のことと考えらるべきではない。そしてその後を承けたヨーロッパの市民社会においては沈黙の尊重が否定され、会話がかえって一つの芸術としての意味さえ与えられるに至ったことに注意すべきであろう。そこでは一方において生きるための言語が溌剌たる活動を開始し、他方においては生きることを自覚するための言語も人間生活の広い場所を占有するようになった。封建社会は過去のものである。それは疑うことが出来ない。しかしながら現在でも或る社会においては封建社会に固有な言語への軽蔑が政策的な意味において要求されるのである。このアナクロニズムは深く注意されねばならぬ。

質問に出会っても容易に答えぬことによって尊大な姿を見せようとするもの、自らは敢えて質問せずとも一切を既に知っているかのように振舞うもの、自己の生活を左右する如き事柄についても質問を許されぬ人々、もし人にして欲するならば、この新しい時代の中にこういう古い誇りと古い苦しみとを抱いた人々を見出すことが出来るであろう。だが社会的基礎は既に変化している。荘園が現代の人々の天地ではなく、世界こそ彼等の行動の場所である。祖先伝来の環境でなく、日と共に動く環境がある。昔から用いられて来た行動様式で済むのではなく、新しい日は新しい行動様式を要求する。誰かに自己の生活を委ねることも昔の夢である。

人間は往々にして自己の恐怖する人間を軽蔑する。既に封建社会の末期においては言語への軽蔑は言語への恐怖を飾る道具となっていた。蓋《けだ》し言語は知識を実現する形式に外ならぬからである。知識は具体的になるためには、必ずや言語と結びつかねばならぬ。封建社会末期の言語への軽蔑の下に言語への恐怖が潜んでいたとするならば、言語への恐怖はまた知識への恐怖であったと言わねばならぬ。信仰は必ずしも言語を必要としない。言語を超えたところに信仰の世界があると言えるのかも知れぬ。だが知識は言語と結びつかねばならぬ。言語への軽蔑によって知識への恐怖を隠そうとする時、そこには信仰の世界の危機がなければならぬ。知識と信仰との問題を通じて吾々はまた元へ戻る。——だがこれだけは言っておかねばならぬ。言語への軽蔑の支配するところは、かえって流言蜚語の発生と成長とに有利な風土を持つということである。

結論

旅は終った。私が書こうとしたのは流言蜚語のアポロギアではない。そう思われるほど私には迷惑なことはない。しかし私の叙述すらもなおそのように受取る人があったとしたら、それはその人が流言蜚語というものに対して不当な或は根拠なき軽蔑と憎悪とを抱いておったことの証拠である。現代において流言蜚語ほど特別な感情を以《もっ》て待遇されているものは少いであろう。明察を以て聞える多くの人々も、この問題に関するや否や、感情を以て語り始めるのが常である。問題が感情によって混乱に陥ることはあっても、感情によってこれを処理し得ることは誠に稀であると言わねばならぬ。

必要なことは、この感情を捨てて或はこの感情の根を探りながら、流言蜚語と呼ばれるものの本質を尋ねることである。それは何よりもまず科学的に究明されねばならぬ。それは往々信ぜられているように、科学の名に相応しからぬ問題なのではなく、かえって現代の科学が進んで取上げねばならぬ事柄の一つである。私がそれをよく果したと言うのではない。しかし私が目指したもの乃至その一部を果したものは実にこの課題である。

悲しみを表現するものが必ずしも涙でなく、喜びを現わすものが必ずしも笑いではないところに人間の世界は一つの特質を示している。深刻な姿や真摯な表情を以て現われるものを直ちにその実質においても深刻或は真摯なものと考えることほど誤った見方はない。しかし軽蔑さるべき表情を以て吾々の周囲に現われるものがその真の本質において軽蔑さるべきであると信ずるのもこれに劣らず誤っている。流言蜚語はしばしばこの後者の側に立つことがある。けれどもこれを生み出すものは単に禍を好む残忍な気持ではなく、これを伝えるものも厭うべき軽信性や無用の好奇心とは限らない。人間の世界にはもっと複雑な屈折がある。

流言蜚語は除かねばならぬ。だがこれを軽蔑する前に、一般に評価する前に、対策を立てる前に、吾々が知らねばならぬのはその本質である。そしてこれへ読者を招待することが私の任務であった。

Ⅱ 大震災は私を変えた

日本人の自然観——関東大震災

一　新しい現実

大正十二年（一九二三）九月一日午前十一時五十八分四十四秒、烈しい地震（M七・九）が関東地方を襲った。被害は、東京府、神奈川県、静岡県、千葉県、埼玉県、山梨県、茨城県の一府六県に及び、とりわけ、東京市（人口、二、二六五、三〇〇）と横浜市（人口、四四一、六〇〇）の二大都市に集中した。地震と限らず、台風にしろ、洪水にしろ、一つの災害が他の災害を誘発し随伴するという可能性を含んではいるが、大地震の場合は、ほとんど例外なく、大規模の火災、海嘯《つなみ》、山崩れなどを伴うもので、これによって災害自身が謂《い》わば急速に立体化されてしまう。関東大震災においても災害は忽《たちま》ち立体化され、東京市についてだけ、また、誘発された火災についてだけ見ても、初期の大震動の後、市内随所——初めは八〇個所と報告され、後に一三四個所と訂正され、更に再度の訂正が行われた——に火災が起り、それが三日間にわたって燃え続け、これによる被害が非常に大きかった。即ち、東京市における全潰世帯数が四、二二二であるのに対し、全焼世帯数は三〇〇、九二四、また、横浜市における全潰世帯数が九、八〇〇であるのに対し、全焼世帯数は六二、六〇八。こういう事情のために、当時、一方では、東京帝国大学教授今村明恒《いまむらあきつね》(一八七〇—一九四七)の、「被害の九五パーセントは火災によるものである」という主張が広く伝えられ、他方では、これに対して、「しかし、地震がなかったら、火災は起らなかったのだ」という当然の主張が行われていた。とにかく、立体化された災害による死者は、全地域を通じて、九九、三三一、行方不明者は、四三、四七六。物的損害は「百億円以上」と称せられていたが、もとより、「百億円以上」というのは綿密な計算の結果などではなく、「莫大」という言葉の代用品のようなものであった。むしろ、当時の人々は、極く自然な気持で、この人的及び物的の損害を約二十年前の日露戦争の場合と比較しようとした。そして、人々は、日露戦争における戦死者が約五万、戦傷病死者が約五万、戦費が約十五億円という数字を得たのであった。

震動は一回で済むものではない。初期の大震動の後にも、余震は絶えず私たちを襲った。空間を東京市に限り、時間を九月五日午前六時までに限っても、人体に感じられる大小の地震は九三六回以上——以上、というのは、一時、測定の計器が破損していたためである——に達している。私たちの立つ大地は、間断なく揺れている。言うまでもなく、すべての天災は、人間と自然との調和という、人間が手前勝手に作り上げた観念及び事実を突き崩してしまうものである。そこでは、自然は、人間の願望——これは自然への依存においてのみ満足を与えられる——とは独立に動き始める。天災は、一面、自然自身にとってノーマルな運動であるにも拘《かかわ》らず、他面、人間にとってアブノーマルな危機である。徳田秋声《とくだしゆうせい》（一八七一—一九四三）は言う。[註一一]「……自然の暴威だと言つたところで、自然界は別に人間に約束したこともない筈《はず》だし、人間と意志が疎通してゐる訳でもないのだから……。」しかし、多くの天災の中で、明らかに、地震は特別な地位を占めている。特別な地位の或る部分は、前に触れた災害の立体化から来ているが、他の部分は、洪水、火事、台風などが外部から人間を襲うのに対して、地震は謂わば内部から人間を襲うところにある。天災は、その何《いず》れを見ても、人間に対する自然の裏切りには違いないけれども、大地の動揺としての地震は、自然のうちの最後の味方の裏切りと言ってよい。「実際、地震というものは、死者や破壊がなくても、気持の悪いものである。私たちの生活における通常の行動は、殆《ほと》んどすべて、大地が私たちの足の下で、私たちの家の土台の下でシッカリと動かずにいるということを根本的前提として要求しているから。[註一二]」それゆえに、一七七七年九月十四日、日曜、マンチェスター及びその付近に生じた小さな地震について、同年十月、ジョン・ウェズリ John Wesley（一七〇三—九一）は友人に宛てて次のように書いたのであろう。[註一三]「……罪人たちに対して地震のように広い影響を与えるのに適した天罰はありません……。」また、それゆえに、元暦二年（一一八五）七月九日正午の地震について、鴨長明《かものちようめい》（一一五五―一二一六）は次のように書いたのであろう。[註一四]「……家の内にをれば、忽にひしげなんとす。走り出づれば、地割れ裂く。羽なければ、空をも飛ぶべからず。竜ならばや、雲にも乗らむ。恐れのなかに恐るべかりけるは、只地震《なゐ》なりけりとこそ覚え侍りしか。」

こうして、揺れ続ける大地の上で、即ち、人間の存在の根本的条件が動揺する中で、久しく疑われることのなかった人間の営みは終り、過去における営みの成果は亡びてしまった。当時の多くの記録が長いリストを掲げている通り、夥《おびただ》しい文化財が失われ、官庁、会社、銀行、学校の多数が焼け、鉄道を初めとする交通及び通信が杜絶し――東京大阪間の電話が通じたのは、九月六日午後三時で、この日は四通話、七日は十九通話、八日は十三通話……――[註一五]、新聞――ラジオはまだない――は休刊に近く、生き残った罹災者は、家屋や衣服を失った点は別にしても、食糧と飲料水とに窮するという状態へ一度に叩き込まれたのであるから、或る期間は、「五十万年前の状態へ逆戻りした」という誰かの表現があまり誇張とは思われなかった。しかし、権力、富、文化がポッカリ消えて生れた薄暗い空白は、取りあえず、何物かによって埋められなければならない。そして、それが埋められることを通じて、一つの新しい現実が成立したのである。やや単純化して言えば、空白を埋めたもの、従って、新しい現実を構成したものは、集団としては自警団であり、観念としては流言蜚語であった。前者は、権力機構の弱体化に不安を感じた人々が、それを補うことによって自己を守ろうとして作り出した武装組織であり、後者は、交通通信手段の活動の停止を補うアブノーマルなジャーナリズムであって、双方とも「五十万年前」（？）に相応《ふさわ》しい退行現象であった。人々は、一方において、この異常な大地震及び大火災を説明しようと欲する。しかし、この欲求は、例えば、震源が伊豆大島附近の海底にあるというような、謂わば手の出しようのない事実を挙げられても、それで満足することは出来ない。そこで、地震学者の説明を押しのけて、偏見による説明が現われて来る。「地震を起す新しい機械が西洋で発見されて、それがまず日本に対して用いられたのだ」[註一六]という説明、「地震はとにかくとして、火災は、社会主義者や無政府主義者に率いられた朝鮮人が混乱に乗じて放火して歩いたためである」という説明が有力な流言蜚語の内容となる。「原因」は、手の届かぬ遠い海底ではなく、各人の身辺に見出される。他方において、この観念が実践に移されるのでなければ、人々は満足することが出来ない。各地域に発生した一時的な「共同体」は、日本刀や竹槍をもって武装し、身辺に発見乃至《ないし》発明された「原因」へ向って殺到する。「原因」は、朝鮮人、朝鮮人に似た人間、「教育勅語」を暗誦していない人間、社会主義者、無政府主義者、それと思われる人間……であった。

嶋中雄作《しまなかゆうさく》（一八八七―一九四九）は言う。[註一七]「実際僕は驚いた。常に床の飾物位にしか思つてゐなかつた日本刀を、驚くべく沢山の日本人が持つてゐるのに。そして所謂《いわゆる》大和魂といふものがまだ〳〵そこにもこゝにも儼《げん》としてうよ〳〵してゐることに。」また、芥川龍《あくたがわりゅう》之介《のすけ》（一八九二―一九二七）は言う。[註一一八]「僕は善良なる市民である。しかし僕の所見によれば、菊池寛《きくちひろし》はこの資格に乏しい。戒厳令の布かれた後、僕は巻煙草を啣へたまま、菊池と雑談を交換してゐた。尤《もっと》も雑談とは云ふものの、地震以外の話の出た訣ではない。その内に僕は大火の原因は〇〇〇〇〇〇[註一一九]さうだと云つた。すると菊池は眉を挙げながら、『譃《うそ》だよ、君』と一喝した。僕は勿論さう云はれて見れば、『ぢや譃だらう』と云ふ外はなかつた。しかし次手にもう一度、何でも〇〇〇〇[註一二〇]はボルシェヴィツキの手先ださうだと云つた。菊池は今度は眉を挙げると、『譃さ、君、そんなことは』と叱りつけた。僕は又『へええ、それも譃か』と忽ち自説（？）を撤回した。再び僕の所見によれば、善良なる市民と云ふものはボルシェヴィツキと〇〇〇〇[註一二一]との陰謀の存在を信ずるものである。もし万一信じられぬ場合は、少くとも信じてゐるらしい顔つきを装はねばならぬものである。」

しかし、流言蜚語というのは、権力にとって好都合な内容を含むとは限っていない。権力による操作を離れた流言蜚語は、往々にして、権力を掘り崩すことがある。それは権力自身がよく知っているし、また、権力による操作の下にある流言蜚語に対する「潔白」を明らかにしておく必要もよく知っている。九月十二日附の「詔書」[註一二二]によれば、「……交通機関杜絶シ為ニ流言飛語盛ニ伝ハリ人心恟々《きようきよう》トシテ倍々《ますます》其ノ惨害ヲ大ナラシム……迅ニ災民ノ救護ニ従事シ厳ニ流言ヲ禁圧シ……」と見え、公には政府が朝鮮人その他を保護したことになっているが、しかし、これは嘘である。むしろ、災害に遭遇して、権力そのものが自警団及び流言蜚語として自己を実現したのである。

私は次のように書いたことがある。[註一一三]「二日の夜、私たちは千葉県市川の国府台の兵営に収容されて、毎日、行列を作って握飯を貰い、夜は馬小屋や営庭の芝生で眠った。父は、行方不明になった妹や弟を探すために、毎日、東京の焼跡へ出かけて行った。あれは三日か四日の夜中であったと思う。馬小屋で寝ていた私は、水が飲みたくなって、洗濯場へ行った。洗濯場には、夜中なのに大勢の兵隊がいて、みな剣を洗っている。その辺は血だらけである。ビックリしている私に向って、一人の兵隊は得意そうに言う。『朝鮮人の血さ。』……」また、黒田礼二は言う。[註一一四]「……朝鮮人の××[註一一五]は到る処に××。[註一一六]まだ、ごまかしてない跡形付をしない生一本の処を早速実見して来たのだ。酷くむごたらしい×××[註一一七]をしたものだ。枯尾花におびえた腰抜武士が西瓜を滅多斬にした様だ。お互ひ日本人は口先程もない卑怯な臆病な民族だなと痛感……大和魂と武士道との正体を大悟した……」。また、柳沢健《やなぎさわたけし》（一八八九—一九五三）は言う。[註一一八]「……此の惨虐なる行為に出づべきことを直接間接に誘導し煽動し且つ加担したものとして警察官及び軍隊の一部の責任は到底免れるを得ない……。」事実、多数の朝鮮人が殺戮されたのも、九月十六日、東京憲兵隊本部で無政府主義者大杉栄《おおすぎさかえ》（一八八五—一九二三）、妻伊藤野枝《いとうのえ》（一八九五—一九二三）、甥橘宗一《たちばなそういち》（六歳）が憲兵大尉甘粕正彦《あまかすまさひこ》（一八九一—一九四五）によって殺されたのも、九月五日頃、社会主義者平沢計七《ひらさわけいしち》など十一名が東京府下亀戸警察署で殺されたのも、その他の大小の事件も、九月二日施行の戒厳令の下に生じたものであった。あの薄暗い空白は、究極的には、自警団と流言蜚語という二つの退行現象を正当化する戒厳令によって埋められていたのであった。秋田《あきた》雨雀《うじやく》（一八八三―一九六二）は次のように歌った。[註一―一九]「自然人をころし人人をころすぬばたまの　この短夜の夢さむる日よ。」

二　自然の不安と社会の不安

大正十二年の秋、出版事情は極めて不利であったにも拘らず、多くの雑誌は関東大震災をテーマとする全体的或《あるい》は部分的な特集を試みた。関東大震災は人間の存在の根本的条件の動揺なのであるから、その上、人間と自然との関係の崩壊と結びついて、人間と人間との関係の崩壊が出現したのであるから、それは特集に値いしたであろう。これ等の諸雑誌に載せられた夥《おびただ》しい文章を読むと、この天災に対する当時の人々の反応の大半を知ることが出来る。

どの文章も天災に対する驚きから書き起している。地震は突如として襲ったものであるし、それに伴う被害が極めて大きかった点から見て、どんなに驚いても、それに不思議はなかったであろう。しかし、諸家の文章を次第に読み進んで行くと、あまり深く驚いていない人、予想していたと言う人、いや、――誇張もあろうが――期待していたと言う人さえ現われて来るのである。

徳田秋声は言う[註二一]。「今度の震災のために遽《にわか》に日本国民の思想が際立つて一変するとか、転機を示すとかいふやうなことは私には考へられない。少くとも私自身にはさういふことは考へられない。自然界が不安定なもので、いつ何時どういふことがあるか知れないといふやうなことは、子供の時分から考へてゐることで、幾度となくかかる災害の悲惨を想像に描いてゐた、といふよりも寧《むし》ろさういふ考へが頭脳の底にこびりついてゐたといつた方がいい。寧ろ今のうちかういふ目に逢つてよかつたといふ考へさへするのです。」

芥川龍之介は言う[註二二]。「大正十二年八月、僕は一游亭と鎌倉へ行き、平野屋別荘の客となつた。僕等の座敷の軒先はずつと藤棚になつてゐる。その又藤棚の葉の間にはちらほら紫の花が見えた。八月の藤の花は年代記ものである。そればかりではない。後架の窓から裏庭を見ると、八重の山吹も花をつけてゐる。……その上又珍しいことは小町園の庭の池に菖蒲も蓮と咲き競つてゐる。……藤、山吹、菖蒲と数へて来ると、どうもこれは唯事ではない。『自然』に発狂の気味のあるのは疑ひ難い事実である。僕は爾来人の顔さへ見れば、『天変地異が起りさうだ』と云つた。……僕等の東京に帰つたのは八月二十五日である。大地震はそれから八日目に起つた。」

こういう反応、即ち、漠然たる予感をもって大震災を迎えたという反応は案外に多いようである。右の二者ほど明瞭でなくても、こうした反応は沢山の人々の反応の底に澱《よど》んでいるようである。従って、驚きはするものの、その驚きがそう新鮮ではない。これは、恐らく、遠い祖先の時代から今日に至るまで、日本人にとって種々の天災が極めて親しいものであるためであろう。日本人の歴史を通じて、自然と人間との関係は絶えず破綻して来たのであり、それゆえ、私たちは、昨日の破綻のことが忘れられぬうちに、今日は破綻するのではないか、明日は破綻するのではないかと感じ続けて来たのであろう。大震災の後に発行された諸雑誌は、たちどころに、また、申し合せたように、日本震災史乃至《ないし》日本災害史を編むことが出来た。私たちは、それだけの豊富な過去を持っており、過ぎ去ったばかりの、というより、現に経験している関東大震災も忽ち長い歴史の中に編入されてしまう。その被害がいかに大きくても、関東大震災は一回限りの絶対の事件であることは出来ない。それは、日本人の上を見舞い、どこかへ去って行き、或る期間の後に再び訪れて来るところの、言い換えれば、循環のプロセスを動くところの、新鮮でない、見慣れた訪客なのである。台風は約一年の周期をもって、関東地方の大地震は六、七十年の周期をもって私たちを訪れる。循環のあるところには本当の悲劇はない、とヤスパース Karl Jaspers（一八八三―一九六九）は言っているが[註二―三]、九月一日、二日、私自身、どこか獣群に似た罹災者の群に入って、焼け残った町中を目標もなく動き廻っていた時、同じ群の中の老人から安政二年（一八五五）の大地震の思い出を何度となく聞いたし、これを聞くことによって、即ち、自分の経験が大きな循環の中に組み込まれることによって、現在の自分の身の上に一種の安定した意味が立ち戻って来るのを感じた。天災の長い歴史が思い出されることによって、新鮮な経験は見覚えのあるものに変り、巨大な経験は先行者との比較を通して逸早《いちはや》く相対化される。関東大震災を漠然たる予感をもって迎えることを可能にした事情の底には、日本人が天災の長い歴史を持っているという事情が横たわっている。そして、この同じ事情が、関東大震災に対して、これに相応《ふさわ》しい意義を認めることを拒んでいるのである。誰も関東大震災を軽視したとは信じないが、しかし、今日に至るまで、それは正当な取扱いを受けて来てはいない。それは発生した瞬間、独立の存在を主張する遑《いとま》もなく、長い重い歴史の中に溶けてしまったゆえである。異常のものでありながら、親しいものになってしまったゆえである。

けれども、関東大震災が正当な取扱いを受け得なかった理由は、もう一つ、別の方面にも見出すことが出来る。即ち、それは、一方、日本天災史という長期的プロセスに溶けてしまっただけでなく、他方、当時の世相という短期的プロセスに溶けてしまったと言えるのである。

大正十二年という年について、秋田雨雀は言う。[註二一四]「どこかで絶えず人々の叫び声の聞えるような年であった。」それはいかなる年であったか。彼は言う。「記録すべき余りにも多くの事件を持った年であった。」彼はこの年の短い記録を書いている。これを見ていると、当時、十五、六歳のやや早熟な少年であった私自身の記憶の破片が息を吹き返して来る。一月の項、彼は小作争議に触れている。そうだ。あの頃は、多くの都会で大小のストライキが行われると同時に、農村には烈しい小作争議が続いていた。三月の項、「ソヴェート同盟のヨッフェが日ソ国交恢復促進の目的で……滞在していて……『赤化防止団』という反動団体が日本の保守的勢力によって組織立てられたのもこのころであった。」五月の項、「このころ、アナ、ボルの対立は個人主義的思想と集団主義的思想の対立で、この二つの思想が反動勢力に対しては共同戦線を守って来たのであったが、ソヴェート同盟の建設進展が、マルクス主義の進出の機運を促進させたので、ここにアナーキストのグループとマルクシストのグループとは事ごとに闘争をつづけた。」六月の項、「このころ、共産主義者の検挙がはじまっていた。……有島武郎《ありしまたけお》は……誰にも知れずに軽井沢の別墅《べっしょ》で、ある女性と死を遂げていたのだ。……アナ、ボルの闘争が行われ、……アナ、ボルの共同戦線が完全に破壊されたのであった。」七月の項、「八日には赤化防止団の反動弁護士のために射殺された高尾平兵衛《たかおへいべえ》の社会葬が青山の祭場で営まれている。」九月の項、「……私は秋田土崎の港にいた。私たちはここで大震災の報道を受けた。報道は甚しく誇張されていた。東京全滅！」それから、大杉栄や平沢計七の虐殺……。十二月の項、「この月二十七日に難波《なんば》大助《だいすけ》の事件があった。」

詳細は年表を見て頂くほかはないが、第一次世界大戦が民主主義の勝利という形で終ってから五年しか経っていないし、ロシア革命の成功と、これに対する干渉戦争とがまだ過去になっていなかった時代である。成金景気とその崩壊とを通じて、一九二〇年に第一回のメーデー、一九二一年に原敬《はらたかし》（一八五六―一九二一）及び安田善次郎《やすだぜんじろう》（一八三八―一九二一）の暗殺、一九二二年に日本共産党及び日本農民組合の結成、それから、軍縮の進行……と見て来れば、誰でも当時の世相の輪廓を想像することが出来るであろう。そして、関東大震災はこの世相を背景として発生し、やがて、みずから、この世相の一部分になってしまったのである。人間と自然との関係の大きな崩壊は、人間と人間との関係の大きな崩壊のうちに溶けて行ってしまった。人間と自然との関係において慢性の不安を感じていた時、それとクロスして、急性の不安を人間と人間との関係において既に感じていたのである。関東大震災は、自然の世界における不安と、人間の世界における不安とのコンビネーションによって受取られた。それゆえに、関東大震災は、天災史という長期的プロセスに溶けると同時に、当時の社会的動揺という短期的プロセスに溶けて行く。それは歴史に埋没し、世相に埋没する。関東大震災を取り出そうとすると、どうしても、それと一緒に当時の世相が取り出されて来て、大震災を独立に取扱うことが困難になって来るのである。

三　天譴の観念

生田長江《いくたちょうこう》（一八八二―一九三六）は、漠然たる予想を越えて、積極的に天災を期待していた人である。彼は次のように述べている。[註三一]「……今春以来、懲戒的な天災地変がもう遠からず来るといふこと、恐らくは今年中にも来さうだといふことの予感に伴はれてゐた。

だから、九月一日の大地震の、あの最初の一揺れがやって来た時、私は直ぐに思つた――『到頭来あがつたな?』と。又思つた――『神はつひにその懲らしめの手を挙げたまふた』と。家を焼け出されて、宮城に近いお濠の上にその晩とあくる日の晩とを明かしながら、この大帝都を焦土に化し行く物凄い火焔を望見しながら、私は私自身をも込めた日本人及び日本の社会に呼びかけた、『どうだ、少しは思ひ知つたか? これでもまだ覚めないといふのか』と。同じく焼け出された私の甥も、焼跡に立つてゐる私達のところへやつて来て、私よりも先づ、『とうと、叔父さんの予言があたりましたな』と言つた。そして一同、近隣の人達に怪まれるほどの笑声を立てた。そして其後私の立退先へ見舞ひに来てくれる若い人達の大抵は皆、一応の見舞ひの挨拶をのべたあと、半ば快活なユウマアで、『先生の御注文通りに行つて、御満足でせう』と言つてくれる。」

生田長江が期待していたのは天譴《てんけん》である。右に引用した彼の文章は、次のように書き始められている。「渋沢子爵は今回の震火災を一の天譴であると喝破された。流石《さすが》は渋沢子爵であるとも思ひ、あんな地位にゐる人さへ、あんな具合に見てゐたこれまでの日本の社会であるかとも思つて、感慨これを久しうした。」生田長江は、渋沢栄一《しぶさわえいいち》（一八四〇―一九三一）と共に、関東大震災のうちに天譴を見出している。しかし、実は、生田長江や渋沢栄一ばかりではなく、――最初に公然と主張したのが渋沢栄一であるかも知れないが――あの頃は、ほとんどすべての人が天譴を口にしていたのであって、この二字は、関東大震災に献げられた諸雑誌のあらゆる頁に発見することが出来る。換言すれば、天譴の観念というのは、この天災に対する各人の心理的反応を越えた、唯一の思想的反応とも見るべきものであった。天譴の観念が持ち出されることによって、天災は無意味な自然現象であることをやめ、人間にとって有意味な、しかも積極的な方向に有意味な事実となる。天災は、人間の願望や意図や行動が知らぬ間にみずから招き寄せたところの事実、即ち、人間の側に一種の対応物を持つところの事実となる。了解可能な事実となる。そして、この対応物に対する懲戒乃至刑罰の意味が認められることを通じて、天災の了解可能性は一層増大する。天譴の観念は、天災を彼岸から此岸へ連れて来る。天災が人間の存在の根本的条件の事実的崩壊であるところから考えれば、こうした観念的此岸化は、崩壊した条件の下における安定の成立に役立つであろう。

言うまでもなく、天譴の観念は中国の古典から来ている。しかし、中国の古典における天譴と、一九二三年の日本における天譴とは、少なくとも二つの点において著しく異なった事情に置かれていると思う。第一に、中国の古典の場合とは違って、一九二三年の日本では、地震の科学的研究が著しく発達している。元来、それが人間から独立に発生した地球物理学的現象であることは一人残らず認めている。従って、天譴の観念は、割り込む隙のないところへ割り込んで来ており、それだけに、当時の世相との関係において強烈な意味を持っている。それが中国の古典において謂わば自然的なものであったのに対して、一九二三年の日本においては作為的なものになっている。第二に、関東大震災後に説かれた天譴は、日本国民に対する懲戒乃至刑罰としてであるが、中国の古典では天子に対する懲戒乃至刑罰であるようである。「周書」の「朕将覧察、以答天譴」にしろ、「宋書」の「上答天譴、下恤民瘼」にしろ、天譴が天子に下されるものであることを明らかにしている。天災を君主の責任に帰し、同時に、陰陽を調和する力を君主に認める中国の思想から考えて、これは当然のことであろう。これに反して、日本では、天譴は広く国民の上に下され、天皇は天譴の外に立たされ、ひとり天譴を蒙った国民が天皇の宸襟《しんきん》を悩ませたことに恐懼する立場に立っている。

とにかく、天譴は当時の支配的な観念であった。少年の私もこの観念に衝突したことがある。[註三―二]「第二学期が本当に始まったのは、十月一日か、十一月一日か、今はもう忘れてしまいました。級長であった私は、校庭にみんなを整列させ、号令をかけました。整列してみて驚いたのは、一人残らず、キチンとした制服制帽で登校していることでした。私はといえば、泥沼を渡って逃げた時と同様の、夏シャツとパンツ、それに、馬方の被るような大きい麦藁帽子、ゴム足袋。私の姿を見て、みんなはドッと笑いました。……第一日の第一時間目は、修身でした。先生は、教室へ入って来て、黙って、黒板に向い、『天譴』と大書し、また、『天物暴殄』と大書しました。それから、徐ろに、右の二語の意味を説明し、今度の大震災は、『テンケン』、即ち、天のお叱り、天罰である、天罰が下されたのは、

『テンブツボウテン』のゆえである、即ち、人間が自然の賜を浪費したため、贅沢をしたためである、と説明しました。級友に笑われた直後の私は、この説明を黙って聞いているだけの余裕を欠いていました。早速、立ち上って、質問を始めました。若《も》し天譴であるならば、本当に贅沢をした人間が罰を受けるべきではないでしょうか、浪費も贅沢も身に覚えのない人間が、どうして、天罰を受けるのでしょうか、同じ東京でも下町だけがひどい目に遭い、山の手が殆《ほと》んど何の被害も受けなかったのは、どう解釈したらよいのでしょうか、などなど。」

内村鑑三《うちむらかんぞう》（一八六一—一九三〇）は天譴の観念をキリスト教的に解釈して、これを幾度か説いている。[注二三] その日記によると、「九月五日（水）晴……天使が剣を提げて裁判《さばき》を全市の上に行うたやうに感ずる。」「九月二十五日（火）晴……市民全体が都市復興にのみ熱心して、此天譴に遭ふて自己に省みるの気風に乏しきは悲しむべき事である。」「十月四日（木）晴……日本は依然として不信国である。其政府も人民も此大災害に会ふて罪を悔い、神に頼りて復興を計らんとせず、……彼等は更らに大なる天譴を蒙らなければ目を覚まさぬであらう。」

ここで、生田長江へ戻らねばならぬ。彼にとって、天譴は何を対象とするものであったのか。ところが、これはそう明瞭ではない。彼は言う。「維新以来順調つづきで、いつも神風の吹きつづくものとばかり思ひ込み、『国民的成金』根性になりきつてゐた日本人は、個人的にも社会的にも全く救ふべからざるデカダンであつた。」それなら、この「デカダン」だけが天譴の対象であるのか、と言えば、そうではなく、この「デカダン」を除去しようとする思想や運動もまた「デカダン」の一部として天譴の対象であるらしい。彼は言う。「単に申訳とごまかしとの為めの妥協的改造論や、単に野次馬気分と売名衝動との為めの直訳的革命主義や、さうした総ての物に私共は、何等の望みをもかけることが出来なくなつてゐた。……ノアの洪水を、ソドム、ゴモラの滅亡をすら聯想するやうになつてゐた。懲戒的な天変地異によるのほか、渋沢子爵の所謂天譴によるのほか、日本人のまちがつた『自足』と『のほほん』加減と、虫のよさと、浅薄さと、不真面目さとは到底一掃され得ないこと、従つて根本的に考へ直し、やり直すといふことは、如何なる方面にも期待され難いことを、しみじみ痛切に感じてゐた。」生田長江にとっては、この要求されていた天災がついに訪れたのである。彼がこれを歓迎するのは当然であろう。

関東大震災が世相に溶けてしまっている、と前に述べたが、これは、その半面、世相がこの天災のうちに滲透し、それに特殊な意味を与えていることを、従って、天災が世相の中で或る機能を与えられていることを意味する。世相は、これを大きく摑めば、ブルジョア社会の頽廃からその改革へという方向へ動いている。勿論《もちろん》、改革の方法については種々の対立する議論があるけれども、改革の一般的必要という点では、多くの人々が一致していたと見てよい。生田長江にしても、この同じ方向で説いていることに間違いはない。天譴の話で始まる彼の文章――それは「社会的震火災はこれからである」と題されている――の主要な内容は、震災後の事態に対する資本家、地主、官僚の態度を遠慮なく批判しているものであって、まだあまり宗教的になっていない、彼の改革者的な思想を示している。関東大震災は、こうして、ブルジョア社会の腐敗に対する天譴であり、社会と人間とが徹底的に改革されねばならぬという啓示なのである。

いろいろの意味が関東大震災に託されはしたけれども、ブルジョア社会の腐敗を批判し、併せて、徹底的改革の必要を暗示しているという意味は、この天災に対する沢山の反応の底を流れている基礎的なものと考えてよい。内田魯庵《うちだろあん》（一八六八―一九二九）が「地震の教訓」として説くところも同じである。[註三一四] 彼は言う。「大地震は何を教へた乎。何よりも人間の力の微弱と富の力の頼み難いのを覿面《てきめん》に教へた。……鉄筋コンクリートの重壁の内部に据置かれた鋼鉄の金庫の中の紙幣は灰となり硬貨は溶けて地金の塊となつて了つた。況《ま》してや千金の綾羅錦繡や万金の骨董什器は皆一抹の煙と化して了つた。贅沢の有らん限りを尽した富家の子女が命から／＼浴衣一枚で逃出し、火から火へと追はれて数夜を野宿したものもあつた。万金を懐ろにして火に焼かれ水に溺れたものもあつた。被服廠の累々たる死骸の中には栄華を傲つたものや金の威力の無限を信じたものもあらう。……日本は今まで余り幸運過ぎて日清日露両役以来トントン拍子に国誉を揚げ、最近の欧州戦に一挙して国富を数十倍し、借金国から一転して貸金国となつた。大小成金が無数に輩出して、素丁稚から一足飛びに黄金王となつたものが沢山あつた。が、成金は実に成金と羨望され或は嫉視されたものばかりでなく、日本国自身が成金国であつて日本国民全部が大なり小なり各々成金であつた。……日本は余り天佑が有り過ぎてゐた。天佑に馴れ切つてゐた。……今猶ほ半睡半醒に惰眠を貪つてゐる真最中俄然として択りに択つて一国の中枢地帯を震撼したのが此の大地震であつた。多くの人は天譴であると云つた。……天譴には差別も無い、情実も無い、旧慣も無い、特殊国情論も無い、官僚も無い、政党も無い、資本家も無い、一列平等に破壊して根本的の新規蒔直しを強圧する。成金のダラケた気分は此際一掃されて、上下共にシンソコから裸一貫となつてやり直しをしなければならない。……地震は天譴である。此天譴を身に染みて根柢的に全く新らしくヤリ直す時は天譴は一転して天佑となる。」

天譴の観念をキリスト教的に解釈している内村鑑三にとって、天譴の直接の対象は、ブルジョア社会に栄えた恋愛と芸術とであった。日記によると、「九月五日（水）晴……東京が潰れたのではない。『芸術と恋愛と』の東京が潰れたのである。」「十月六日（土）雨……震災の結果として東京の文士と芸人とが多く大阪へ移住すると聞いて甚だ喜ぶ。以来東京は健全なる思想の中心となつて欲しい。近松門左衛門の栄えた京阪地方が今の軟弱文学者に最も適してゐると思ふ。」

四　天譴の非選択性

いかに天譴《てんけん》の観念が有効であっても、天譴が選択的でないという事実は、この観念にとって致命的なものである。天譴は、これを蒙らねばならぬ人間を選び出して、この人間の上にのみ下ったのではない。それは全く無差別に一切の人間の上に下る。いや、そうではない。関東地方という狭い地域に住む人間の上に、東京について言えば、専ら下町の人間の上に、善人と悪人とを区別することなく、一様に下ったのである。この不合理は、少年の私さえ気づいていた。あの九月一日から一月と経たぬうちに出版されて、数十万部を売り尽した大日本雄弁会講談社編「大正大震災大火災」は、「償ひ得ざる損失」と題して、若干の皇族の死傷を初め、華族富豪など約三十名の死傷を列挙し、更に、「震火災のため死亡せる名士調べ」と題して、「名士」の姓名を掲げているが、その数は約三十。しかも、これ等の「名士」の中には、小学校長三名、司法官試補四名、裁判所書記三名、浪曲家一名などが含まれている。仮に、これ等の「名士」が腐敗した権力と金力とを代表しているとしても、謂わば巻添えを食った十万の死者、五万の行方不明者については、どう考えたらよいのか。「名士」でない人々の死の意味はどこにあるのか。

多くの人々が死に、夥しい財貨が亡びたのに対して、生田長江も、内田魯庵も、――その他の実に多くの人々も――異口同音に快哉を叫んでいる。「ざまあみろ」と言っている。

それには、文筆家が往々にして陥るところの誇張があろう。また、評論家にとって避け難い弥次馬的気分もあろう。しかし、これ等を計算に入れても、なお説明されない部分が大きく残る。この部分は、天譴の作用が厳密に選択的でない以上、いつまでも残るには違いない。しかし、内田魯庵の次の言葉に注意すると、この部分は幾らか減るように思われる。「或る新聞に死骸片附け人夫の話が載つてゐた。其人夫は一廉な商家の主人ださうだが、半ば腐爛した死体を鈎を以て引寄せようとすると臓腑がズル〳〵出るといふやうな悲惨極まる咄よりは多くの使用人を使役した相応の商家の主人が家を焼き産を失つて択りに択つて死体片附けの労役に服するといふ方がヨリ一層悲惨である。又或る新聞には妙齢の乙女が可弱い肩に天秤棒を当てゝ青物を売つて歩いてるといふ咄が載つてゐた。数日前までは雑誌や小説を読耽つてゐた女学生がリボンを棄て白粉を棄てゝ茄子や大根の重荷に汗を流すといふは煙に巻かれて惨死するにも増した悲惨である。」

これは彼の正直な気持なのであろうが、気がついてみると、こういう気持は、ひとり内田魯庵ばかりでなく、多くの人々の文章に見出される。そして、それが、現在の私たちの気持と微妙に食い違うのである。即ち、そこでは、無一物にせよ、死にせよ、客観的には一つのことであっても、無一物になった人間が何者であるか、死んだ人間が何者であるかによって、その意味が違って来るのである。「雑誌や小説を読耽つてゐた女学生」にとっては、「茄子や大根の重荷に汗を流す」のは、「惨死するにも増した悲惨」なのである。そして、もともと、「茄子や大根の重荷に汗を流す」のを職業としていた人間にとっては、死はほとんど何物でもない。少なくとも、「女学生」が「茄子や大根の重荷に汗を流す」よりも軽いことなのである。この機会に、私は、関東大震災のために献げられた特輯《とくしゆう》号の前後の雑誌小説を数多く読んでみたが、どれもこれも、身分の違う男女の間の恋愛、特にその破綻というテーマを取扱っている。現在からは想像もつかぬほどの堅さで、身分の差別——勿論《もちろん》、階級の差別と絡み合って——が存在していたと言わねばならない。無一物にしろ、死にしろ、身分の差別に応じて、その意味を異にする。それゆえに、社会改革論者である生田長江や内田魯庵にしても、腐敗したブルジョア社会への鉄槌というプラスと引き換えに、十五万の大衆の死というマイナスを歓迎し肯定することが出来たのであろう。非選択的な天譴の観念を受け容れることが出来たのであろう。ブルジョア社会への鉄槌というプラスは、十五万の大衆の死というマイナスより大きかったのであろう。

更に考えを進めれば、現実に差別があったために、無差別の無一物、無差別の死が積極的な意味を持つことが出来たのである。嶋中雄作は言う[註四一]。「未来の大計画なるものを胸に描いて、豪然と反身になつて安楽椅子にかけてゐた人！　まア何といふ気の毒な人だ。——一分の後には、それが一握りの玄米飯に手を差し延べねばならなかつたとは。」「社会主義者が幾年もかゝつて未だに成し遂げなかつた平等を、自然はわけもなく遣つてしまつた。金持も貧乏人も、大臣も馬丁も、学者も愚者も、資本家も労働者も、美人も醜婦も、その何処に区別があつたといふのだ。」「たとへ二三日だつたといつても、共産主義の実行されたことは嬉しいことだ。人のもの、自分のものといふ差別はなかつた。……」こういう見方は、かなり広く行われていた。暫く日を経た後になっても、杉村楚《すぎむらそ》人冠《じんかん》（一八七二―一九四五）は次のように言っている。[註四―二]「誰も彼も玄米を食ひ、誰も彼もてく／＼と歩かなければならなかつた当時は、苦しい中にも、自分の世の中になつたやうで、嬉しかつた。誰彼の別がないといふ所にいふべからざる興味を覚えた。だん／＼復興しかゝつて来た今日でも、尚到る処にこの平等無差別の態が味はれる。バラックで腰掛で飯を食ひ、電車は釣革にぶら下り、着る物とては古洋服、古靴、ズボンの皺も延ばすでなし、ネックタイも取りかへるでなし。われればかり人と違つたやうな顔をしなくてもよい世の中は全く身も心も暢《の》び行くを覚える。」平沢計七等を殺した亀戸警察署で拷問を受けた鋳物工藤沼栄四郎（四十三歳）は言う。[註四―三]「突然、伊藤巡査部長は私の左の頬を打つて掛り、『今度の事は貴様等の仕業だらう』と云ひ乍ら、私を打ちました。更に『俺も今度は焼け出されて、プロになつたから、プロとプロの力競べをやらう』と云つて、私を打ちました。……」旋盤工南巌（二十二歳）は言う。「亀戸警察署高等係蜂須賀……だつたと思ひますが、私に向つて次のやうな暴言を吐きました。……『××××××××××××××。[註四―四]東京は全部焼けた。金持も貧乏人も無くなつた。お前等の理想通りになつた。お前等の満足の行くやうにしてやる』と。」

差別の事実及び意識が強く存在していることが前提になって、天災が無差別に——即ち非選択的に——人々を襲い、その結果、無差別の無一物、無差別の死をもたらしたことが或る積極的な意味を持つに至ったのである。しかし、こうして生れた無差別は、破壊における、無力の底における無差別にほかならない。建設の成果としての、人間の力の勝利としての無差別ではない。権力も金力も打ち克つことが出来なかったところの、その前に脆くも敗れねばならなかったところの自然力の盲目的活動による破滅としての無差別である。しかも、この破滅を俟って無差別が実現されたのであるから、社会改革論者は、この破滅を双手を挙げて歓迎せねばならない。こうして、加虐的なものと被虐的なものとが一つになる。

しかし、加虐的なものと被虐的なものとの融合は、人間の無力ということを更《あらた》めて考えさせる。天災が一般に人間の無力を明らかにすることは、ここに説くを須《もち》いない。また、前に触れた通り、天災の中でも特に地震は人間を無力感へ誘い込むものである。しかし、この天災が天譴の観念によって解釈される時、人間の無力という問題は特別の意味を帯びて来る。なぜなら、天譴は、災禍それ自身を通じて、一方、人間にとって或る望ましいものの実現を要求しているからであり、他方、この望ましいものの実現において人間が従来無力であったことを前提しているからである。即ち、もし人間がその力によって望ましいものを実現していたら、天災は天譴として解釈される余地がないからである。嶋中雄作によれば、「社会主義者が幾年もかゝつて未だに成し遂げなかつた平等を自然はわけもなく遣つてしまつた。」生田長江によれば、「懲戒的な天変地異によるのほか、渋沢子爵の所謂天譴によるのほか、……到底一掃され得ないこと、如何なる方面にも期待され難いこと……。」内村鑑三によれば、「我等の説教を以てしては到底行ふこと能はざる大改造を、神は地震と火とを以つて行ひ給うたのである。」こういう発言の例は挙げ始めると限りがない。改革における人間の無力ということが、天譴の観念の根本的前提なのである。そして、天譴の観念が現われるや否や、人間の無力は人間一般の無力として普遍化される。なぜなら、人間一般の無力として現われているものは、本来は大衆の無力として理解さるべきであるから。もし大衆が、一面、ブルジョア社会の腐敗に巻き込まれながらも、他面、これを批判し改革する勢力としての自覚及び組織を有していたならば、第一に、到底、ブルジョア社会への鉄槌というプラスと十五万の大衆の死というマイナスとの交換を承認しなかったであろう。簡単に言えば、大衆の生命が塵芥のように取扱われるのを許さなかったであろう。第二に、天災を天譴として解釈する余地を残すことなく、大衆自身が腐敗した現状の改革に力を振ったであろう。しかし、現実において大衆が無力であり、その無力が人間一般の無力に普遍化されたのであり、この普遍化のための絶好の条件が、大地震及び大火災における人間の無力感によって与えられていたと見なければならない。このようにして、差別と腐敗との現状に対置された平等と正義とは、破滅における、死における、焦土における、即ち、人力の徹底的敗北における平等と正義とであるほかはなかった。

五　久米、菊池、芥川

本来無意味な天災というものを強いてプラスの方向に解釈するところに天譴《てんけん》の観念が成り立つとすれば、このプラスを一層強調するところに天恵の観念が成り立つであろう。久《く》米《め》正雄《まさお》（一八九一―一九五二）にとっては、関東大震災には天恵が含まれている。[註五一]「……今度の大災禍が、吾々の文壇的立場に、自然と持つて来て呉れた、少くとも一つの天恵がある。……それは、謂ふ迄もなく、例のプロレ文学の問題である。将来の第四階級へ向つての、文芸の社会的浸潤問題である。そして、吾々自身の立場から云へば、吾々の左傾態度の問題を、ゆくりなくも容易に解決して呉れた点にある。」なぜ、そう言えるのか。関東大震災に示されたのは、自然の破壊力であった。それと一緒に示されたのは、この破壊力に比べれば、プロレタリア文学の破壊力などは問題にならぬということ。そして、この大震災の中でプロレタリア文学乃至社会主義思想が崩壊してしまったということである。「飽く所なき自然の破壊力を目前に見せられて、謂ふ所の既成文壇位に、僅かな目標を置いてゐた、旧文壇のプロ文学者、机上社会主義文学青年は、遺憾なく其の無力を知つた。如何《いか》に破壊を壮とする文芸でも、此の厳然たる事実の前に影を薄くした。」「しかるに、今や、時期は来た。一切の、さうした下らない、文壇的とか称する、三流論客の一団より成る、よけいもの、障碍は取のけられた。吾々は今こそ、よけいなお先走りの太鼓叩きを中途に介在させずに、直接話しかけたければ直ぐ、民衆に話しかければ直ぐ民衆に話しかけうる時期に逢着した。」

自然は不自然なものを欲しない。天災によって示された自然の威力は、プロレタリア文学を謂わば不自然なものとして一掃し、このことを通じて、久米正雄のような文士と民衆との直接の関係、即ち、もはや不自然なものによって媒介されぬところの関係を作り出す天恵なのである。しかし、この天恵が本当に実現されるためには、文士の側における「適度の左傾」という態度の変化がなければならない。しかし、「適度の左傾」は無理なものであってはならぬ。自然のものでなければならぬ。そして、天災は、この左傾が無理なく行われる条件を作り出してくれたのである。「自然に依つて、吾々は今後、適度の左傾を、無理でなく為し得る。……左傾するもよし、せざるもよし、凡ては自然を旨とする事、古往今来芸術の理法ではあるが……相共に『適宜の左傾』を胆に定めやうではないか。思へば前途洋々……。」しかし、逆に見れば、天譴のうちに含まれていたプラスが天恵によって一層誇張される時、人間の力への信頼は一層減少する。プロレタリア文学という不自然なものの壊滅は、人間の努力によって招き寄せられたものではない。人間はそれを突き崩すことが出来なかったのである。文士の側に惹き起された「適度の左傾」も、文士の努力を通して成り立つものではない。自然のままに流された末に辿りつく地点である。この久米正雄が焦土と化した銀座を歩く。彼は、亡びる以前の銀座に多くの思い出を持っている。[註五―二]「帰るに淋しく、帰らざるも猶淋しき予は、東京に居る限りかうして、深夜の銀座の舗石道を、僅に購ひ得たるマンハッタン・カクテルの酔の下に、いつまでか涙ぐみつゝ、彷徨ふ。?……」その銀座が亡びてしまった。「ポムペイ！　焼け焦げた新橋の橋畔から、此の今は昔の散歩道を見渡した時、私はかの知らざる廃墟を直ちに思ひ浮べた。……見渡せば僅に十五銀行の外廓が、やゝ完全に残つてゐるきり。私たちが毎夜倶楽部のやうに出入してゐた博信館楼上カバレー東京も、残骸と称するに足りぬ黄色い焦壁を残し、嘗ては其処で半夜を踊り狂うたボールも、将棊会も、写真展覧会も、今は全く過去の夢がたりである。」焼跡を訪れた久米正雄は、最後に、次のように考える。「併《しか》し、それもいゝ。今更それを悔む事はない。凡《あら》ゆるあゝした過去は、かうして灰燼に帰するのが当然だつたかも知れないから。」また次のように考える。「が、凡《すべ》ては灰に、空に、そして本然に。……」

天恵や「適度の左傾」を云々する時、久米正雄はしきりに、菊池寛《きくちひろし》（一八八八—一九四八）を引き合いに出している。しかし、関東大震災に対する菊池寛の反応は、久米正雄の場合とは著しく異なっている。菊池寛は言う。[註五―三]「地震は、われ〳〵の人生を、もつとも端的な姿で見せてくれた。」それは、人生の表面を蔽う装飾的なものを残らず剝ぎ取って、人生の「露骨な究極の姿」を見せてくれた。「究極の姿」とは何であるか。「われ〳〵は、生命の安全と、その日の寝食との外は何も考へなかつた。われ〳〵はそれ丈で充分満足してゐた。……それ以外のものは、われ〳〵に取つて、凡て贅沢だつた。」久米正雄は、「適度の左傾」によって、民衆に向って直接に話しかけ、その娯楽の浄化に尽そう、と考えるが、菊池寛にとっては、人生の究極の相に照らして、芸術は「無用の長物」なのである。「自分の家の近所の楽器店では、味噌を売つてゐた。芸術の悲哀である。」「我々の仕事に対して信念を失つたことは、第一の被害である。」久米正雄の考えるような天恵は、ここでは全く認められていない。自然が或る望ましいところへ人間を連れて行くのではない。それなら、菊池寛にとって、人間と自然との間の関係は何であるのか。人生の究極の相を考える限り、「自分の食ふ物を自分で作るものは、一番強い人間だと思つた。そんな意味で、人生に於て一番よい、一番強い仕事は百姓だ。」そして、菊池寛が次のように言う時、天譴や天恵の観念に共通な人間と自然との内面的関係が殆《ほと》んど決定的に否認される。「人間が、あまりに自然に甘え過ぎたのが悪いのだ。もし、自然に人間以上の意志があるとすれば、それは残酷な非人間的な意志なのだ。政府と政友会とが、お互ひに『そちらがさうなら、此方でも覚悟がある』と云つてゐるやうに、われ〳〵も自然に対して覚悟をすることが肝心である。」

芥川龍之介は丸の内の焼跡を歩いている。[註五―四] 馬場先の濠では何人かが泳いでいる。「……突然濠の上から、思ひもよらぬ歌の声が起つた。歌は『懐しのケンタッキイ』である。歌つてゐるのは水の上に頭ばかり出した少年である。僕は妙な興奮を感じた。僕の中にもその少年に声を合せたい心もちを感じた。少年は無心に歌つてゐるのであらう。けれども歌は一瞬の間にいつか僕を捉へてゐた否定の精神を打ち破つたのである。」菊池寛にとって、芸術は、「人生の究極の相」から見て「無用の長物」なのであるが、芥川龍之介にとっては、そうではない。「芸術は生活の過剰ださうである。……しかし人間を人間たらしめるものは常に生活の過剰である。僕等は人間たる尊厳の為に生活の過剰を作らなければならぬ。更に又巧みにその過剰を大いなる花束に仕上げねばならぬ。……僕は丸の内の焼け跡を通つた。けれども僕の目に触れたのは、猛火も亦焼き難い何ものかだつた。」

「猛火も亦焼き難い何ものか」を見た芸術家が天譴の観念に対する最も烈しい――そして、最も美しい――プロテストを行っているのは、恐らく、これを当然と見なければならないであろう。彼は言う。[註五―五]「……この大震を天譴と思へとは渋沢子爵の云ふところなり。誰か自ら省みれば脚に疵なきものあらんや。脚に疵あるは天譴を蒙る所以、或は天譴を蒙れりと思ひ得る所以なるべし。されど我は妻子を殺し、彼は家すら焼かれざるを見れば、誰か又所謂天譴の不公平なるに驚かざらんや。不公平なる天譴を信ずるは、天譴を信ぜざるに若かざるべし。否、天の蒼生に、――当世に行はるる言葉を使へば、自然の我々人間に冷淡なることを知らざるべからず。……自然は人間に冷淡なり。されど人間なるが故に、人間たる事実を軽蔑すべからず。人間たる尊厳を抛棄すべからず。人肉を食はずんば生き難しとせよ。汝とともに人肉を食はん。人肉を食うて腹鼓然たらば、汝の父母妻子を始め、隣人を愛するに躊躇することなかれ。その後に尚余力あらば、風景を愛し、芸術を愛し、万般の学問を愛すべし。誰か自ら省れば脚に疵なきものあらんや。僕の如きは両脚の疵、殆ど両脚を切断せんとす。されど幸ひにこの大震を天譴なりと思ふ能はず。況んや天譴の不公平なるにも呪詛の声を挙ぐる能はず。……同胞よ。面皮を厚くせよ。『カンニング』を見つけられし中学生の如く、天譴なりなどと信ずること勿れ。……同胞よ。冷淡なる自然の前に、アダム以来の人間を樹立せよ。否定的精神の奴隷となること勿れ。」

六　天譴のアナーキー

本来、天災そのものに意味はなく、それはただ人間の世界にマイナスの結果を生むだけである。天譴《てんけん》の観念は、意味のない事物に意味を与え、そのマイナスの結果を敢えてプラスの方向に解釈するところに成り立つのであった。しかし、方向は一つではない。自然現象そのものが或る方向の解釈を強制するのではなく、黙っている自然に向って人間の方が自由に解釈を施すのであるから、どうしても、解釈の多元論、というより、解釈のアナーキーが生ずる。様々の人間が様々の方向に天災を解釈し、天譴を考える。その点では、近代の西洋思想における人間的自然の観念と似ている。多くの思想家は、本来は意味のない人間的自然のうちに自分の欲するところの、従って、思い思いの方向へ進むところの意味を持ち込んでおいて、それで自分の見解の究極の根拠にしようと試みた。それと同様に、ここでは、物理的自然、とりわけ、その異変のうちに、自分の欲するところの、従って、思い思いの方向へ進むところの意味を持ち込んだのであった。human nature も physical nature も、自然であることにおいては一致する。人間が広大な自然の一部である以上、何《いず》れの場合においても、自然は基礎的なものを現わしている。けれども、人間的自然の観念においては、この基礎的なものが人間自身の側に見出されているのに対して、ここに問題としている限りの物理的自然の観念においては、基礎的なものが人間の外部に見出される。そして、今、この外部が人間を破滅の底に叩きつけたのであり、叩きつけられた経験のうちから、物理的自然の観念が浮び上って来ているのである。

それゆえに、思い思いの方向に天譴が解釈されるのも事実であるが、これ等の方向に、――世相から来る共通性とは別に――或る共通性が見られるのも事実である。それへ向って天譴が下される当のものは、総じて、不自然なもの、自然に反するもの、自然に叛くものでなければならない。第一の人にとって、それは腐敗したブルジョア社会であり、第二の人にとって、それはプロレタリア文学であり、第三の人にとって、それは都会であり、第四の人にとって、それは化粧であり、第五の人にとって、それは鉄筋コンクリート建築であり、第六の人にとって、それは白米であり、……要するに、それは文化である。そして、深く天譴に学んだ人間の貴ぶべきものは、第一の人にとって、無差別の死、焦土における平等であり、第二の人にとって、「適度の左傾」、娯楽を与える文学であり、第三の人にとって、農村であり、第四の人にとって、素顔であり、第五の人にとって、木造建築物であり、第六の人にとって、玄米であり、……要するに、それは自然である。天譴の観念は、このようにして、自然と文化とを対立させる。同じ自然であっても、人間的自然であれば、そこから文化を導き出すことが出来る。しかし、自然が、文化に対する破壊的作用のうちに発見された物理的自然であっては、そこから文化への道は一本も通じていない。むしろ、人間の生活が破滅すればするほど、悲惨になればなるほど、人間は自然に合し、自然に従うことになる。どこにも限界は設けられていない。自然の破壊的作用によって生じた一切の既成事実は、自然的なものとして、それゆえに、望ましいものとして事後的に弁明される。

このように、何も彼も自然の闇の中に消えてしまう。しかし、多少とも反省的な人間にとっては、天譴が選択的でないことが依然として大きな障碍であった。天譴の観念をどう振り廻してみても、罪人と死者との厳密な一致は出て来ないのであるから、このズレを埋める仕事が残らざるを得ない。東京帝国大学教授三上參次《みかみさんじ》(一八六五―一九三九)は大日本雄弁会講談社編「大正大震災大火災」に寄せた序文を次のように書き始めている。「今度の大変災に命を殞《おと》された幾万の同胞に対して、……一種の犠牲となつて、難に殉ぜられた恩人として、深厚なる感謝の意を表したいと思ふのである。」死者は「恩人」として解釈される。「この手厳しい意見、この峻烈なる天罰を、七千万日本人の身代りとして引受けられた幾万の同胞に対して、深厚なる感謝の意を表したい……。」弔意は謝意となる。

地震学の権威として活動した今村明恒も、同じ序文の中で「寓意」の解釈に苦労している。もっとも、彼は、当時の日本国民を対象としての選択についてではなく、過去、現在、未来の日本国民を対象としての選択について考えているのである。「……天がこんな禍を、我々大和民族の祖先に与へることなく、又恐らくは我々の子孫にも与へることをなさゞるべく、さうして特に之を我々に授けたのは、そこに何等かの寓意がある様に思はれます。……翻つて考へて見ますと、斯くも大きな禍を、特に現代の我々に背負はされたのは、我々こそ之を負担するに十分な力を有すと見込まれたのではありますまいか、我々こそこの絶大な災厄に反発するだけの弾力を有するものと見込まれたからではありますまいか……。」

宮地《みやじ》嘉六《かろく》[註六一]（一八八四—一九五八）は、天譴の観念のアナーキーについて皮肉な調子で書いている。「大地震以来私はひどく天威を怖れるやうになつた。」「あまりに無事でありすぎた私は、九月九日の午後から王子警察署の留置場につれ込まれることになつたのである。何が故にか、それは私にも分らない。……気ちがひやいろ〳〵の人物と共に小さなにぎりめし二個と梅干一個とを与へられた。……地震よ、大にゆれと云つた覚えもない。火災よ、大に焼けろ焼けろと祈つた覚えもない。同胞よ、皆惨死してしまへと願うた覚えもない。皆と同様に此の大地震に驚き、火災に対しては憂ひを同じうしたものだ。だのに何の理由然しで自分はこんなところへ押しこめられたのだらう。と私は口惜しくてならなかつた。その為理由なくして拘禁されたと考へることは自分の心をいやが上に昂奮させ、憤らせ、心を努め却つて身心を苦しめるのだと悟つたので、強ひて警察の不法を正当化することに無めた。」いろいろと考えた揚句、「ひどく神秘的に陥つてゐる」宮地嘉六は、「あまりに経事であり過ぎたからだ」と天意を解釈する。無事であった彼は、焼跡を歩いて幾つかの験に出会っている。第一に、彼は浅草で死骸の山を見た。「それがいけなかつたのだ……。」第二に、彼は、焼跡で小僧の引く車に乗せて貰ったことを思い出す。「『あんな小僧の車に乗つたりしたことを天は此の際咎めたのであらう……』私はさう思つて見た。」第三に、国技館の石段で一休みしている時、深川方面から来る罹災者の或る婦人に眼を奪われたことを思い出す。「二十四五の、それは決して美人といふほどではないが、長く見てゐるほど味のある色白のふくよかな顔の婦人であつた。」彼は、これは書ける、と感じる。しかし、「……そのやうな考へを起こすことが許されたゞらうかと私はその時思つた。私は屹度天の怒りを招くであらうといふ気がした。果して私は思ひがけない厄難に襲はれた。天意であらう。」「四日目の昼めしには梅干の代りに蒟蒻一切を得た。その蒟蒻一切はまぐろの刺身のやうだつた。噫天意!!!」

七　バラック

天譴《てんけん》のアナーキーは、或る人間がこの観念によって社会のあらゆる側面に向って見境のない八つ当りをすることを許すものである。自分の積極的な見解を明らかにすることなく、眼に入る限りのものを批判するということを可能にする。当時の文章のうちから一例――例は多過ぎるほどある――を挙げれば、庶民の作家と呼ばれる村上浪六《むらかみなみろく》（一八六五―一九四四）がある。彼は言う。[註七一]「虚栄に憧れて己の分際も弁へざる僭越の華奢に対し、動《やや》もすれば人間と獣類との差別を混合せんとした堕落腐敗の恋愛的に対し、黄金万能の横暴者に対し、権勢慾望の狂奔者に対し、不埒なる偽善者や宗教家に対し、不真面目なる学者や思想家に対し、口ばかり達者な奴に対し、筆ばかり高尚めいたる奴に対し、その他あらゆる薄志弱行の徒に対し、無為無能の輩に対し、就中、社会組織の欠陥に蠢動して寄生虫的の生活を誇れるものに対しては、実に再び得難い眼前の懲戒で、だしぬけに頭上から熱湯を浴せかけたやうな工合を考へると、寧《むし》ろ或意味より痛快に感ぜざるを得ない。」天譴がアナーキーになればなるほど、その非選択性は短所であることをやめて長所になる。従って、誰でも益々「痛快」になる。しかし、どんなに八つ当りをする人も、正直な感激をもって認めたのは、焼跡に生きようとする人間の力の大きさであった。私は、今まで、自然の圧倒的な力との対立において人間の無力という点を説いて来たが、諸家の感想を通じて異口同音に繰返されているのは、この天災の直後に見られた人間の力の讃美である。八つ当りする村上浪六も、もちろん、これを讃美する。「……案外また心丈夫と感じたのは、汽車の窓から這込んで田舎へ落伸びた人間を尻目にかけながら見渡すかぎりの焼野原に踏止つて乞食小屋に等しい中で、なあに生命の物種はあるぞといふ勢ひに復活の意気を示した市民の多かつた事で、これには流石の外人も聊か油断のならない国民と思つたらしい。」

村上浪六を筆頭にして、沢山の人たちが焼跡に働く人々の力強い姿を描いているが、その多くは、マス・コミュニケーションが悲惨な事件を取扱う場合、申し合せたように、誇張された「明るい話題」を添えようとする——近くは、一九五九年九月下旬の伊勢湾台風においても——手法と相通ずるものであるから、煩わしい挙例は避けることにしよう。しかし、私自身の経験から見ても、それが「明るい話題」であるか否かは別として、焼跡に示された人間の力というのは事実として認めねばならないと思う。九月中旬に東京へ帰った徳田秋声は言う。[註七—二]「二三日前に外へ出て見ると、見渡すかぎり焦土と化した大都会の跡に、新しい亜鉛張りの屋根が、きらきら日光に耀いて、人はみな跡片着けと、バラックの建築を急いでゐる。帰京後わづか数日で一旦地に仆れ伏したものが、絶望の底からによきによき這ひあがらうとしてゐる有様は目ざましいばかりである。そしてそれは涙のこぼれるやうな痛ましい努力であり、哀れな歓喜でもある。」同じ事実を記述しているには違いないが、徳田秋声——彼の文章は、「這ひあがる」と題されている——には、村上浪六の

「流石の外人も聊か油断のならない国民と思ったらしい」などという感想に見られぬ陰影がある。「自然力の一部であるところの人間も、またなかなか強いといはなければならぬ。」また、陰影は少し濃くなって行く。この一句に続いて、意味が必ずしも明瞭でない、しかし、私たちを反省へ誘う一句がある。「悲観の色調の乏しいところには、総て生活の力は薄いし、没調子になり易いと同時に、絶望しやすい生活を否定するものには、必ず生活の肯定力がある。」

　問題は幾らか煮つめられて来たように思う。菊池寛は言う。[註七―三]「ただ意外だつたことは一日の避難者が、みんな元気であつたことだ。」では、なぜ元気であったのか。快活であったのか。菊池寛と限らず、この事実は多くの人々が指摘しているところであるし、私の観察からしても、一時的な放心状態の後、やがて人々は一般に快活になった。彼は次のように考えている。「思ふに、火事を避けてゐる人々にも、地震から来る死を免かれたと云ふ欣びがあつたからだと思ふ。」確かに、地震による死という大きな悪との比較において、火事による無一物という状態に満足するということはあったろう。しかし、もし自分が地震のために死んでいたら、そもそも、悲しむことも喜ぶことも不可能なのであるから、それとの比較ということは正確には成り立たないであろうし、また、生き残った人たちにしても、家族や近親を失っていることが多く、――即ち、死ということを悲しまざるを得ない状態にいる――しかも、それでいて、案外、元気で快活なのである。元気で快活な人たちは、焼跡に立ち戻って、バラックを建て始めた。私は今でも思い出すが、跡片づけをする必要もないように、何も彼も消えてしまった満目の焼野原のあちらこちらに、よく注意してみると、沢山の人間の影が動き、二日、三日と経つうちに、焼トタンと新しいトタンとを組み合せたバラックが方々に出来てしまう。バラック自体が小さな生きもののようである。バラックを組み立てている本人が、こういう運命や仕事に慣れているということはあるまい。しかし、天災の長い歴史を持つ日本民族としては慣れきっている当り前のことなのであろう。この運命にしても、この仕事にしても、以前から秘かに予想していたもので、今、時満ちて、それが現われたのであろう。徳田秋声だけでなく、多くの人々が、「自然界が不安定なもので、いつ何時どういふことがあるか知れないといふやうなことは、子供の時分から考へてゐることで、幾度となくかかる災害の悲惨を想像に描いてゐた……」のであろう。一面の焼野原に名ばかりのバラックが日をおって増加し——或は、繁殖し——そこに、あまり平常と変らぬ生活が続けられて行く有様は、もし壮観というなら、申分なく壮観であった。これが壮観であるのは、どんなに粗末なバラックでも、所詮《しよせん》、人間の力によるものであることによる。しかし、それにも拘らず、ここに示された力は、自然の一部分である限りの人間の力である。それみずから、自然の力の一部分と見るべきものである。それは、自然に叛く人間の力、自然に抗する人間の力ではない。自然に密着した人間の力である。しかも、この自然に密着した人間の力は、理想と資材とをもって形作られた過去の一切の文化が自然の暴力によって跡形もなく亡ぼされた――その時、不自然なものが亡びた、と人々は喜んだ――後に、即ち、人間の力の敗北が実現され且つ肯定された後に、人間の力として実現され且つ肯定されているのである。関東大震災のうちに天譴、天恵、天意を認める人々は、焼跡に投げ出された人間の、自然に密着したままの、生物としてのミニマムの要求を満たすための努力だけを人間に相応しいものとして認める。自然は巨大な破壊を行う権利を持ち、人間はバラックを建てる権利だけを持っている。

八　木造建築

「これには流石の外人も聊か油断のならない国民と思つたらしい」と村上浪六は言う。本当に外人はそう思ったのであろうか。関東大震災から約五十年前、「流石の外人」の一人であるベルツ Erwin Bälz（一八四九―一九一三）は、一八七六年の日記にこう書いている。[註八―一] これは有名な個所である。

「十二月一日（東京）　日本人とは驚嘆すべき国民である！　今日午後、火災があってから三十六時間たつかたたぬかに、はや現場では、せいぜい板小屋と称すべき程度のものではあるが、千戸以上の家屋が、まるで地から生えたように立ち並んでいる。まだ残骸がいぶり、余じんもさめやらぬうちに日本人は、かれらの控えめの要求なら十分に満足させる新しい住居を魔法のような速さで組立てるのだ。火事の前には、僅かの畳と衣服以外に多くの所持品があったわけでもないから、失ったものも少く、あれこれと惜しむこともあまりないのである。……女や男や子供たちが三々五々小さい火を囲んですわり、タバコをふかしたりしゃべったりしている。かれらの顔には悲しみの跡形もない。まるで何事もなかったかのように、冗談をいったり笑ったりしている幾多の人々をみた。かき口説く女、寝床をほしがる子供、はっきりと災難にうちひしがれている男などはどこにも見当らない。……すなわち本来の、全く木材のみからできた家屋で残存する部分は何もない、屋根瓦の破片以外には何も残らない。見る影もない赤裸の黒くすすけたへいが空高くそびえているのもなければ、かつて豪華な建物の骨組だけが焼けただれて残っているのもなく、家具類のこわれたのも、金具などの焼けかたまったのも、煖炉のくずれたのも――何もない――何もないのだ。それは、日本の家屋が堅牢なものからはできていないからであり、またその中には堅牢なものは何もおさまっていないからである。」そして、ベルツはこの項を次の言葉で結んでいる。「この簡素さはあまり程度がはなはだしいので、ヨーロッパからの文化の輸入はことごとくこの点、すなわち人々の無欲淡白な点で、どうやら暗礁に乗りあげそうである。」

ベルツの日記と関東大震災との間には、約五十年の時間があり、この時間は、謂わゆる日本の近代化が進行した時間である。それゆえ、当然、この時間のうちに大きな変化があるけれども、その半面、一向に変化は見られない。変化が見られないことは、私自身が直接に経験したし、また、諸家の文章からも明らかなところである。天災は、人間と自然との間の調和を一瞬にして破壊する。しかし、多くの日本人に共通な建築様式及び生活様式からすれば、失われた調和は極めて簡単に回復される。そして、自然に密着した地点に生れた——或は、発生した——新しい調和としてのバラックの中で貧しい人間同士が互に肌を擦り合せるようにして生きる気安さ……徳田秋声さえ、そこに共産主義に似たものを見出し、これに誘惑を感じている。

ベルツが指摘しているのは、西洋には廃墟があるのに対して、日本には廃墟がないということである。ジンメル Georg Simmel（一八五八—一九一八）には、廃墟を論じた有名な論文がある。かつて、この論文に触れながら、私はパリの或る友人に手紙を書いたことがある。[註八—二] その一節を次に引用しよう。

「廃墟か石の山か、とジンメルは言う。崩壊した建築は、それが一定の条件を満たしている時は廃墟で、そうでない限りは単なる石の山だ、と彼は見ている。それは、それでよい。しかし、僕たち日本人にとって重要なことは、彼が建築の材料として石のことしか考えていないという点だ。そうではないか。建築の中で特殊な均衡に達している、と彼が見る人間の精神と自然の必然性。しかし、自然の必然性として人間の前に現われ、闘争の後に人間に屈服する材料は、ジンメルにとって、石なのだ。石材なのだ。だから、廃墟か石の山か、という二者択一が生れて来る。ジンメルにとって、木や竹や土は、材料ではないのである。日本のわれわれの家の材料になっている木や竹や土にしても、自然であることに変りはない。しかし、同じ自然でも、石とは違う。石が、人間の精神にとって越え難い障碍である重さと堅さとによって抵抗を試みるのに対し、木や竹や土は、殆んど無抵抗のまま、人間の命令に服従する。木や竹や土を自分の意志に従わせるのに必要な人間の力は極めて少量で済む。人間は簡単に勝つことが出来る。われわれは、この簡単な勝利の結果である木造の家に住んでいるのだ。だが、われわれの家は、そこに潜む勝利が安価なものであるだけに、外部の自然との間の同質性を保っている。大量の雨が降れば、われわれの家は流され、崩れ、四散してしまう。激しい風が吹けば、飛ばされ、壊れ、四散してしまう。地震が襲えば、火事が起れば、……人間の力に対して殆んど無抵抗であった材料は、自然の力に対しても同様に無抵抗である。ジンメルが廃墟に見出した美は、自然に対する人間の支配が、ゆっくりと流れる時間の中で、内部から少しずつ動揺して来る気の長い過程に成立するものであった。しかし、われわれの場合、こういう気の長い過程はどこにもない。家の材料としての自然と外部の自然との間の同質性が一度その目を覚ますや否や、一瞬にして、一切は自然に帰る。人間が自分の意志を刻み込んだ石材が残るということはない。廃墟が残るということはない。残るのは、土砂である。灰である。要するに、大地である。人間は、この大地の上に、つまり、自然の中に投げ出される。かつて人間は簡単に自然を征服したが、今は同じく簡単に自然の一部になる。」

私たちが天災を受け容れた平静な態度は、一方、日本人が天災に慣れていることによって説明されると同時に、他方、日本人の家屋の特殊性によって説明される。徳田秋声にとっては、天災が珍しいものでなかっただけでなく、バラックも珍しいものではなかった。註八―三

「……バラックは別にさう珍しいものではない。中以下の我々の陋屋はバラックに毛の生えたやうなものである。たとへば少しばかり手をかけて、数寄をこらしたとか何とかいはれるお茶趣味のものなどは、バラックのややレファインされたものと言って差支へない……。」むしろ、バラックは日本建築の謂わば純粋化であって、日本人が気安く落着けるような、人間と自然との小さな調和は、バラックのうちに純粋に現われている。バラックより高級な建築というのは、伝統的な自然観及び人生観から見て、多くの夾雑物を含んだ不純なものである。

日本人が木造建築に住んで来たのには、多くの理由が挙げられている。日本には良質の木材が多いから、とも言われ、地震に強いから——しかし、地震に続いて起る火事には極めて弱いのだが——とも言われる。また、清浄を貴ぶ古代の日本人は、死者が出ると、その家を捨てて、別の家を建てるという習慣があった、その名残りである、とも言われ、戦闘の上の必要から、武士が町家を焼き払って、城を守るということがあったので、いつでも焼き払えるような家しか民衆に許さなかった、とも言われている。これ等の理由と並んで、頻繁に天災を人間の上に下す自然の循環への服従、自然の循環の邪魔をしまいという

態度、どうせ、天災が循環して来るという諦め、そして、みずから、この循環の中に巻き込まれて行くという姿勢も小さくない意味を持って来たのであろう。

九　暴力としての自然と美としての自然

建築家は、崩れて燃えている東京の町を歩く。しかし、それは見物のためではなく、観察のためである。何を観察しようというのであるか。内藤多仲《ないとうたちゅう》（一八八六—一九七〇）は次のように言う。[註九一]「自分は九月一日朝九時すぎ大阪から東京駅へ帰り、それから逓信省に行つてゐる間に此地震に遭つた。大阪では早大関係者発起の講習会で、耐震構造の講義を二晩やつて帰つた、丁度その時であつた……。自分は逓信省のあの煉瓦造の二階で、一寸逃げ出せないから往生して、揺られながら地震の為す業を静に見守つて居つた。窓の外では恐ろしい音を立て丶屋根の瓦が揉まれながら砂煙を揚げて落ちるし、鉄の煙突は鞭を振るやうにゆすぶられて居た。建物は地震でどうなつたか、又自分の耐震構造の応用がどんな結果を呈したかそれを見たいと思つて、半ば好奇心に駆られて直に見廻りに出かけた。裏門を出ると其脇の平民病院の二階建の煉瓦造は崩壊してゐる。……新築中の歌舞伎座は岡田信一郎氏の設計で、自分が構造部分を担任した関係から直に駈けつけて見た処、幸に瓦一枚ずれたのも無いと云ふ報告に接し、安心して今度は有楽橋の方に向つた。……有楽橋畔の実業ビルディングに行つて見た、之は佐藤功一氏の設計で同じく自分が構造を担任したもので、清水組が丁寧に施工したものである、……曾弥博士に出逢ひ、君の興業銀行は何とも無いと云はれて大に元気づいた。濠に沿つて上れば、高く最近に出来かけた七階建内外ビルディングは見る影もなく折れ重なつて崩壊して居る。郵船ビルディングも丸の内ビルディングも随分の痛み方である……。」

自然の暴力に抵抗して、人間の生活を守るというのは、思うに、文化のミニマムの定義である。いかに美しくても、いかに丹青を凝らしても、自然の暴力への抵抗力を欠いていたら、それは文化の名に値しない。現在の問題について言うなら、文化とは、要するに、地震と火事とに対して抵抗力を持つところの、それによって人間の生活を守るところの建築というに尽きる。これが単純な真実である。言い換えれば、文化とは、自然に対する敵意を前提し、それみずから自然との間の戦いであるところの建築であるほかはない。建築家が九月一日に観察したのは、この戦いの結果であった。この戦いで自然が勝ったのか、人間が勝ったのか。彼は、崩れて焼けた東京の町を歩いて、人間が、少なくとも、彼自身が多くの地点で勝ったことを確認している。自然に対する人間の勝利は、鉄筋コンクリート建築のうちに示されている。木造及び煉瓦造の家屋が脆くも敗れている時、佐野利器《さのりき》（一八八〇―一九五六）は言う。[註九―二]「鉄筋コンクリート構造は非常な好成績を表しました。東京市内には約三百五十の鉄筋コンクリート造家屋がありましたが、地震と火事とに依つて潰滅に帰したものは一割もありません。鉄筋コンクリート造は耐震耐火的であるべしと云ふことは、災前既に研究されて居つた事ですが、予期通りの成績であつた事が誠に我が風土に最も適当したものであることを実証するものでありまして……。神の試練に供せらるゝ、此の国土に在つて、我々の祖先は只身を以て対抗して来ました。我国の木造家屋は耐震的に昔から精練発達して来て居ると云ふものがありますが、決してさうは思はれません。地鎮の神にのみ信頼して来た様なものです。……我々の信頼し得べきは、只科学の外ありません。」

他の建築家は、関東大震災の経験を通して、日本人というものへの反省へ導かれて行く。佐《さ》藤功一《とうこういち》（一八七八―一九四一）も、九月二日、焼け崩れた東京を見て歩く。[註九―三]「此の如き帝都の残骸の上に至る所でチャラ〳〵チャラ〳〵といふ心を浮かせるやうな金属性の音が盛に聞えた。それは罹災者の焼けたトタン板に縄を付けて引きずつて行く音であつた。如何にも気軽るさうに引いて行くその音であつた。私は最初のうちはそれが何のためになされる行動であるかを知らなかつた。」建築家は日比谷公園に入る。そこには「傷き死んだ屍体が並べられてあつた。……老弱男女が坐り込んで当惑さうな顔付きはして居たが、さうかと云つて又そんなに悲痛な面持ちもして居なかつた。先きにチャラ〳〵と街路を引かれて行つたトタン板は、こゝの広場にもう小屋掛けを始めた罹災者が屋根の材料として持運んだものであつた。……私は、此の前代未聞の大惨事の後二十四時間を出ないうちに既にもう建設を始められた此の Shelter に、日本人の家に対する観念の明らかに顕はれて居るのを認めずには居られなかつた。……外国人は此の災害に対して国人のヂッと辛抱した勇気を賞讃して居る。併し私の見る所では、彼等の考ふる如く、我国民が斯ういふふりか丶つて来た一大事をヂッと心に受取つて真に其苦痛に堪へ、新しく生れ出た心の統一から得た勇気に依つて行動する国民だとはどうしても思はれない。……日本人は寧ろ斯うい ふ大事件を軽く受け流して極く当然の事のやうに処理してしまふ民族と見る方がよいやうである。」そこで、建築家は日本人と中国人とを比較する。「……彼等支那人は、如何に辛棒強く『自然』と闘ふ気に満ちて居るか、それは彼等の住宅に最もよく表はれてゐる。彼等の家は泥や石や塼で固めた壁に窓と戸口とを明けた建物から成る。如何にも無情に荒々しい膚触りの『自然』から安穏に劃されて、妻子眷属と財産とを抱きか丶へてゐるやうに見える。……小泉八雲氏の所謂、五日間で出来上るそして夜見ると提燈のやうな日本の家とは全然異つてゐる筈だ。……彼等が如何に人間の力に信頼し、人間に笑顔を示さぬ『自然』に対して如何に彼等の安心悦楽の境地を彼等の手に依つて作つた堅牢な家のうちに見出さうとするかゞ解るではないか。」

ここで、佐藤功一は「方丈記」を思い出している。佐藤功一と限らず、「方丈記」は諸家の文章のうちに頻繁に引用されている。「方丈記」が災害の問題に関する日本の古典である以上、これは当り前のことであろう。一例を挙げれば、山崎紫紅《やまざきしこう》(一八七五―一九三九)は「四人の骨を拾ふ」という文章の中で言っている。[註九―四]「私の長男は、私に云つた、『方とのあるのですね、ベルツの日記が約五十年前のものであるのに対し、「方丈記」は約七百年前のものである。建築家たちの反応は、ベルツの日記との間の五十年が何物かであったことを教えているが、その半面、建築家の一人は「方丈記」との間の七百年が殆《ほと》んど何物でもないことに気づいている。

誰でも知っているとおり、「方丈記」は二つの部分から成っている。第一の部分は、「ゆく河の流れは絶えずして……」に始まり、安元三年（一一七七）の火事、治承四年（一一八〇）の大風と遷都、養和年代（一一八一―二）の飢饉、元暦二年（一一八五）の地震に関する叙述を含んで、「いづれの所を占めて、いかなるわざをしてか、しばしもこの身を宿し、たまゆらも心を休むべき」で終っている。第二の部分は、「わが身、父方の祖母の家をつたへて……」で始まり、隠遁の生活に関する叙述を含んでいる。「……三十あまりにして、更にわが心と、一の庵をむすぶ。これをありしすまひにならぶるに、十分が一なり。居屋ばかりをかまへて、はかばかしく屋をつくるに及ばず。……こゝに六十の露消えがたに及びて、更に末葉の宿りを結べる事あり。いはゞ、旅人の一夜の宿をつくり、老たる蚕の繭を営むがごとし。これを中比《なかごろ》の栖にならぶれば、また百分が一に及ばず。……その家のありさま、よのつねにも似ず。広さはわづかに方丈、高さは七尺がうちなり。……」鴨長明が都会で見たのは、人間の願望と、この願望によって作り出されたものとが自然の暴力によって蹂躙される姿であった。この姿の生々した叙述のゆえに、関東大震災の時、多くの人々は一様に「方丈記」を思い出したのであった。しかし、自然の暴力の前に絶望した鴨長明が逃れて行く先は、再び自然なのである。彼は、自然の暴力に対しては、都会の家屋より一段と無防備の、謂わば自然の特別の好意に縋《すが》ってのみ辛くも意味を持ち得るようなバラックに身を託そうとする。自然の暴力のために不安になった心を、更に自然の奥へ深く入り込むことによって安めようとする。しかし、彼が自然の奥へ深く入り込もうとする瞬間、自然それ自身が別のものに変じて行く。火事、大風、飢饉、地震によって人間を破滅させた荒々しい自然とは全く別の美しい穏かな自然に変じてしまう。そして、この美しい穏かな自然と仏道の修行とが溶け合って一つのものになる。「春は藤波を見る。紫雲のごとくして、西方に匂ふ。夏は郭公を聞く。語らふごとに、死出の山路を契る。秋はひぐらしの声、耳に満り。うつせみの世をかなしむほど聞こゆ。冬は雪をあはれぶ。積り消ゆるさま、罪障にたとへつべし。」「たゞ仮りの菴のみ、のどけくしておそれなし。」

　このように、荒々しい自然からの救済は美しい自然への没入のうちにある。荒々しい自然に対して人間は無力であったが、美しい自然も人間の力で作り出されたものではない。それは、人為を離れた自然そのものである。暴力にしても、美にしても、元来、それは無意味なものであって、慎ましい人間が自然に加える解釈によって生じているものに過ぎない。人間は自然を暴力として解釈することによって絶望し、これを美として解釈することによって救済される。そして、日本の自然は、このような二つの解釈を可能にするだけの客観的根拠を有している。再び建築家の一人の見解に立ち戻れば[註九―五]、彼は「自然の偽瞞」ということを説いている。何が「自然の偽瞞」であるのか。「山紫水明、日本の景観は此の一言につきる。」誰もこれに異論はないであろう。「山は重畳として変化に富み、水は豊かで透通るやうな流れが到る処に囁き、大地はいつもしつとりと湿つて樹は鬱蒼と茂り、花は咲き満ち鳥は長閑に歌つてゐる。」しかし、これは、日本の自然がわれわれに見せる顔の一つに過ぎない。「表面は此のやうに花咲き鳥歌ふ楽土であるが、一枚皮をめくつた下の地の殻は、これはまた罅割れだらけの恐ろしいもので、間断なく陥没したりすべり崩れたり、殆ど地が揺れどほしである。そして時々大揺れが来て崖をくづし家を倒し、或は津浪が起つて岸にあるものを洗ひ去つてしまふ。それにまた、南から北に動く低気圧の路に当つてゐて、年に数回は暴風の襲来を受け、西から東に長く延びた山脈は往々にして此低気圧の進路を遮り、これに当つた水分を含んだ空気は雨となつて、盛んな洪水を漲らす。」暴力としての自然と美としての自然とは、日本の国土そのものに備わっている。われわれは、暴力によって突き倒された人間が美としての自然によって救い上げられるという循環の軌道を歩み続けて来たようである。

一〇　日本の秋

建築家たちは、東京市内の鉄筋コンクリート建築がよく地震と火災とに打ち克ったことに誇りを感じている。災禍に敗れたものはわずか一割足らず、それも、鉄筋コンクリート構造それ自身の弱点によるのでなく、周囲が木造建築で取り巻かれているという事情、また、不真面目な工事という人間的な弱点によることは一般に認められている。伝統的な木造家屋が崩れ焼けて跡形もなくなっているのに対し、とにかく、これは人間の勝利を告げるものである。しかし、建築家以外の人々の反応を見ると、これはかなり違う。もちろん、少数の例外はある。例外の一つは、谷崎精二《たにざきせいじ》（一八九〇―一九七一）。彼は言う。[註一〇一]「其の附近の大きな建物が皆多少傷み、損じてゐる中に、東京停車場の大建築だけは壁に皺一つ寄つて居ず、窓硝子一枚割れて居なかつた。其れは科学の勝利と云つてもい、様な或る快感を見る人の心に唆る物だつた。」けれども、多くの人々の反応は、むしろ、あの不幸な一割足らずを誇張するようなものである。村上浪六は言う。[註一〇二]「浅草の観音堂と山門と五重の塔の瓦一枚落ちずに聳えて居るのは、堂々たる文化建築の堅牢に誇った洋館の枕を並べて倒れたに対して聊か皮肉の観がある。」「一割足らず」は誇張されて「枕を並べて」になる。しかし、ここにあるのは、量的な事柄ばかりではないと思う。人々が見たのは、一つの全く新しい光景であった。長い歴史を通じて、人々が天災の後に見慣れて来たのは、天意のままに灰になり、無に帰し、自然に化したところのものであった。鴨長明の時代もそれを見た。ベルツの時代もそれを見た。つまり、焼跡には何も見えなかったのである。しかし、今、人々は新しいものを見る。それは僅か一割足らずであっても、自然に対して戦いを挑み、挑んだ末に敗れた残骸である。敗れても、灰にならぬ、無に帰さぬ、自然に化せぬところの、人間の力に固執した、往生際の悪い醜骸である。大日本雄弁会講談社編「大正大震災大火災」は、「地震が与へた教訓」という見出しの下に、「大震災記」という部分の結論を述べている。「地震及び火災が与へた教訓如何も亦た、興味深き事実たらずとせぬ。近年、著るしく勃興した洋風の大建築中欧米風を其の儘に移し植ゑた壮麗なる東京会館、有楽館、郵船ビルヂング等のいはゆる東京の誇は、無残にも、倒壊はせぬ迄も、内外両部の破損著るしく、就中高壮優雅第一を誇つた東京会館が、まがりくねつた鉄骨もあらはに、辛くも倒壊の運を脱した悲惨さ、見るに堪へぬものがある。日本には日本式、彼の精を取り粋を学ぶはよいが、日本には日本の特色あるを忘れぬを第一義とすべく、これ独り、思想の問題のみならぬを思はせるものがある。」自然の命令のままに潔く灰になった木造家屋には「教訓」は含まれていない。不自然な残骸だけに「教訓」があるのである。

日本は秋である。関東大震災は九月一日に襲った。焼跡にバラックが殖えて行く日々は、日本の秋が深くなる日々である。関東大震災に献げられた「中央公論」十月号には、「秋を賞め讃ふる辞」というセクションが設けられていて、豊島与志雄《とよしまよしお》（一八九〇―一九五五）、近松秋江《ちかまつしゅうこう》（一八七六―一九四四）、徳田秋声、上司小剣《かみつかさしょうけん》（一八七四―一九四七）が書いている。近松秋江の「百舌の啼く声」という文章は、次のような言葉で終っている。

「人間の築いた都会は、恐ろしい大自然の破壊力に触れて無惨にも滅亡されてしまつた。私は東の方——東京に当る——を向いて見るに忍びない。私の眼は秋が深くなるにつれて、必ず西の方に向く。西に当つて古い武蔵野が遠くつゞいてゐる。古い武蔵野は自然が造つたまゝの土地で、人工が加はつてゐない。人工の加はらない土地は自然の怒りに触れることも少いであらう。私は自然の意に叶ふやうに古い武蔵野の秋の中に深く分け入つて行かうと思ふ。」しかし、自然への讃歌は、このセクションと限らず、その内外に溢れている。

われわれは、自然の暴力とバランスがとれるだけの自然の美を見出さねばならぬ。

白鳥省吾《しらとりせいご》（一八九〇—一九七三）は「自然の魔力と人間の夢」という文章を次のように書き始めている。「初秋といふことをしみじみと感ずる期節となつた、今日は薄霧がこめてゐるが晴天を約束するやうに爽やかな朝だ。書斎の窓から見える庭内の一本の若い檜の枝から軒端にかけてかけられた蜘蛛の網が主なくしてたゞ露の玉をたくさん連らねてゐる、その隣りの梅の木の枝に高く蜂の巣が小さな釣鐘のやうに下がつてゐる。すでに大きい黄色な足長の二疋の蜂がその端にすがつてゐる。……私はいま静かにこの初秋の庭に対し乍ら、殊に空間に懸る蜂の巣や蜘蛛の網を眺めながら、かの大地震に伴ふ災害の跡を辿つてゐる。私はささやかな虫類の生活と人間の生活を比較するわけではない、丸の内ビルデングと蜂の巣との耐震力を比較するのではない。ただ、地震との聯想は、おのづからかの蜂の巣をどれだけ振つたらあの梅の枝から落ちるだらうといふ子供らしいことを考へる。

……蜂の巣の単純と軽快さとは、恐るべきかの強震も何でもなかつたらしい。……その蜂の巣が過ぎし日の人間の災害とまるで没交渉のやうに空間にかゝつてゐるのは当然過ぎることであるが……。」この詩人にとっては、丸の内ビルディングと蜘蛛や蜂の巣との比較――を試みるのではないと言いながら――が気に入ったテーマであるらしく、彼は「初秋の庭」という詩でも[註一〇三]、これを取扱っている。

…………
夕べまた私は庭に出ると
大きい蜘蛛は網の真中に出で
高い枝の蜂の巣には安らかに蜂は影をひそめてゐる、
そして椎の樹蔭の遠い夕焼けは
過ぎし日の大火を想はしめる、
しかし此処では何事もなかつたやうに静かだ。
…………

後記

ここまで書いたまま、約三ヶ月の時間が経ってしまった。当初の計画では、校正が出たら、その時に残りの部分を書き足すというつもりであった。しかし、予定より非常に遅れて漸く校正が出た今日になってみると、なお書き続けるはずであった以上の部分が、私の外で冷たく完結してしまっていて、もう手のつけようがない。何度読み直しても、一体、何を書き足そうとしていたのか、それさえ明らかでない始末である。

しかし、読み直しているうちに気づいたことであるが、この文章は、結局、自叙伝の一つの試みと見ねばならないようである。必ずしも自分の生活について多くを語ってはいないけれども、やはり、自分の直接の経験の処理という意味では自叙伝の一種なのであろう。私にとって、最近流行の思想史というのは、あまり興味のないテーマなのだが、この幾らか思想史じみた問題について、とにかく、或る程度の熱意をもって書くことが出来たというのも、それが他人の経験でなく、自分自身の経験に属しているためであるに相違ない。自叙伝風の記述は、今までにも、幾度か企てたことがある。関東大震災についても、何度となく書いたことがある。それには、第一に、関東大震災当時の私が感じ易い少年であったために、それが私の内部に二度と消えぬ痕跡を残したという事実がある。第二に、それにも拘らず、本文の中で二つの理由を述べたように、関東大震災が、一向、それにふさわしい重要性を認められて来ていないという私の不満がある。この不満がある限り、今後も、私はこれについて書くであろうが、この文章は、関東大震災における最も根本的な問題の一つに触れることによって、自分の不満に小さな捌け口を与えようとしたものである。しかし、この文字を書き綴りながらも、私は、横光利一の意地悪い言葉を忘れることが出来ないでいる。彼は言う。[註一]「彼らは心に受けた恐怖に対して報酬を待つてゐる。生涯を通じて此れが稀有の災厄であつたそれだけ、何物かに報酬を求めねばゐられないのだ。彼れらは、彼れら自身の恐怖を物語るとき、追想と共に生涯誇らかになるであらう。」

多くの日本人が、明治維新をフランス革命との比較において考えるように、私は、初めから、関東大震災をリスボンの地震との比較において考えて来た。比較において、というのが言い過ぎなら、いつも関東大震災と一緒にリスボンの地震のことが思い出されていた、と言い直してもよい。関東大震災の前年、中学二年のドイツ語読本でリスボンの地震の記事を読み、その時に初めてErdbebenというドイツ語を知って以来、私は暗黙の比較へ導かれて行ったように思う。地震は日本が本場であるにも拘らず、もしリスボンの地震というものがなかったら、あっても、私がこれを知らなかったら、関東大震災は私にとって大きな意味を持つことが出来なかったかも知れない。

リスボンの地震との比較、と私は言ったが、地震そのものによる被害について考えれば、正当な比較が成り立ち難いほど、リスボンの地震は小さいものである。「リスボンの地震は、その破壊及び死者から考えると、史上最大の災害の一つというわけではなかった。[註二]」一七五五年十一月一日土曜――諸聖人の祝日――午前九時三十分、重い車輌が走り過ぎたと思われるような最初の大音響が起り、それが終って間もなく、烈しい震動が襲い、これが二分間以上続いて、これで多くの家屋が倒壊、次いで、第三回目の震動が起って、リスボンは決定的に崩壊してしまった。大火災や大海嘯が大地震に続いて発生し、これによって災害の立体化が行われた点は、関東大震災と同じである。「最も優れた、最も綿密な計算[註三]」によれば、リスボンの死者は一万乃至一万五千と言われている。もっとも、震動はリスボン地方だけでなく、南は北アフリカの諸地域、東はシュトラースブルクやリヨンなどの諸都市、更に、遠くイングランド、アイルランド、スカンディナヴィア諸国まで達したという――部分的には真偽不明の――記録があるところから見ても、いわば全ヨーロッパ的な意味を持つと言えるであろう。

しかし、この全ヨーロッパ的な意味は、地震の物理的な大きさによる以上に、その思想的な大きさによっている。そして、私が関東大震災をリスボンの地震と関係させるのは、もっぱら、この思想的な大きさによる全ヨーロッパ的な意味のゆえである。だが、この思想的な大きさという観点が現われるや否や、関東大震災はリスボンの地震の背後に小さく霞んでしまわなければならない。なぜなら、関東大震災は、その物理的な大きさや、破壊と死者の数を誇るのみであって、思想的な大きさは殆《ほと》んど認められないからである。リスボンの一万乃至一万五千の死者には思想史上の意味が加えられたのに反して、関東地方の十五万の死者は空しく死んでいる。誰に向けてよいのか判らぬ憤りが、今も私の内部に残っている。

関東大震災について何も知らない人でも、ヴォルテール Voltaire（一六九四―一七七八）の「カンディード」（Candide, 1759）を読んだことがあれば、リスボンの地震については知っているであろう。「方丈記」の前半が一種の災害史であるように、「カンディード」の全体が、カンディード自身を初めとする多くの登場人物の災厄から災厄への遍歴の物語である。そして、リスボンの地震は、カンディード及び「一切ハ善ナリ」（Tout est Bien）の哲学を信奉するパングロスが出会う災厄の一つにほかならない。船が難破して、二人が運よく泳ぎついたのは、リスボンであった。「……彼等が都会に入ったかと思うと、突然、足下の大地が猛烈に震動した。港内は海水が沸き立ち、碇泊中の船は残らず破壊されてしまった。都会は炎に包まれ、灰は町や広場を蔽い、家屋は倒壊し、屋根は土台の上に崩れ落ち、土台もバラバラになってしまった。」家々が燃え、人々が死んで行く町に立って、パングロスは言う。「そもそも、この現象の充足理由は何であろうか。……地震というのは、何も珍しいものではない。先年は、アメリカのリマにも同じことがあった。同じ原因には同じ結果があるのだ。……これ等はすべて最善の状態にある。けだし、リスボンの下に火山があるとすれば、火山は他の場所にはあり得ないからであって、事物は現にある通りである以外に道がないからである。なぜなら、一切ハ善ナリ、であるから。」

この「カンディード」がライプニッツ Gottfried Wilhelm Leibniz（一六四六―一七一六）

のTout est Bienの哲学を罵倒するために書かれたものであることは、広く知られている。ライプニッツ、ポープ Alexander Pope（一六八八―一七四四）、ボーリングブルック Henry Bolingbroke（一六七八―一七五一）は、現実に悪が存在することを認めない。彼等に従えば、現実は、あるがままの姿において、つまり、神が作ったままの姿において、善なのである。このオプティミズムに抗して、ヴォルテールは、登場人物が遍歴する数々の災厄を通して悪の存在を明らかにする。人間を抜きにしたオプティミズムに対して、地上のペシミズムが説かれる。しかし、このペシミズムは、「方丈記」における鴨長明が災厄の経験の果に自然の美と重なり合った仏教の救済に逃げ込んだのとは反対に、カンディード自身の、「私たちの庭を耕さなければなりません」（……il faut cultiver notre jardin）という言葉で、換言すれば、人間の力への信頼に立つ謙虚なオプティミズムで終っている。Tout est Bienは、また、ヴォルテールの「哲学辞典」（Dictionnaire philosophique, 1764）の一項目にもなっている。しかし、私の現在の関心からすれば、彼が直接にリスボンの地震に献げた詩、Poëme sur le désastre de Lisbonne, ou Examen de cet axiome, Tout est Bien, en 1755 の方が大切である。[註四] この詩には散文の序が附せられていて、その中で、ヴォルテールは次のように言っている。「……こういう災害の証人にとっては、一切ハ善ナリという公理は少し奇妙に思われる。確かに、一切は摂理によって計画され規定されているのであろう。しかし、昔から一切が私たちの現実の幸福のために計画されていないことは甚だ明らかである。……この現にあるがままの世界が可能な諸世界のうちの最善のものであるとすれば、更に幸福な将来というものを望むことは出来なくなる。私たちを押し潰している一切の悪が普遍的な善であるとすれば、すべての文明諸国民は物理的な悪及び精神的な悪の起源を求めるという馬鹿なことをやって来たわけである。……リスボンの災害に関する詩の作者は、すべての人々が知っている、この悲しい、もっと古い真理、即ち、地上には悪があるという真理を信ずるものである……。」

如何《いか》なる罪を、如何なる過ちを犯したというのか、
母親に抱かれたまま潰されて血に塗《まみ》れた子供たちは。
今はないリスボンの犯した悪徳は、
享楽に耽っているロンドンより、
パリよりも大きいというのか。
リスボンは亡び、
パリでは踊っている。
……………
君たちは言う、
一切ハ善、一切ハ必然、と。
……………

宇宙、動物、人間、すべては戦い合っている。
地上に悪のあることを、
われわれは認めなければならぬ。
この秘密の原理は、
全くわれわれに知られていない。
……………
ヤガテ一切ハ善ナラン、ここにわれわれの希望があり、
イマ一切ハ善ナリ、ここに幻想がある。
……………

今は、ヴォルテールに対するルソー Jean-Jacques Rousseau（一七一二―七八）の批判について論ずることも、また、リスボンの地震に関するカント Immanuel Kant（一七二四―一八〇四）の Von den Ursachen der Erderschütterungen bei Gelegenheit des Unglücks, welches die westliche Länder von Europa gegen das Ende des vorigen Jahres betroffen hat, 1756 を初めとする諸論文を取上げることもやめよう。とにかく、ヴォルテールの詩を出発点として、リスボンの地震は、全ヨーロッパ的な論争の中心問題となり、この論争の発展の中で摂理の信仰に基づく Tout est Bien の思想は致命的に傷ついて行ったのであった。そして、その終末に立っているのが、「カンディード」である。この災厄

遍歴小説によって、リスボン及びオプティミズムの問題は終了する。……il faut cultiver notre jardinという言葉は、この小説を結んでいるだけでなく、同時に、リスボン及びオプティミズムの問題を結んでいる。換言すれば、それは、ボシュエ Jacques Bénigne Bossuet（一六二七—一七〇四）によって最後的に完成された摂理的な歴史の終末を告げる言葉である。レーヴィト Karl Löwith（一八九七—一九七三）に倣《なら》って言うなら、「歴史の神学」を葬るところの、「歴史の哲学」の成立を告げるところの言葉である。

関東大震災が何物も終らせず、何物も始めなかったとは言えないであろう。それは、前に見た通り、当時の世相の中で或る意味を持っていたのであり、しかも、この世相は、ブルジョア社会の頽廃及びその批判という中心点を持っていたのであるから。しかし、なぜ、私は世相という曖昧な言葉を使ってしまったのであろうか、と一旦はそう反省してもみるのだが、しかし、あの時代は、正に世相という表現を要求するような、つまり、明確な意志や構造を欠いた変遷の時代であったとも思われる。確かに、関東大震災を境として、多くのものが亡び、多くのものが生れたけれども、亡びたもののうちで最も確実なのは、ただ一つ、古い江戸と結びついた東京の姿であった。その他のものは——或は、その他のものも——亡びたにしろ、生れたにしろ、すべてはいわばムード的な段階にとどまっている。本当に何が亡びたのか、本当に何が生れたのかという点が少しも固定化されていない。

関東大震災に対する心理的反応を越えた思想的反応ということになれば、どうしても、天譴《てんけん》の観念を取上げねばならなくなる。天譴に相当する divine visitation や、これに似た観念は、リスボンの地震の後にも多く現われている。それも、或る解釈が独占的な権威を持つという単純な状況ではなく、天譴に関する多様の解釈が勝手に発生し衝突するという状況であって、その混乱は、日本の場合とは比較にならぬほど広く且つ深いものであった。しかし、この混乱は、キリスト教の信仰が具体的或は実体的に存在していたところから、言い換えれば、多くの人々がそれぞれの仕方で天譴の思想を真面目に信じていたところから来ている。天譴の観念と結びつくことによって、地震は十八世紀のヨーロッパにとって決定的な衝撃になったのであった。即ち、強固な伝統と誠実な信仰とに基づいて、人々は天譴の観念を受け容れ、これを擁護した。そういう事情があったために、天譴乃至摂理の主張——その内部に対立があるにしても——と、天譴乃至摂理の否認——これも一様ではない——との間に、再び烈しい衝突と混乱とが生れねばならなかったのである。何《いず》れにしろ、すべては本気であった。真面目な話であった。

中国の古典に見られる天譴の思想と、関東大震災後に現われた天譴の思想との間の相違については、本文中で少し触れておいたが、十八世紀後半のヨーロッパにおける天譴の思想と、二十世紀の二十年代の日本における天譴の思想との間にも、いちじるしい相違がある。渋沢栄一に和して、異口同音、誰も彼も天譴ということを口にしたけれども、元来、その人々が天の思想を信じていたのではないし、天とは何かについて真剣に考えたのでもない。古い中国の天の思想も、キリスト教の神の思想も、多くの人々にとっては全く欠けていた。それを支えるだけの強固な伝統も誠実な信仰もなしに、謂わば取敢えず、地震は天譴であると説かれたのであって、天譴は一つの臨時雇の観念であった。それは観念における間に合わせのバラックであった。しかし、前提としての伝統や信仰が欠けていても、仮に誰かが関東大震災を天譴と考えて、この思想を首尾一貫したもの——おそらく、グロテスクなもの——に体系化し、他の考え方に対して、これを最後まで擁護するという試みを行っていたら、事情はかなり違っていたであろう。なぜなら、反対者は、この首尾一貫した体系を批判することなしには、即ち、みずから首尾一貫した体系を持つことなしには、自分の意見を述べることが困難であったであろうから。しかし、これ等はすべて行われなかった。日本の天譴は、非常の事態を合理化するのに便利な合言葉として使われていただけで、この観念をトコトンまで擁護する試みも、また、これをトコトンまで否認する試みも見られぬまま、いわゆる帝都復興の進むにつれて消えてしまったのである。それは、関東大震災に対する唯一の思想的反応のように見えながら、しかし、実は、心理的反応に近い、ムード的なものにとどまった。積極的に説く人たちにしても、これに深い責任を感じることなしに、これを説いていたのであった。反対に、天譴の観念が思想として結晶していたら、それは、あの世相の内部で明確な役割を果すことになり、これによって、世相を世相以上の構造的なものに作り上げるのに寄与したであろう。けれども、事実は、ムードと世相とに終始したのである。

だが、単にムードであったにしろ、もし天譴の観念が少しでも伝統的な自然崇拝に批判を加えるような方向のものであったら、ちょうど、ヴォルテールなどの主張がカトリック的な摂理思想に致命的な批判を加えたように、それは日本思想史の上でこの転回点になることが出来たであろう。しかし、それとは逆に、本文中に見た通り、天譴の観念はむしろ伝統的な自然崇拝を新しく補強する意味を有するものであった。天災が天譴として解される時、マイナスの評価を受けるものは、一般に、自然に叛くもの、人為によるものとなり、プラスの評価を受けるものは、自然に従うもの、人為によらぬものとなる。こうして、自然の暴力の結果であるところの破滅それ自身が望ましいものとして現われ、自然に対する人力の勝利としての文化それ自身が望ましくないものとして現われる。破滅がいかに悲惨な方向へ進行しても、進行するたびに、それは自然の名において弁明される。ここには、底のない泥沼があり、敗れることを知らぬロジックがある。そして、この泥沼の奥深いところでも――いや、そこでこそ――青空があり、月が照り、花が笑い、鳥が歌って、人間を慰めることが出来る。それみずから自然の一部であり、また、精々、自然に密着した範囲内でバラックを作ることを許される人間は、一方、力としての自然に苦しみつつ、他方、美としての自然によって救われる。文化のミニマムの規定は自然の暴力に対する抵抗力である、と私は考える。この抵抗力を欠く限り、いかに美しくても、それは文化の名に値いしない、と私は考える。しかし、日本において文化と呼ばれるものは、人為への、文化への根本的な不信の上に立っている。自然との同質性を失うことへの恐怖の上に立っている。換言すれば、いつでも遅滞なく自然の懐へ帰ることが出来る用意を前提としている。ヤスパースはそう優れた思想家とは思われないが、彼の「悲劇的なものについて」（一九五二年）の或る部分は、私たち日本人の自然崇拝のことを考えながら書かれているようである。彼は、「果敢なさの意識」(das Bewusstsein der Vergänglichkeit) と「本当の悲劇的意識」(das eigentlich tragische Bewusstsein) とを区別し、前者に反覆及び循環を、後者に絶対の一回性を配している。「果敢なさの意識」について、ヤスパースは言う。[註五]「人間は、自分が自然の中で自然と一つになっているものと考える。」

註一—一　「秋声全集」別巻（一九三七年）二八七頁。

註一—二　T. D. Kendrick, *The Lisbon Earthquake*, 1956, p. 22-23.

註一—三　T. D. Kendrick, *op. cit.*, p. 1.

註一—四　鴨長明「方丈記」の引用は、「日本古典文学大系」第三〇巻（一九五七年）による。

註一—五　改造社編「大正大震火災誌」（一九二四年）中の「災害誌」八三頁。

註一—六　大日本雄弁会講談社編「大正大震災大火災」（一九二三年）二〇二頁。
註一—七「婦人公論」秋季特別「自然の叛逆」号（一九二三年第一一号）。
註一—八「中央公論」一九二三年十月号。
註一—九「不逞鮮人の放火だ」（?）
註一—一〇「不逞鮮人」（?）
註一—一一「不逞鮮人」（?）
註一—一二　この詔書は、東京が首府でなくなるという遷都説の「流言」を正式に否定するものであった。「……抑モ東京ハ帝国ノ首都ニシテ政治経済ノ枢軸トナリ国民文化ノ源泉トナリテ民衆一般ノ瞻仰《せんぎょう》スル所ナリ一朝不慮ノ災害ニ罹リテ今ヤ旧形ヲ留メスト雖依然トシテ我国都タルノ地位ヲ失ハス……」。
註一—一三　清水幾太郎「社会学入門」（一九五九年）五〇頁。
註一—一四「婦人公論」。
註一—一五「死骸」（?）
註一—一六「ある」（?）
註一—一七「殺し方」（?）
註一—一八「婦人公論」。
註一—一九「雨雀自伝」（一九五三年）八七頁。

註二—一　「秋声全集」二六七頁。
註二—二　「中央公論」。
註二—三　Karl Jaspers, *Über das Tragische*, 1949.
註二—四　「雨雀自伝」一〇四頁。
註三—一　「婦人公論」。
註三—二　清水幾太郎「私の心の遍歴」（一九五六年）九一—九二頁『清水幾太郎著作集』（一九九二年）第10巻三〇七—三〇八頁。
註三—三　「内村鑑三著作集」第二〇巻（一九五五年）五四九頁以下。
註三—四　「婦人公論」。
註四—一　「婦人公論」。
註四—二　「大正大震火災誌」。
註四—三　「大正大震火災誌」。
註四—四　この伏字は見当がつかない。
註五—一　「文藝春秋」一九二三年十一月号。
註五—二　「文章倶楽部」一九二三年十月特輯号。
註五—三　「文藝春秋」及び「中央公論」。
註五—四　「中央公論」。

註五―五　「芥川龍之介全集」第八巻（一九三五年）二六六頁以下。
註六―一　「文藝春秋」。
註七―一　「大正大震災大火災」。
註七―二　「秋声全集」二七八頁以下。
註七―三　「中央公論」。
註八―一　「ベルツの日記」（岩波文庫、第一部上、一九五一年）三八頁以下。
註八―二　清水幾太郎「日本が私をつくる」（一九五五年）八八頁以下。
註八―三　「秋声全集」二七四―二七五頁。
註九―一　「思想」（一九二三年十一月号）八八頁以下。
註九―二　「思想」六二頁。
註九―三　「思想」八一頁以下。
註九―四　「婦人公論」。
註九―五　「思想」八四―八五頁。
註一〇―一　「文章倶楽部」。
註一〇―二　「大正大震災大火災」。
註一〇―三　「文章倶楽部」。
註一一　「文藝春秋」。

註二　T. D. Kendrick, *op. cit.*, p. 25.

註三　T. D. Kendrick, *op. cit.*, p. 34.

註四　*Oeuvres Complètes de Voltaire*, éd. par Anguis, Clogenson etc. Tome XV, 1828.

註五　Karl Jaspers, *op. cit.*, S. 18.

明日に迫ったこの国難——読者に訴える

一 あの日

大正十二（一九二三）年九月一日は、大変に暑い日でした。正午、私たちが中食を終って、食卓の周りで寛いでいる時、ゴーッという地鳴りと一緒に烈しい震動が来ました。最初の震動から家が潰れるまで、何秒かかったのでしょうか。小学生の妹が最初の震動にビックリして、台所から家の横の路地へ飛び出しました。しかし、瓦が雨のように降って来るのに驚いて、私たちのところへ逃げ戻って来ました。震動は益々ひどくなります。もう一遍、妹は路地へ飛び出し、そして、瓦の雨が怖くなって、また私たちのところへ駆け戻って来た、その瞬間に私たちの家は完全に潰れたのです。妹は出たり入ったりしていましたが、私を初め、他の人間は立ち上ることも出来ず、声も出ませんでした。

床の間の太い柱が曲って砕けるのを見たのが最後で、天井が頭の上に落ちて来て、真暗になりました。落ちて来た天井が運よく食卓で支えられましたので、私たちは、食卓が作ってくれた小さな空間に首を突っ込むことが出来ましたが、崩れた壁土を浴びたため、呼吸が苦しくなって来ました。私たちの家は、現在の墨田区横川四丁目（当時は本所区柳島横川町）の、幅四メートルばかりの道路に面していました。食卓を囲んでいたのは、中学三年生の私、母、小学校へ通っている妹と弟、学齢前の弟、叔母の六人で、父は、何かの用事で日本橋の茅場町へ出かけて留守でした。私が頑ばらねば、という責任感のようなものがあったのでしょう、私は、頭の上の天井板を夢中になって毀しました。それは直ぐに毀れました。次に何かを毀し、また何かを毀しました。とにかく、手当り次第に、上へ上へと毀して行きました。それを何分間か続けているうちに、ドッと土を浴びました。土の塊を押し除けた時、屋根の瓦が動いて、強い日光が射し込んで来ました。

家は二階建だったのですが、総二階でなく、しかも二階の部分が道路の方へ崩れていたので、私たちは助かったのです。「大地震の時は二階へ逃げろ」というのが常識になっていますが、私たちの場合は、もし二階にいたら必ず圧死していたでしょうし、また、仮に二階が安全だとしても、あの震動の中で階段を上ることなど出来るものではありません。私は、一所懸命、日光が射し込んで来る穴を大きく広げて、そこから屋根へ這い上り、家族を一人一人順番に引き上げました。屋根は、裸足で立っていられないほど、太陽で熱くなっていました。私たちは黙っていましたし、四辺はシーンと静まり返っていました。人間の営みがすべて終った静けさでした。あの辺は、特に地盤が悪いためか、どこを見ても、満足に立っている家はありません。小さな商店が並んでいる道路は、両側の家がみな前方へ崩れ、完全に塞ってしまいました。商店というものは、道路に面した店先に柱が少い作りになっているので、どうしても、前方へ崩れるのだと思います。潰れた家々の屋根には、運よく這い出した人たちの姿が見えますが、家の下敷になっている人の方が多いようです。二百メートルばかり西の方に火事が始まりました。もっと遠いところにも、火の手が上っています。私たちは黙っていましたが、日本橋へ出かけた父は、どこで地震に遭ったのであろうか、無事なのであろうか、ここへ帰って来てくれるであろうか、それればかり考えていました。火事は次第に大きくなって来ます。間もなく、私たちは逃げねばなりません。しかし、逃げる前に、父が帰って来てくれるでしょうか。帰って来る前に逃げたら、どこで父と会うことが出来るのでしょうか。気を揉んでいるところへ、潰れた家々の屋根を渡って、巡査がやって来ました。「子供たちは、柳島尋常小学校へ避難しろ」という命令だか勧告だかを伝えました。当時は、巡査が大きな権威を持っていましたから、小学生の妹と弟とは、近くの小学校へ行くことになりました。その前であったか、その後であったか、今は覚えていませんが、潰れた家々の向うに父の姿が見えました。遠くから手を振っています。一度に気が緩んで、私は腰が抜けそうになりました。

二　狂気の中の自然と人間

方々に火の手が上って来ました。潰れた家々で道路が塞っていますから、消防車が来ることは出来ませんし、消火栓を利用することも出来ません。そもそも、あの猛烈な震動の中では、台所の火にしろ、ストーブの火にしろ、火を消すということは容易に出来るものではありません。慌てるな、冷静に行動しろ、と言われても、それは、生身の人間にとっては、無理な注文のように思われます。私の経験では、猛烈な震動が始まった瞬間、私たちは既に正常な人間でなくなったような気がします。何も考えられませんでしたし、口もきけませんでした。放心状態に陥ってしまったのでしょう。仮に放心状態に陥らなかったとしても、あの烈しい震動の中で自由に行動することは物理的にも不可能であったと思います。

とにかく、私たちは、火の手が上っていない東の方角へ逃げねばなりません。しかし、小学校へ預けた妹や弟は、どうしたらよいのでしょう。いろいろと考えはしましたが、結局、小学校へ連れ戻しに行く余裕がないため、小学校の先生たちが安全な場所へ誘導してくれるであろうと期待して、そのまま、私たちは東の方へ逃げることにしました。私は、第二学期の始業式を終って家に帰り、ほとんど裸のような姿で食事をしていたのですし、外出していた父を別にして、家族はみな裸同然の姿です。また、お金や品物を持ち出したいと心では思っても、手の着けようがありません。仕方がなく、私たちが這い上った穴に露出しているもの、つまり、食卓の横にあったお櫃と、どこからか転がり出た枕、それだけを持って逃げることにしました。東の方、と申しましたが、東の方は、私の家の裏手に当り、そこは、棟割長屋が並んだスラムで、その先には、工場の廃水が溜って出来た大きな沼があります。水というより、黒いネバネバした臭い液体です。その岸には、長屋の人たちが何年間も捨てて来た塵芥、野菜、魚の屑が山のように積まれています。私たちは、裸のような姿で、勿論、裸足で、お櫃と枕とを抱えて、潰れた長屋の屋根を歩き、汚物の山を越えて、黒いネバネバした臭い液体の沼へ入って行きました。液体は、腹まで来ました。

沼を出て、工場の横を抜けて、天神橋を渡りました。これで、当時の東京市本所区から東京府下亀戸町へ入ったのです。途中、血まみれになった死体を幾つか見ました。橋を渡り、横十間川に沿って右へ行くと、大きな空地がありました。空地には、既に沢山の避難民が集っていて、西方の東京の町々が一面に真赤に燃えているのをポカンとした表情で眺めています。私もそれを眺めていましたが、そのうち、涙が出て来ました。四年前、明治維新後に祖父の始めた「士族の商法」が完全に行き詰り、父が生れ、私たちが生れた日本橋の両国の土地を離れて、この本所の片隅へ移り、漸く商売の目鼻がつきかけた矢先に地震なのです。私たちは、文字通り無一物になりました。平常は先祖代々の江戸っ子ということを小さな誇りにしていましたが、それは、身を寄せる田舎がないということでした。――気がつくと、灰のようなものが空を蔽って降って来るのです。それが地上に近づいて来るに従って、灰ではなく、もっと大きいものらしく思われて来ました。小さな紙片であろうと思いました。しかし、実際に地面へ落ちて来たのは、焼けたトタン板でした。私たちは、悲鳴を上げながら逃げ惑い、何人かの怪我人が出ました。しかし、空からは、思いもかけぬ品物が次々に降って来るのです。例えば、衣類がギッシリと詰った箪笥です。その他、一人や二人の力では動かすことが出来ないような、大きな重いものが空から降って来るのです。

猛烈な震動が始まった瞬間、私たちは既に正常な人間でなくなる、と私は申しました。よほどの訓練を積んでいれば別でしょうし、強い責任感があれば別でしょうが、そうでない限り、私たちは判断力を失い、行動の自由を失ってしまいます。それが、生身の人間というものです。それに、他の災害と違って、地震は特別なもののように思われます。火災、台風、洪水などの場合は、それが襲いかかって来ても、私たちは、安定した大地の上に立って、これと戦うことが出来ます。これらの災害は、まあ、外部から襲いかかる敵のようなもので、それと戦う時に、大地は私たちの味方になってくれます。しかし、その大地が揺れ始めると、私たちは、最後の味方に裏切られたように感じ、敵が内部にいたことに気づくのです。昔の日本人も、そういう感じを持っていたようです。「家の内にをれば、忽にひしげなんとす。走り出づれば、地割れ裂く。羽なければ、空をも飛ぶべからず。竜ならばや、雲にも乗らむ。恐れのなかに恐るべかりけるは、只地震《なゐ》なりけりとこそ覚え侍りしか」（鴨長明『方丈記』一二一二年）。西洋人も、同じ感じを持っているようです。「実際、地震というものは、死者や破壊がなくても、気持の悪いものである。私たちの生活における通常の行動の殆《ほと》んどすべては、大地が私たちの家の土台の下でジッと動かずにいることを根本的前提として要求しているから」（T・D・ケンドリック『リスボンの地震』ロンドン、一九五六年）。火災も、台風も、洪水も、私たちが平静な心を持つことを許しはしませんが、地震には、何か質の違うものがあって、大地が深い底から揺れ始めると、人間の存在も深い底から揺れ始めるように思われます。

もう一つ、こういうことがあります。火災が起ったからといって、地震が起ることはありません。台風が来たからといって、地震が起ることもありません。ところが、大地震が起ると、必ず大火災が起り、大津浪が起り、堤防が決潰して大洪水が起り、大火災によって大旋風が起ります。地震という災害が次々に他の災害を生み出し、幾つもの災害が融合して、一つのコンプレックスになります。以前から、私はこれを「災害の立体化」と呼んでおりますが、災害の立体化が起る時、私たちは、自然が発狂したように感じます。勿論、地震、火災、台風、洪水……は、自然の法則に従って生じたもの、それこそナチュラルなもので、それを災害と称するのは、人間中心の手前勝手な見方に相違ありませんが、自然が発狂すると同時に、私たちは、否応なしに、自分が自然の一部分であることを思い知らされ、私たち自身、一種の発狂状態に陥って行くのです。昔の人たちは、「地水火風」を

「四大」と名づけました。彼らにとって、宇宙は四大から成るものであり、人間もまた四大から成るものでした。人間が死ぬのは、人間を構成していた四大が宇宙へ帰って行くことでした。私が「災害の立体化」と申しますのは、「地水火風」における変化のコンプレックスにほかなりません。そういう意味で、地震対策というのは、発狂した自然と発狂した人間とを相手にする対策でなければいけないのです。

そのうち、私たちは空地を出て、歩き始めました。誰かが歩き出したら、みんなゾロゾロと歩き出しただけで、誰も行先があるわけではありません。亀戸天神に近づく頃、避難民の群は大きく膨れ上って、私たちは、道幅一杯の長い行列になってノロノロと流れて行きました。みんな黙っています。しかし、時々、行列の中から、見失った家族の名前を呼ぶ叫びが聞こえます。私たちも、思い出したように、妹や弟の名前を呼びました。けれども、あの空地にいた時、柳島尋常小学校の子供たちはみんな焼け死んだ、と誰かが言っていましたので、もう諦めていました。感情が鈍くなっていたというのでしょうか、悲しみを鋭く感じるのでなく、自分というものの全体が悲しみであるような気分でした。家族の名前を呼ぶ声が途絶えると、行列の中から、時々、ウォーという大きな呻き声のようなものが起ります。それを聞くと、私の身体の奥の方から、思わず、ウォーという呻き声が出てしまいます。その夜は、東武鉄道の線路の枕木に坐って、燃え続ける東京の真赤な空をボンヤリと眺めていました。

三　死者に代って

以上が、五十年前の私たちの一日です。読者の中には、私たちを気の毒に思って下さる方がおられるかも知れません。しかし、私たちは、沢山の被害者のうち最も好運な人間だったのです。不運な人たちは、みんな死んでしまいました。圧死、焼死、水死……いろいろな死に方で死んでしまいました。死んだ人たちは、私などとは比べものにならない深い経験を持っている筈《はず》ですが、彼らは黙っています。私の経験は浅いものに過ぎませんが、黙っている彼らに代って、私は自分の経験を書いているのです。

好運だった、と言いましたが、それでも、考えてみると、さまざまな苦労がありました。第一に、小学校に預けた妹や弟のことがあります。早くから諦めてはいましたが、こちらの気持が落着くにつれて心配になり、さんざん探した揚句、九月十日頃、九段坂上の富士見町の或るお宅に御厄介になっていることが判りました。後で話を聞いてみますと、火災が小学校に迫ってから、先生たちの誘導もないままに、幼い二人は、火の手を避けて逃げ出したようです。二人が逃げた方向は、私たちが逃げた方向とは逆で、西の方でした。三万余の人間が炎の中で死につつあった時刻に被服廠跡の横を通り、両国橋を渡り、日本橋から神田の通りを九段へ抜けて、富士見町のお宅まで辿りついたというのです。そのお宅は、妹の友だちの親戚の家で、一度、その友だちと一緒にお邪魔したことがあるというのです。そのお宅を目指して燃える東京を横断して行ったのか、火の手を避けて歩いているうちに、そこへ流れて行ってしまったのか、その辺のところは判りません。動物の智恵のようなものが、この二人を救ったのであろうと思います。

第二に、二人が無事であることが判るまでは、二人を探すのに苦労しました。探すといっても、もう生きているとは思っていませんでしたから、死骸を調べて歩いたのです。どこへ行っても死骸です。被服廠跡を別にすれば、特にひどかったのは、大小の河川でした。川の水が見えないほど、一面に死骸が浮いています。橋というのは、平常、何の気なしに渡っていますが、小さな橋でも地震や火災で落ちると、火に追われた人間は、そこで死ぬほかはありません。死骸には眼を背けるのが人情です。しかし、沢山の死骸の中に妹や弟の死骸があるに相違ないと思っている私は、死骸に近づいて、よく確かめねばなりませんでした。後から考えますと、あの大地震で、私は一度に大人になってしまったような気がします。青春という、甘い美しい時期は、私を訪れる前に、どこかへ消えてしまったように思います。あんなに多くの死骸を見てしまった人間には、もう青春はないのです。

第三に、家屋や家財や商品は焼けてしまいましたし、銀行の通帳や台帳が焼けたので預金は消えてしまいました。本当の無一物です。それから、どうして生きて来られたのか、全く不思議に思われます。しかし、この不思議が実現されたのは、やはり、父母の苦労のお蔭でしょう。私自身、或る時期、荒川放水路の小松川橋の袂に坐って、千葉の方から東京の焼跡へ出かける人たちを相手に、ゴム足袋を売っていたことがあります。足袋とゴム底とを別々に仕入れて、お客を待たせながら、太い針を使って足袋にゴム底を縫いつけるのです。面白いほど繁昌しました。しかし、生れつき気の弱い父が九月一日以後に嘗めた苦労は、私には想像もつかなかったと思います。父はまだ三十九歳でしたが、大震災で完全な老人になってしまいました。そして、十年後に死にました。

第四に、私たち一家は、家が潰れた時に末の弟が少し怪我をしただけで、みんな無事でしたが、十人以上の親戚が被服廠跡で死にました。叔父と叔母とは、同じ被服廠跡へ避難し、次々に倒れて死ぬ人たちの下敷になり、幾日間か気を失っていた末、死体の間から這い出して来ました。警察の勧告か命令かによって、被服廠跡（約六・六ヘクタール）へ避難したのは約四万人、そのうち約三万八千人が死んだと言われています。私も、これらの死体の山の横を何度も通りました。そして、当時も現在も、多数の人間を一つの場所に集めるのは危険であると考えています。火が迫って来た時、家屋の密集した地帯にいるよりも、広大な空地へ逃げる方が安全、というのは、誰でも考えることです。しかし、それは空地へ逃げる人間が極めて少数である場合に限ります。そこが安全だということになり、警察が勧告や命令を行ない、われもわれもと空地へ殺到すれば、殺到する人数が殖えれば殖えるだけ、空地の安全度は低くなります。Aという空地は二千人までは安全、Bという空地は三千人までは安全、ということにしましょう。しかし、現実に大きな地震が起り、大きな火事が起った場合、そんな制限が通用するものではありません。殺到する人数が殖えるにつれて、これらの空地は、人々が逃げ出して来た家屋密集地帯と同じような状況、いや、それ以上に危険な状況に陥ります。人間は可燃物です。その人間が、当局が平常から勧めている非常用の携帯品——これも可燃物です——を持って集って来ます。非常用の携帯品だけでなく、出来る限りの財産——これも可燃物です——を持って来るでしょう。そういう人間と品物とでギッシリと埋められた空地は、五十年前の被服廠跡と同じ運命に陥ります。現在、東京都では、来るべき大地震に備えて、百二十一個所の避難場所が指定されています。家が倒れ、歩道橋が崩れ、自動車が火を吹いている中を避難場所まで辿りつくのも容易ならぬことですが、多くの人々が首尾よく避難場所に集ったとしたら、今度はそこが地獄になるでしょう。読者は信じないかも知れませんが、大正十二年の場合、私たちが一番安心していられたのは、焼跡でした。地面がまだ熱いような焼跡、つまり、もう崩れるものが何もなく、もう焼けるものが何もない場所だったのです。

Aという空地は二千名までは安全、と私は仮定しました。もしAに避難した人間の安全を本当に守ろうとすれば、つまり、被服廠跡の二の舞を避けようとすれば、誰かが責任をもって、Aへ入って来る人間を数えていなければなりません。数えるだけなら、それは不可能ではないでしょう。しかし、二千一人目の人、二千二人目の人を、どうしたらよいのでしょうか。二千三人、二千四人……と人数が殖えるにつれて、空地の安全度は下り、被服廠跡に近づいて行くのですから、定員に達したら、新しく入って来る人を排除せねばなりません。けれども、その人たちは、「対話」の相手になるような理性的存在ではありません。また、火事を見物に来る弥次馬でもありません。絶対の限界状況に追いつめられた大群集なのです。この人たちを排除して、本当に空地の安全を守ろうとすれば、空地の入口に機関銃を並べねばならないでしょう。

四　江東デルタ地帯

あれから五十年間、私は東京に住んで来ました。本所の焼跡にバラックを建て、そこから中学や高等学校へ通い、大学の一年生の時に、東京府下雑司ヶ谷村へ移り、その後、再び本所へ引越し、また小石川区雑司ヶ谷へ移り……という調子で、住所は十何回か変りましたが、私は東京を離れませんでした。大正十二年当時の東京の人口は、約二百二十万、それが今日では一千万を越えています。五十年前に私が住んでいた本所は、家屋が非常に密集していましたが、人口の増加に伴って、今日では、同じような密集度が殆《ほと》んど東京都全域に見られます。現在の私は、杉並区荻窪に住んで、毎日、新宿区大京町の研究室へ通っています。関東大震災の翌年、私が初めて荻窪駅に下りた時、それは山奥の寒駅のようなものでした。その南側は一面の麦畑で、麦畑の向うに武蔵野の雑木林が残っており、雑木林の中に、与謝野鉄幹晶子夫妻の家——謂《い》わゆる文化住宅——がありました。夫妻の息子の鱗というのが、私の中学の同級生だったので、彼を訪ねて行ったのです。ああ、田舎だな、と私は思いました。その荻窪も、今は、大震災当時の本所と同じように、家屋が密集しています。震動や倒壊によって火災が発生すれば、私は、五十年前と同じように、火の手を避けて逃げ出さねばならないでしょう。

しかし、高い危険度が東京都全域に広がったのも事実ですが、墨田区、江東区を初めとする江東デルタ地帯——江東ゼロメートル地帯——が特に危険度が高いのも動かし難い事実です。第一に、家屋の倒壊率は沖積層の厚さに正比例するという常識に照らしてみますと、沖積層の厚さは、墨田区が平均三〇メートル、江東区が三四・二二メートル、新宿区が一・四五メートル、杉並区が〇・九八メートルという数字が出ておりますから、江東デルタ地帯の家屋は、今も昔も、倒壊の危険が非常に大きいのです。

第二に、これと直接に関係のあることですが、専門家の間で設けられている仮定——冬の夕食時に震度六、マグニチュード七・九の地震が起り、風速は三・五メートル——によると、東京都二十三区に七百三十二件の火災が発生し、そのうちの七十八件は墨田区、百二十五件は江東区、これに対して、新宿区は二十二件、杉並区は十九件と推定されています。

第三に、隅田川と荒川放水路とに挟まれた江東デルタ地帯には、多くの川が縦横に流れています。江東ゼロメートル地帯とも呼ばれているように、満潮時でなくても、川の水は、家々の屋根より高いところを流れています。竪川に面した亀戸町や大島町――ばかりではありません――では、工場による地下水の汲み上げなどによって、大正十二年当時に比べて、地盤が四メートル以上も沈下しており、五十年前に私が歩いた道は現在は空中にあることになります。屋根より高いところを流れている川の水から辛うじて家屋や人間を守っているのは、勿論、河川の堤防です。しかし、堤防は、地盤沈下の進行に対応するために、修理に修理を重ねたツギハギだらけのものです。六十九年周期説で有名な河角広氏の控え目な言葉を引きましょう。「内河川の堤防は数次の嵩上げで欠陥も多く、地震によって崩壊し、低地帯では浸水が心配されている。もしその十分の一が崩れても江東のいわゆるゼロメートル地帯は、十～二十分で、所によっては二メートルも浸水するものと危惧されている」(『地学雑誌』第七十九巻第三号、一九七〇年)。

第四に、河川が多ければ、当然、橋も沢山あります。橋というのは、大変に平凡なもので、平常は意識もされませんが、火に追われて逃げる人間にとっては、前方の橋が無事であるかどうかで生死が決定するのです。大正十二年程度の大地震が起った場合、江東デルタ地帯の無数の橋は大丈夫でしょうか。東京消防庁編『あなたの地震対策』(一九七〇年)を見ますと、この地域の橋の一部(七十一)が耐震性の程度によってA、B、Cの三クラスに分類されています。Aは、昭和三十年後に建設され、耐震性に問題がないもの、Bは、昭和十四年から三十年までに建設され、やや問題があるもの、Cは、老朽していて、耐震性のないもの。同書に載っている表で調べてみますと、七十一のうち、Aは七、Bは三、Cは六十一です。つまり、ほとんど全部の橋が駄目なのです。小さな橋でも、それが落ちていたら、人間はそこで死にます。しかし、小さな橋に比べて、大きな橋が決定的重要性を有していることも明らかです。そう考えて、私は、東京都を貫流する隅田川に架せられている大きな橋を、河口から上流へ向って、右の表で一つ一つ調べてみました。晴海橋がC、相生橋がC、永代橋がC、清洲橋がC、新大橋がC、両国橋がC、蔵前橋がC、厩橋がC、駒形橋がC、吾妻橋がC、言問橋がC、白鬚橋がC、要するに、全部がCなのです。これは、仮に隅田川左岸の江東デルタ地帯が火の海になり、右岸に火の手が少いとしても、左岸から右岸へ逃げることが出来ないということを意味します。今年の三月であったと思いますが、NHKテレビで田中首相が黒川紀章、緒方彰両氏と会談したことがあります。あの時、首相は、次の大地震では、東京都の某区は人口の三パーセントしか生き残れない、と語りました。「某区」というのは、墨田区か江東区か、何れ《いず》にしろ、江東デルタ地帯の或る区のことです。

五　国難

五十年間に東京も変りましたが、東京に住む人間も変りました。日を逐《お》って若い人が殖えて行き、二十数年前の戦争の話もなかなか伝え難い有様なのですから、五十年前の地震のことなど、いかに熱心に話しても、経験のない人には判って貰えません。数年前、この文章に書いたような事実を、或る若い有能な雑誌記者に話しましたところ、私の話し方が拙劣だったためでしょう、「まるでSFですね」と彼は申しました。また、最近、小川益生監督が五十年前のスチールを利用して製作した映画「東京消失」の試写会でも、次々に死体の山が写し出されている時、観客席からクスクスという笑い声が聞こえました。これも致し方ないことかも知れません。しかし、私たちの前に迫っている大地震というのは、日本の真面目なジャーナリズムに活躍する知識人や編集者にとって、何か卑小低級なテーマなのでしょうか。ヴィエトナムやアラブの事情が立派な問題であるのに反して、日本の大地震は、正面から論ずるに値しない問題なのでしょうか。ヴィエトナムやアラブの問題が小さい、と私が言っているのではありません。しかし、河角広氏によれば、新しい大地震では、「少く見積っても、死者は確実に百万人単位になってしまうでしょう」(『朝日新聞』一九七〇年八月二十一日)。何百万人かの日本人が死ぬということです。仮に三百万人とすれば、それは、二十数年前の戦争による日本人の死者の総数と同じになります(『近代日本総合年表』三四四頁、岩波書店、一九六八年)。それによって失われる富は何十兆か何百兆か、計り知れないでしょう。関東大震災で十五万の人命と巨額の富とが空に帰した後、日本人は営々と復興に励み、それによって達成された成果が、あの戦争で三百万の人命と共に再び空に帰し、その後、多くの人々の辛い努力によって漸く今日の繁栄に到達したのですが、もう一遍、それが三百万の人命と共に空に帰そうとしているのです。私たちは、一日一日と近づいて来る「国難」の前に立っているのです。高級なジャーナリズムというものは、国籍があってはいけないのでしょうか。東京が消失しても、三百万の日本人が死んでも、涙を流す外国人は一人もいないでしょう。ちょうど、バングラデシュや西アフリカの惨状を知っても、私たちが涙を流さなかったように。国難は、その国民が解決するほかはないのです。

ジャーナリズムにも例外はあります。雑誌『諸君！』は、一昨年の正月号に私の「関東大震災がやってくる」という文章を載せました。しかし、残念なことに、何の反響もありませんでした。そこで、私は、右の文章のゼロックス・コピーを作り、多くの国会議員に読んで貰おうとしました。けれども、私が会った国会議員たちの態度は、多くの編集者の態度より、もっと冷いものでした。「地震は票になりませんよ」。私にも、そういう事情が判らないわけではありません。一昨年の春、私はヨーロッパへ行っていたので、詳しいことは知りませんが、東京都知事選挙に立候補した秦野章氏は、来るべき大地震に深い関心を持ち、選挙演説でもこれに触れ、また、選挙の直前に、ロスアンゼルスの地震の視察に行ったりしたようですが、それが選挙結果に大きなマイナスを生んだと言われています。選挙民は、厭な話は聞きたくないのです。長期的に見れば大きな利益になるようなことでも、目先不愉快なことは拒否するのです。しかし、大地震を持ち出すと票が減るというのであれば、票というものの上に成り立っている民主主義は、当面する国難の解決に役立たないということになるでしょう。国難を乗り切るためには、民主主義とは別の方法を探さねばならないことになるでしょう。国会議員ばかりではありません。失礼ながら、内閣総理大臣も、東京都知事も、御自分の「任期」の間に大地震が起らなければよい、と考えておられるのではないでしょうか。しかし、その「任期」中に大地震が起る不幸なA氏が内閣総理大臣になり、同じく不幸なB氏が東京都知事になってからでは、すべては手遅れ――現在でさえ、手遅れ――なのです。

東京都には、「防災拠点再開発構想」というのがあります。江東デルタ地帯の、白鬚地区、四ツ木地区、大島・小松川地区、木場地区、両国地区、中央（錦糸町）地区に、それぞれ、面積五十ヘクタール乃至百ヘクタールの防災拠点を作り、その周囲を高層建築で囲み、大地震による火災から内部の広場を守り、災害時の避難広場にするというプランです。しかし、これは、現在もプランの段階であって、恐らく、次の大地震には間に合わないでしょう。その上、このプランについては、肝腎の地元住民の強い反対があります。今年の四月頃の諸新聞が伝えておりますように、地元の人たちは、防災拠点計画の白紙撤回を求めて、総決起大会を開いています。反対の理由は幾つかありますが、「関東大震災、東京大空襲の体験者として言うが、防災拠点計画は机上の空論に過ぎない」（『毎日新聞』四月十九日）というのが大きな理由のようです。被服廠跡の経験が大きく物を言っているように思われます。それは正しいと思います。しかし、それなら、どういう方法が適切なのでしょうか。私自身、江東デルタ地帯を訪れて、いろいろな人たちに聞いても、新しい地震のことは誰も話したがりません。何かを言うとすれば、「その時はその時」とか、「どうせ、人間、一度は死ぬのですから」とか、そういう諦めの言葉です。票によって支えられる民主主義があまり役に立たない点は、前に触れました。知識人の意見によると、民主主義の本来の姿は、投票によって代理人を定める方法でなく、住民参加の直接民主主義にあると申します。そうかも知れません。しかし、大地震に関する限り、住民の三パーセントしか生き残らないという区の住民が「その時はその時」と諦めている始末ですから、直接民主主義も、問題解決の役には立ちそうもありません。内閣総理大臣も東京都知事も、「その時はその時」という住民感情を尊重して、対策らしい対策を樹てずにいるのでしょうか。

次の大地震が起るのを、何百万という人間が死ぬのを、巨大な富が失われるのを、日本の国際的地位が大きく低下するのを、みんな空しく待っているのです。先日、日本の大地震に関心を持つ或る外国人が私を訪ねて来ました。彼は、なぜ日本人が一日一日と近づいて来る大地震を漫然と待っているのか、なぜ国難を乗り切るための革命的方策を樹てないのか、それが不思議で堪らない、と何度も言っておりました。日本のように科学や技術が進歩していて、お金が唸るほどある国が、どうして大地震の到来を黙って待っているのか、と彼はいつまでも首をかしげていました。

六　テストされる日本人

五十年前に比べますと、今日の東京は、文明が高度に発達した大都会です。青空が減ったとか、隅田川の水が汚くなったとかいうことはありますが、生活の諸条件のすべてに亘《わた》って大変に便利になったのも事実です。言い換えますと、私たちの生活は、文明の複雑なシステムの網に包まれているのです。平時であれば、このシステムが円滑に機能して、私たちに便利と安全とを与えてくれます。それは、私たちの意識にも上りません。しかし、システムが円滑に機能するというのは、無数にあるキー・ポジションに何万という人員が配置されていて、その人たちが、必要に応じて、スイッチを切り換えたり、ハンドルを操作したり、電球の点滅に注意したり、ボタンを押したり、エレベーターを運転したり……各種各様の任務を遂行していることによります。この人たちのお蔭で大都市の文明生活の便利と安全とが保たれているのです。

しかし、マグニチュード七・九というような烈震が起り、更に大きな火災が起った時、この人たちは、どうするでしょうか。平時であれば、スイッチの切り換えやハンドルの操作は、その人たちにとっても安全な仕事です。けれども、大災害が発生した時、それは、もう安全な仕事ではありません。大地が揺れ、火が迫って来る時は、よほどの覚悟がなければ、課せられた任務を果すことは出来ません。また、それを果すためには、自分の生命を捨てる決心が要るかも知れません。しかも、それを果さなかったら、何百、何千、何万の人命が失われるかも知れません。大災害というのは、そういうものなのです。キー・ポジションに配置されている無数の無名の人たちは、自分の死を覚悟して任務を遂行し、それで多くの人命を救うでしょうか。それとも、自分の生命を救い、多くの人命を犠牲にするでしょうか。大災害は、必ず、無数の人間に向って、こういう決断を迫るものなのです。

私は、前に、九月一日の経験を思い出して、生身の人間の弱さということに触れました。キー・ポジションを預かる人々も、勿論、生身の人間です。生身の人間であれば、判断力を失い、足がすくみ、任務を放棄するのが自然の成行です。誰も、それを非難することは出来ないでしょう。しかし、生身の人間が、自らの弱さに打ち克って、何とか判断力を持ち続け、よろめく身体を支えて、多くの人命が懸っている任務を遂行することが出来るとすれば、それは、偏えに、「滅私奉公」の精神が彼の内部に強く生きていた結果と言わねばなりません。そういう精神だけが、生身の人間を生身の人間以上のものに高めるのです。けれども、戦後二十数年間、「滅私奉公」という言葉ほど、知識人から嘲笑されて来たものはありません。この点にも、大正十二年の大地震と今度の大地震との間の大きな相違があるように思われます。私たちは、みな軍隊教育を受けて来ました。それは、日本の敵を殺すことを教える教育であると同時に、日本のために自ら死ぬことを教える教育でした。滅私奉公のための規律、訓練、責任を叩き込む教育でした。戦争が民族の敵との闘争であるならば、災害に当っては、発狂した自然との戦争が必要になるのです。この戦争でも、課せられた任務のために生命を捨てる「木口小平」や「爆弾三勇士」がいなければなりません。戦後の民主主義のお蔭で、日本人は随分明るくなったように思います。伸び伸びして来ました。その半面、戦後の民主主義には、エゴイズムの別名のようなところがあります。自分の、妻子の、恋人の……幸福だけが大切で、「公共の福祉」を笑いものにするようなところがあります。大正十二年の時も、滅私奉公を実践した人間は多くありません。しかし、戦後の教育と風潮とが全く無力でなかったとすれば、今度の地震では、そういう人間は、もっともっと少ないでしょう。

今度の大地震は、私たち日本人に課せられたテストなのです。第一に、地下鉄や地下街や高速道路が発達し、石油コンビナートなど各種の危険物を抱え込み、人口一千万を越える近代的大都会の大地震というのは、史上に前例がありません。今度が初めてなのです。口には出しませんが、世界中の有識者は、このテストをジッと見つめているのです。

第二に、戦後の民主主義、それに育てられた人間が、この大災害に対して事前に革命的な方策を打ち樹てるかどうか、また、災害が起ってしまった場合、いかに有効に機能するか。このテストも興味深く見守っています。

第三に、読者の中には、自衛隊の活動に大きな期待を寄せておられる方もいることと思います。確かに、自衛隊には、滅私奉公の精神に貫かれた規律、訓練、責任が或る程度まで生きているでしょう。しかし、大きな震動が起ったという急場に、自衛隊が直ぐ活躍出来るとは考えられません。それに、知識人や革新勢力が先に立って、終始一貫、侮蔑の言葉を投げ、嘲笑の態度を示して、継子のように扱って来た自衛隊に、大地震の時だけ献身的に活動して貰おうというのは、少し虫がよいように思われます。戦後は、かつての日本の軍隊を口汚く非難するのが常識になっています。しかし、過去の軍隊は、高い誇りを持つ武装集団でした。これに反して、今日の自衛隊は、誇りを奪われた武装集団です。大災害に当って、辱められた武装集団は何者なのでしょうか。これもテストされる点だと思います。

七　国政のレベルへ

この企画を進めて行く過程で、私は、地震学者の方々、消防関係の方々を初め、多くの方々にお目にかかり、どなたも大地震が目前に迫っているというお考えで、それぞれの領域で精一杯の努力を続けておられるのを知りました。そのお蔭で、最近、地震に対する広汎な関心が起って参りました。本当に有難いことだと思います。

ところが、広汎な関心が起って来ますと、忽ち、これに水をかけるような意見が現われ、諸新聞の投書欄には、「騒ぎ過ぎる」という趣旨の投書が頻繁に載っております。来るべき大地震について最も敏感な反応を示したのは、或る種の週刊誌でした。週刊誌の性質上、それが歌手の結婚や離婚と同じように扱われた傾向がないわけではありません。しかし、それが苦々しいことだとしても、一体、どんな高級なジャーナリズムが、この国難を正面から取扱ったというのでしょうか。「騒ぎ過ぎる」という批判には、思うに、二つの意味があるようであります。第一に、それは、小さい事件なのに騒ぎ過ぎる、という意味です。それが小さい事件かどうかは、もう私から申上げるまでもありませんし、まさか、批判者も、小さい事件とはお考えにならないでしょう。第二に、大きい事件ではあろうが、早くから騒ぎ過ぎる、という意味があります。河角氏の統計的研究によれば——私のような素人の計算によっても——南関東地方が危険期に入るのは、約五年後のことです。まだ五年もある、と批判者は考えているのでしょう。けれども、第一に、これは統計的数値なのですから、自然が必ずこの数値に従ってくれるわけではありません。実際には、明日、大地震が来るかも知れないのです。第二に、懐中電燈や乾パンを買っておくという程度の準備であれば、五年というのは長い期間に相違ありません。しかし、何百万の国民の生命と、何百兆という国富とを救うような革命的方策のためには、五年間というのは、そう長い時間ではないでしょう。(イ)江東デルタ地帯の各事業所に緊急度の順位をつけて強制的に移転させ、この地帯をやがて東京湾の海に返すという方法、(ロ)東京の遷都乃至分散の実施、(ハ)大地震の発生を待たずに、諸般の安全対策を樹てた上で、人工的に大地震を起して、広島に投下された原子爆弾の約一万倍というエネルギーを解放する方法、(ニ)仮に百歩譲って、隅田川のCクラスの橋十数個を新しく建造する……どの方法を用いるにしろ、五年間というのは、あまりに短い時間なのです。

誰が騒ぎ過ぎたのでしょうか。なるほど、地震学者、消防関係者、関東大震災の経験者、週刊誌記者は、少し騒いだかも知れません。しかし、この人たちは、どんなに大地震のことを心配しても、大きな権限や大きな予算を持っているのではありません。これに反して、国難に立ち向うべき政治家、日本および日本人の運命を託されている政治家、被害を最小限にとどめるための諸方策を立案し遂行する力を持つ政治家……こういう人々は、あまり騒いではいないのです。——国難は、国政のレベルで解決されねばなりません。大地震の問題が国政のレベルへ乗せられることを祈って、私は、この企画を進めて来たのです。

大震災は私を変えた

大正十二年九月一日、中学三年生の私は、第二学期の始業式に出席しました。式は簡単に済みましたから、十一時過ぎには家へ帰ったように思います。何しろ暑い日なので、半袖のシャツとパンツだけという恰好になって、暑い、暑い、と言いながら、昼飯を食べました。卓袱台《ちゃぶだい》には初物の里芋が出ていました。食べ終って、お茶を飲んでいる時、猛烈な震動が来ました。震動と一緒に、頭がポーッとしてしまいました。どうしてよいか判らぬうちに、眼の前で、床の間の柱がミリミリと折れる、というより、粉々に砕けて、天井がドシンと頭の上に落ちて来て、真暗になってしまいました。揺れ始めてから天井が落ちるまで、どのくらいの時間があったのでしょうか。私には一瞬のように思われるのですが、どうも、そうではないようです。同じく食事をしていた妹は、揺れ始めた途端に、台所から横の路地に飛び出しました。しかし、屋根の瓦がバラバラ降って来るので、また、食卓のところまで駆け戻って来ました。駆け戻って来ても、揺れ方は益々ひどくなるので、もう一遍、路地へ飛び出しました。また、そこで瓦の雨に出会って、食卓のところへ逃げ戻って来ました。二度目に逃げ戻った瞬間、天井が落ちて来たのです。妹が行ったり戻ったりした行動から見ると、揺れ始めてから天井が落ちて来るまで、つまり、私の家が完全に潰れるまで、三十秒ぐらいはあったのでしょう。

食卓は奥の八畳にありました。落ちて来た天井は食卓で支えられ、従って、食卓の高さの、そして、食卓の周囲だけの空間が、私たちに残された訳です。暫くの間、私たちは、真暗な中で、食卓の下に首を突っ込んでいました。屋根の土と壁土とが崩れたためでしょう。噎《む》せるような息苦しさです。私は、夢中になって、頭の上の天井板を毀し始めました。上へ上へと、手に触るものを毀して行きました。一生懸命、毀して行くうちに、乾いた土がザーッと顔にかかりました。それと同時に、手が瓦に触りました。力一杯、瓦を押し除けたら、日光がギラギラと射し込み、嘘のような青空が見えました。私は屋根へ這い出ました。私の家は二階建だったのですが、総二階ではなく、奥の一部分は平屋で、その上に物干台があったのです。食卓の上は、丁度、平屋と二階との境目に当っていたのです。私は、自分の身体の大きさだけ出来た穴から、ひとりびとり、家族を引張り出しました。誰も怪我らしい怪我はしていません。私の家は前方へ向って潰れ、前の狭い道路を完全に塞いでいます。「二階は安全」とよく言われますが、もし私たちが二階にいたら、残らず死んでしまったでしょう。二階の部分は、天井と畳とが一分の隙もなく重なり合ったまま、前方へ向って倒れているのですから。

屋根に立って、四辺を見廻すと、潰れている家が実に多いのです。どの家も、申し合せたように、前方へ向って潰れています。二、三十分前に私が歩いて来た往来は、潰れた家々で完全に塞がっています。私の帰宅が二、三十分遅れたら、私はどこかで家の下敷きになったに違いありません。現に、何十人かの人間が、その辺で下敷きになっているのです。それよりも、もう、火事が始っています。あちらにも、こちらにも、煙が立ち上っています。火事だ、という叫びも聞えて来ます。しかし、肝腎の父がまだ帰って来ていないのです。食卓の周囲にいたのは、私のほかに、母、妹、二人の弟、それから、母の妹である叔母で、これだけは無事に屋根へ這い上ったのですが、父は用事で日本橋へ行っているのです。父はどこで地震に遭ったのか。無事なのか。火事の煙はひどくなる一方なのに、父は帰って来ません。火が迫って来るのですから、逃げ出さねばならないのですが、父が帰らぬうちに逃げ出すことも出来ません。ヤキモキしているところへ、巡査が廻って来て、子供はみな柳島小学校へ預けろ、と申します。小学校は直ぐ近所ですし、広い校庭があるので、取敢えず、五年生の妹と三年生の弟とを預けることにしました。

そこへ、父が帰って来ました。潰れた家々の屋根を踏んで、父が帰って来ました。しかし、その無事を喜ぶ暇もなく、今度は逃げる仕事です。荷物、といっても、私たちが這い出した穴に露出している品物しかありません。穴の奥へ入って出せば出せるのでしょうが、絶えず揺り返しがあるので、それも出来ないのです。従って、荷物らしい荷物はなく、私は、穴のところに転がっていた枕とお櫃とを両手に抱えていたように思います。火事はかなり大きくなりました。もう、妹や弟を学校から連れ戻すことさえ出来なくなりました。火の廻っていない方向へ逃げるほかはありません。その方向というのは、家の裏手の方です。あの貧民窟と泥沼の方です。それ以外に、逃げる道は残されていません。いつか、私のシャツもパンツも破れています。ヒョロヒョロに瘠せた身体がむきだしになっています。両手には枕とお櫃とを抱えています。私たちは、長屋の屋根を踏み越えて、臭い泥沼の岸まで来ました。子供たちが真黒になってもぐりっこをする、私が冷たい眼で見て来た、あの泥沼です。けれども、今は、これを渡らねば、他に逃げる道が一つもないのです。私は、枕とお鉢とを左右に抱えたまま、泥沼へ入って行きました。水は腹の辺りまで来ました。

その頃の中学生は、今の中学生とは違う評価を受けていたように思われます。中学は、勿論、義務教育ではありませんでしたし、相当の費用がかかるので、特に、下町では非常に数が少かったようです。貧しい家の子供が苦学して中学へ進む決心をしたとか、親切なパトロンのお蔭で中学生になれたとか、そういう筋の小説が毎月の少年雑誌に載っている時代でした。要するに、中学生の相場がかなり高かったので、自然、本人の方も小インテリになったような気持でいたものです。私などは、判りもしないのに、早くから難しい本を読んでいたため、気位が一層高かったのかも知れません。しかし、小インテリといっても、気位といっても、大地震のような天災に遭ったら、もう駄目で、考えてみると、一日の正午に最初の震動を感じて以来、自分自身が幼稚な原始人のような、たわいのない人間になってしまったように思います。一向に智慧の働かぬボンヤリした人間になってしまったように思います。酔っているような気分です。

妹と弟とは小学校へ預けたのですが、生きていてくれるのか、死んでしまったのか、それが判らないのです。私たちは泥沼を渡って、東京府下の亀戸へ入り、天神川に面した空地に立っていました。川一つ距てて、本所の町々が燃えています。小学校の方も燃えています。同じ空地にいる人たちの中には、小学校では子供がみんな焼け死んだ、と言う人もあり、先生に引率されて無事に逃げた、と言う人もあって、どれが本当か判りません。何を聞いても、私という人間がハッキリした悲しみを感じるというより、自分自身が摑みどころのない大きな悲しみに化けているような工合で、何かを言おうとすると、だらしなく涙が出てしまいます。「ああ、紙だ。」と誰かが言いました。なるほど、見上げると、空一面の紙片です。灰色の小さい紙片が空中一杯に舞っています。眺めているうちに、紙片は次第に地上に近づいて来ました。しかし、近づいて来ると、それは紙などではありません。何千、何万というトタン板なのです。本所や深川にはトタン屋根の家が多く、それが火炎の勢いで空中に舞い上り、今、それが降って来るのです。空地にも落ち始めました。右へ、左へ、風を切って、大変な景気で落ちて来ます。ぶつかったら、首の一つや腕の一本ぐらいは、簡単に切り落されるでしょう。あちらへも、こちらへも、文字通り、雨のように降って来ます。空地へ避難した人たちは、私たち一家を含めて、怯えた叫び声を挙げながら、右往左往します。高いところから眺めたら、私たちは虫の群のように見えたでしょう。

私たちは、間もなく、動き出しました。亀戸の町は、いつか、暗くなっています。広くもない往来を埋めて、手に手に荷物を持った群集がノロノロと流れて行きます。どこへ行くのか、誰も知らないのです。ただ流れて行くのです。私は群集の中に完全に融け込んでしまいました。誰も何も言いません。黙っていても、お互いに一切を知り尽しているのです。黙ったまま、身体を寄せ合っているのです。無気力な、暗い、しかし、どこか甘いところのある気分が私たちを浸しています。我を張った個人というものの輪廓は失われて、すべての人間が巨大な一匹の獣になってしまったようです。群集の中に融け込んでからも、私は、時々、妹と弟との名を呼びました。いくら、呼んでも、反応はありません。けれども、私が呼ぶと、群集の流れの中から、同じ肉親を呼ぶ声がひとしきり起って来ます。それも無駄だと判ると、再び以前の沈黙が戻って来ます。沈黙が暫く続くと、どこからともなく、ウォーという呻くような声が群集の流れから出て来ます。この声を聞くと、私も、思わず、ウォーと言ってしまうのです。言うまいとしても、身体の奥から出てしまうのです。言語を知らぬ野獣が、こうして、その苦しみを現わしているのです。私たちは、ウォーという呻きを発しながら、ノロノロと、暗い町を進んで行きました。

その晩は、東武線の線路で寝ました。寝たというより、真赤な東京の空を眺めて夜を明かしたというべきでしょう。その間にも、頻繁に揺り返しが来ます。揺り返しの度に、線路に寝ている人たちの間から、悲しみと恐れとに満ちた叫びが出て来ます。原っぱの真中にいるのですから、いくら揺れても、危険はないのですし、失う品物も何一つないのですが、それでも、大変な悲鳴が起るのです。

翌日は、警察の指図で、千葉県市川の国府台の兵営へ入ることになり、私たちは平井駅まで来ました。駅前は人の海です。私たちも、この海へ流れ込みました。東京の空はまだ一面の煙です。煙の底に真赤な太陽が見えます。正午頃でしょうか、空を見上げた途端に、私は真蒼になりました。あれは何でしょう。私たちの頭の上の空高く、黒い大きな輪が浮んでいるではありませんか。黒い帯のようなものが完全な輪の形をして、太陽より遥かに大きく、空中に浮んでいるのです。私ばかりではありません。避難民の群は一様にこれに気づいて、そして、一様に色を失いました。みな声が出なくなりました。私たちがオドオドした表情で見つめているうちに、五分ばかり経つと、黒い輪は次第に薄くなり、やがて消えてしまいました。

市川へ行く下り列車は、平井より東京に近い亀戸の駅から出るので、亀戸で既に超満員になってしまい、平井へ来る時には、誰も乗れません。いつまで待っても同じです。そのうち、亀戸へ向う上り列車が入って来ました。これも同じく超満員でしたが、しかし、誰もこれに乗ろうとする人はいません。私は父や母に勧めて、無理矢理、この逆の上り列車に乗り込みました。乗っていれば、亀戸へ着いた後に、市川へ向って引返すに相違ないと見当をつけたからです。予想通り、この列車は、日が暮れる頃、私たちを市川まで運んでくれました。真間の山を上る時、梟が鳴いていました。聯隊の傍の煙草屋は、十銭の煙草を一円で売っていました。

二日の夜から約一週間、兵営生活が続きました。兵営生活といっても、夜は芝生や馬小屋に眠り、起きれば行列して握飯を貰うというだけのことで、それに、最初の震動以来頭がボンヤリしていて、どう見ても、人間の生活というより、動物の生活に近かったようです。しかし、こういう調子で始まった一週間ですが、この一週間のうちに、私は、実に複雑な意味で眼が覚めました。それは、一種の覚醒でした。長い時間を必要とする過程が、ひどく煮つめられた形で進行したことになります。

夜、芝生や馬小屋に寝ていると、大勢の兵隊が隊伍を組んで帰って来ます。尋ねてみると、東京の焼跡から帰って来た、と言います。私が驚いたのは、洗面所のようなところで、その兵隊たちが銃剣の血を洗っていることです。誰を殺したのか、と聞いてみると、得意気に、朝鮮人さ、と言います。私は腰が抜けるほど驚きました。朝鮮人騒ぎは噂に聞いていましたが、兵隊が大威張りで朝鮮人を殺すとは夢にも思っていませんでした。なぜか、私には朝鮮人の友だちが多く、あの一学期足らずしか在学しなかった神田の商業学校でも、一番親しくつきあったのは、二人の朝鮮人でした。朝鮮人がいかに血迷ったにしても、軍隊の出動を必要とするような事態は想像出来ないことです。軍隊とは、一体、何をするものなのか。何のために存在するのか。そういう疑問の前に立たされた私は、今度は、大杉栄一家が甘粕という軍人の手で殺されたことを知りました。前に述べた通り、私は、判らないながら、大杉栄の著書を読んでいたのです。著書の全部は理解出来ませんでしたが、彼が深く人間を愛し正義を貴んでいたことは知っていました。人間を愛し、正義を貴ぶ。細かいことが判らなくても、私には、それだけでよかったのです。それが大切だったのです。その大杉栄が、妻子と共に殺されたのです。殺したのが軍人なのです。軍隊なのです。日本の軍隊は私の先生を殺したのです。軍隊とは何であるか。それは、私の先生を殺すものである。それは、私の先生を殺すために存在する。いや、もし私が勉強して先生のようになったら、軍隊は私も殺すであろう。軍隊は、私を殺すために存在する。今日の若い人たちなら、軍隊の持つこうした意味に何もビックリしないでしょう。しかし、戦前の教育を受けていた私にとって、このことは、一生に一度か二度しか遭遇しないような事件でした。特に、私の場合、父が一兵卒として日露戦争に出征していたこともあり、また、小学校の六年生の時、学校の遠足で、麻布の三聯隊へ見学に連れて行かれ、そこで高橋准尉という人と知り合いになり、小学校を卒業した後も、三聯隊へ遊びに行って、池でオタマジャクシを捕ったりしたこともあって、軍隊というものに暢気な親しみを感じていただけに、ショックは言いようもなく大きかったのです。私は、大地震に打ちのめされた生活の底で、今、日本の社会の秘密を一つ摑んだのです。

父は、毎日、東京の焼跡へ出かけて行きます。朝は暗いうちに出かけ、夜は暗くなってから帰って来ます。言うまでもなく、妹や弟を探すためです。もう生きてはいまいと諦めて、父は、道傍や川の死骸も調べて歩いているのです。父は徒歩で東京との間を往復しているのです。自転車があれば、と考える度に、八月の中旬に買ったピカピカの新しい自転車のことが思い出されて来ます。これも、私の新しい机や本箱と同様、私たち一家の小康状態のシンボルであり、そして、また、机や本箱と同様、簡単に焼けてしまったのです。ああ、もう、何も彼もお仕舞です。買い集めた本も焼けました。夢のようなことを書き綴った文章も焼けました。その年の春休に伊豆や箱根へ行ったことも、夏休に茅ヶ崎の海岸で遊んだことも、富士山に登ったことも、すべて手の届かないところへ遠ざかってしまいました。小康状態は終ったのです。あれは、冬を控えた小春日和に過ぎなかったのです。疲れた足を引きずって東京から帰って来た父は、まだ妹や弟の行方が知れぬことを嘆き、更に、若干の預金があった銀行が、帳簿が焼け行員が死んだため、一文も払ってくれないことを嘆き、火災保険も駄目だと嘆きました。本所の隣人たちは、地方の出身地へ帰ったらしい、と父が語れば、私たちには東京の生活以外に何もないことが今更のように思い出されて来るのです。先祖代々、東京で生れて来た私たちには、郷里というものがなく、地方の親戚というものがありません。私たちは一枚底の生活だったのです。そして、今は、その底が完全に破れてしまったのです。私たちは、裸のまま、東京の焼野原に投げ出されたのです。しかも、草一本生えていない焼野原以外に、私たちの生きる場所はないのです。そして、私たちは生きねばならないのです。

妹や弟は無事でした。火に追われて小学校を出て、群集の波に揉まれて歩いているうち、友だちの親戚が麴町の富士見町にあることを思い出して、そこへ辿りついて、案外、不自由のない生活をしていたのです。弟妹の無事を知って、安心すると同時に、気が緩んでグッタリしてしまいましたが、しかし、とにかく、本所の焼野原に焼トタンを綴り合せて、そこに住むことに腹をきめました。

九月の八日でしょうか、相変らず、枕とお櫃を抱えて、私たちは営門を出ました。何一つ明るい見透しが生れたわけではありません。けれども、二日の夜に営門を入った時から僅か一週間ですが、明らかに、私は違った人間になっていました。父にとっては、すべてが全く終ったようでしたが、私にとっては、すべてが終った半面、すべてが新しく始まろうとしていたのでしょう。

地震のあとさき

一

私たちの中学校は、やはり、珍しい学校であったように思う。私たちが英語でなくドイツ語を学んでいたという点も珍しかったが、大部分の生徒の職業が既に決定していたという点も珍しかったのではないか。生徒の父親は、十中八九、医者、歯医者、薬剤師であり、私の仲間は、家業を継ぐために中学に入って来ていた。卒業後は、医科、歯科、薬学の大学や専門学校へ進み、やがて、父親と同じように、医者、歯医者、薬剤師として一生を送るはずである。幼い中学生でありながら、将来の自分の社会的な役割について明確な予想を持っていた。そういう中学は、日本中を見渡しても、そう多くはなかったであろう。

人生問題と呼ばれるものの大半は職業問題である、と私は信じている。後年、大学の教師になってから、何人かの学生が、人生の意味というような問題について多くの哲学書を読み、読むに従って苦しみを増し、どうなることかと案じていたのに、就職先が決った日から、まるで何事もなかったような明るい表情に戻るという例を幾つか見ている。人生論と呼ばれているものの全部ではないにしろ、その大部分は、職業問題に被せられたペダンティックなベールではないか。近頃は、レジャー業者が先に立って、人生の意味はレジャーにある、と言う人々が現れているが、本来、レジャーというのは、何もしなくてもよい時間、何をしてもよい時間のことである。しかし、そういう掴みどころのないものを立派に使いこなせるのは、聖人や賢者だけで、私たちのような普通の人間にとっては、レジャーは、到底、器用に使いこなせるものではない。むしろ、現代の最も恐ろしい問題の一つは、レジャーという重荷が凡俗の大衆に課せられているところにある。それを使いこなすことの出来ない人々が、刻々に殖える自由な時間という不気味なものを押しつけられているところにある。私たちのような人間の素直な気持から見ると、忙しい仕事の中にしか人生の意味はない。それを措いて、満足も充実感もあるものではない。或る成果を目指す活動に自分の全エネルギーを叩き込む、次々に現れる大小の障碍と戦い、それを乗越えて進む、こうして到達した成果、また、そこに至るまでの活動、それが他の人々の役に立ち、社会的に認められて、それに相応《ふさわ》しい収入が得られ、名誉が与えられる……こう書くと、如何《いか》にも俗物的に見えるかも知れないが、私を初め、普通の人間はみな俗物なのである。聖人や賢者は別として、私たちにとって、人生の意味というのは、外部へ向う自分の全体的な活動と、外部から自分に与えられる広い意味の報酬とのバランスの上に成り立つものである。人生の意味が人間の内部にあるというのは、近代思想の錯覚である。「思想家」が何と説こうと、人間は、そんな高尚なものではない。神と人間との直接的関係、人間の本質としての理性、人間の権利や尊厳、そういう観念を持ち出して、如何に人間の地位を高めようとしても、人間は、絶えず外部から物質やエネルギーを摂取し、また、絶えず不潔な老廃物を排泄せねば生きて行かれない生物である。同様に、人間は、外部の堅いリアリティとの間の張りつめた関係の発展、そこでの苦労、挫折、勝利、報酬、満足を通して、自分というものの意味を少しずつ学んで行くものである。

私たちの中学の特色に気がついたのは、間の抜けた話であるが、数十年後、私が学習院大学の教師になって或る期間を経てからのことであった。教師になって以来、私は、身辺の学生に向って必ず卒業後の進路を聞くことにしていた。或る学生は、新聞記者になります、と答え、やがて、それになった。他の学生は、労働組合で働きます、と答え、やがて、そこで働くようになった。初めのうちは、そういう調子であった。そのうち、調子が変って来た。あれは、一九六〇年の安保闘争の少し前であったろうか、或る学生は、「バーテンになります」と真面目に答えた。ビックリしている私を追いつめるように、彼は、「いけないでしょうか」と尋ねた。結局、私は何も言えなかったように思う。しかし、あの時は、まだよかった。私の記憶では、それから数年後、「判りません」と答える学生が急に殖えたような気がする。知らぬ間に、日本の社会が大きく変り、大学も大きく変ったのであろう。「判りません」と答えるだけでなく、何という愚劣な質問をする先生だろう、というような顔をする学生がいる。聞いてみると、もし新聞社の入社試験に合格したら新聞記者になる、もし銀行が採用してくれたら銀行員になる、もし石油会社に入社出来たら石油屋になるというわけで、自分が何になるかは、自分が決めることではなく、企業が決めることです、と言う。それは判るが、是が非でも何者かになろうという志がないまま、自分の社会的役割に関する理想や決意がないまま、宙ぶらりんの状態で大学の四年間を過ごせるというのは、私には不思議に思われる。一人一人の学生がどの方角へ向って緊張しているのか判らない。というより、大部分の学生にとっては、方角も緊張も存在しないのであろう。どうも、そうらしい、と知って間もなく、私は教師という仕事をやめることにした。

私たちの中学の場合は、少し異常であったかも知れない。しかし、当時は、二年間の高等小学校を終ってから入学する公立の師範学校が全国各地にあって、その卒業生が教育者――「労働者」ではない――として日本の義務教育を支えて来た事実を考えれば、あまり異常とは言えないであろう。そこに学ぶ年少の男女にとって、職業は既に決定していたのである。むしろ異常なのは、戦後教育における職業及び職業教育の著しい蔑視ではないのか。どうも、そう思われる。恐らく、敗戦後の教育改革の中心に、旧制高等学校心酔者がいて、旧制高等学校が極端な少数者――旧制帝大の学生より遥かに少数者――のためのものであったことを忘れ、自分たちの享受した特殊な教育を最良のものと思い込み、プラトンの対話篇に登場するソクラテスを理想の人物と仰ぎ、日本の敗戦を自分たち以外の国民の視野の狭さに由来するものと信じ、教育改革に人文主義的方向を与えることになったのではないか。かつて全国各地の誇りであった各種の専門学校は、一斉に姿を消し、目鼻のハッキリしない大学が日本中に林立することになり、それらの大学は、若干の学部を除けば、方角も緊張もない学生で充満することになった。

これらの大学の多くは、教育施設であるよりは、レジャー施設である。学年試験になると、大学当局は、慌てて、平常の授業に使っていた教室の三倍ぐらいの教室を用意せねばならぬ。学生の三分の二は、平常は、喫茶店、マージャン屋、パチンコ屋のような他のレジャー施設を利用していて、試験の時だけ大学へ戻って来るのである。国鉄労働者の「順法闘争」の真似をして、学生全員が規則を重んじ、他のレジャー施設の利用をやめて、講義に出席するようになったら、多くの大学は忽ち破産するであろう。大学は、学生の三分の二が他の施設へ流れて行くことを前提して教室を作っているのであるから。大学がレジャー施設であることは、大学より低い職業教育機関として軽蔑されている「各種学校」(理髪、美容、料理、デザインなど)へ一歩踏み込んでみると明らかになる。そこには、多くの場合、既に自分の職業を決定した人間の群がいる。自分は社会に対して何を与え得るか。自分は社会から何を与えられるか。与えるものと与えられるものとを最大にするためには、知識および技術を積極的に習得しなければならぬ。ここには、大学には見当らぬ方角と緊張とがある。

二

勿論、私も医者になる心算であった。しかし、仲間と違って、父親が医者であるという客観的条件が作用していたわけではなく、何処《どこ》かの店の小僧になるより医者になる方が……という程度の気持に過ぎなかった。それに、医者になる筈《はず》の同級生も、既に医者への道を歩き始めているとはいえ、喜び勇んで、というのでもなかった。誇張もあったとは思うが、彼らの中には、医者くらい損な商売はない、と言うものが多かった。父親の生活を観察して得た感想なのであろう、どんなに忙しい仕事か、どんなに汚い仕事か、それを彼らは私に説明して、医者の息子でもないのに、馬鹿な奴だな、つまらぬ真似はよせ、と本気で忠告した。医者になれよ、と勧めた仲間はいなかった。三年生になる頃、私の医者志望は、少し影が薄くなっていたように思う。

朝は、市電で錦糸町から江戸川橋まで行った。本所区の隅から小石川区の隅までであるから、当時の東京市を縦断するようなものであった。帰りは、歩くことが多かった。目白坂を下りて、江戸川橋から矢来へ出て、神楽坂から九段坂上へ抜け、坂を下りてから、神保町と駿河台下との間の古本屋を一軒一軒覗いて、須田町、浅草橋、両国橋という道順で家へ帰った。約十キロ、道路は舗装していなかった。途中で、一杯五銭のコーヒーを飲んだ。或る年齢以上の人はみな同じであろうが、私は、歩く癖(?)がある。現在でも、何処かへ行こうという場合、まず、歩いて行くことを考える。それでは時間がかかり過ぎる、と気がついてから電車の利用などを考える。しかし、「歩く癖」というと体裁がよいけれども、本当は、交通費の節約と本に対する興味との結果なのであろう。どこで乗降車してもよい定期券があったら、電車で神田まで行き、古本屋を覗いてから電車で本所へ帰ったのであろうが、小学生及び中学生のための通学回数券は、乗降車の停留所が明記されていたので、仕方なく、私は歩くことになったのであろう。目標は、神田の古本屋にあった。電車で帰宅した日は、夜になってから、徒歩で神田へ出かけて、東京堂や文房堂のある裏通りの夜店を歩いた。多くの夜店には、ゾッキ本が出ていた。御存じの方が多いであろうが、金詰りに追い込まれた出版社が在庫の書物を二束三文で売り払ったのがゾッキ本で、定価一円五十銭の新本が、夜店では二十銭か三十銭で売られている。ゾッキを出したことで出版社は信用を失い、破産したであろうが、その本に罪がありはしない。人間にも不運な人間があるように、これは不運な書物なのである。安いのが魅力で、私はあれこれとゾッキ本を買った。同じカントの翻訳でも、立派な出版社から出版されて、大きな小売店の書棚に並べられていると、近寄り難い厳めしいものに見えるが、貧しい夜店にゾッキ本として並んでいると、いかにも気安い感じがする。「カントさん」と私が声をかけたら、「ハイ」と答えてくれるような気がする。

前に触れた大西祝『西洋哲学史』を買ったのは、こういう夜店ではなかったが、『近代思想二十講』を買ったのは、夜店であった。本が手許にないので、正確な書名も著者名も判らない。小型で、薄茶色の布装の本であったと思う。あの頃は、同じような標題の本が何種類も出ていた。十講とか、十二講とか、二十講とか。私は、講の数が一番多く、値段が一番安かったので、その本を買ったように覚えている。安い筈《はず》で、これはゾッキ本であった。その本で、私は、トリスタン・ツァラを指導者とするダダイズムのこととか、『唯一者と其の所有』の著者マックス・シュティルナーの本名はカスパル・シュミットであるとか、要するに、あまり役に立たぬことを知った。この本と限らず、同じ種類の書物は、A思想、B思想、C思想……に簡単な解説を施したもので、レストランのメニューに似ていた。好きなものを注文すればよいようであった。

第一次世界大戦やロシア革命から四年ばかり経った時期で、日本は、漸く西洋の諸思想を輸入する余裕と必要とを持ち始めていたのであろう。前にも、敗戦前後の思想問題について少し述べたことがあるが、私は、或る時期から、「思想」という言葉自体が私たちに対して望ましくない役割を果しているのではないかと考えている。この言葉は、或る完結した形式における観念のシステムを示している。もう出来上ってしまったものを示している。事実、どんな観念でも、解説者の手にかかると、体系的に整理される。そうせねば、解説者の出る幕がないからであろう。しかし、いかに美しい結晶体のような「思想」でも、少し遡れば、或る個人の「思考」という流動体である。解説者が観念の整然たるシステムとして私たちに見せてくれるものは、或る時代の、或る国の、或る性格や境遇の個人が、或る条件や必要に迫られて、或る問題を解くために、彼の経験に反省や秩序を加えようとした試みの――つまり、思考の――産物なのである。私は、「或る」という言葉を殖やして喜んでいるのではない。いかなる時代の、いかなる国へ持ち出しても通用すると思われている思想も、実は、幾重にも特殊な条件に囲まれた個人の思考の産物だという点に注意したいだけである。確かに、思想と呼ばれるほどのものは、或る程度の一般的問題解決能力を持っているであろうが、それでも、全く条件を異にする場所へ持ち出して、さて、実際に問題を解決し得るかとなると、非常に怪しくなる。怪しくなるのが当り前である。そればかりではない。一体、当の思想は、その故国において本当に問題を解決したことがあるのであろうか。前にも少し触れたことであるが、現実の問題の解決に本当に役立った思想は、それ自ら現実と化して、もう思想――という言葉のシステム――としては存在しないのが通例である。人間が摂取した食物が体内に消えて、もう食物として存在していないように。現実と化することなく、現実の外に思想として存在して、あのメニューに現れる思想は、そのことによって、問題の解決に失敗して来たことを告げているのではないか。故国で問題の解決に失敗したからといって、外国でも失敗するとは限らないけれども、しかし、成功の確率はいよいよ低くなるであろう。

昔は、みな慎ましく「経験」によって生きていたのに、今は、誰も彼も「思想」によって生きているようなことを言う、と或るスペイン人は書いた。スペインでも、そうなのか。思考というのは、所詮、経験に反省を加えて、これを拡大する活動にほかならないし、経験の外部に知的生活の源泉を求めることは出来ないのだが、自ら後進国民と自覚した場合、先進諸国から輸入される思想に接した時、私たちの経験は何と軽いものになることであろう。経験は、否みようもなく私たちのものであるにも拘《かかわ》らず、海外の諸思想――それも何《いず》れは先進諸国民の経験に発している――と食い違う場合、諸思想を審《さば》くどころか、それと正面から向き合う度胸もなく、かえって、われとわが経験を疑い始める。海外から輸入された美服は、それがいかに立派なものであっても、こちらのバスト、ウエスト、ヒップに合わなければ、残念ながら、これを諦めるほかはない。これに反して、私たちの経験、その反省から生れた観念のシステム、そういうものには、何センチと測れるような、バストも、ウエストも、ヒップもない。輸入されたシステムに合わぬ自分の経験を恥じ、システムに合う方向に経験を無理にでも解釈し直そうとする。そして、洋服の場合と違って、それが可能なのである。日本が後進国であると知れば知るほど、私たちは、先進諸国から輸入された「思想」の前に自らの「思考」を投げ出し易い。

あのメニューには、アナーキズムがあった。いや、それは、メニューだけでなく、至るところにあった。幼い私が覗いたインテリの世界では、それが大勢であり、その指導者は大杉栄であった。そして、彼は、思考というものを大切にした人間であった。彼の『正義を求める心』（大正十年）の巻頭に、「個人的思索」という短い文章が載っている。

「……いい加減の嘘つぱちを、馬鹿でも金さへあればはいれる大学の学生等に読ますやうに、いかにも本当らしく巧みに書き上げた社会学や、政治学や、法律学や、経済学の書物などは、その嘘つき具合を研究する外には何の用もないのだ。また、政府的思想から脱け出た自由主義者の学者や、社会学者や、無政府主義者の書物を読むにしても、只だ此の個人的思索を進める補助にさへ役立てればいいのだ。……研究や思索は遊戯ではない。僕等は僕等の日日の生活に於て、必ず何事かを考へ、又其の考へをあくまでも進ませて行かねばならぬ、或る要求に当面する。どうしても放つては置けない何等かの事実にぶつかる。僕等の思索や研究は、此の事実に対する、僕等自身の止むに止まれぬ内的要求であるのだ。僕等は、僕等自身のこの内的要求を、何よりも先づ他人の著書によつて、即ち他人の観察と、他人の実験と、他人の判断とによつて、満足さすといふやうな怠け者であつてはいけない。……此の個人的思索の成就があつて、始めて吾々は自由なる人間と成るのだ。」

三

私の一生のうち、中学に入ってからの二年あまりの期間が、一番仕合せであったと言えば言えるように思う。幸い、家の商売は順調であったし、学校は万事ノンビリしていた。しかし、仕合せな期間は、大正十二年九月一日正午に終った。私は、一生のうちで最も大きな経験にぶつかることになった。

二学期の始業式を終えて家に帰り、裸のような姿で昼飯を食い、食い終ったところへ烈しい震動が来て、家は簡単に潰れ、外出していた父を除いて、私たち一家は、潰れた二階家の下敷になってしまった。私たちが死ななかったのは、落ちて来た天井が卓袱台《ちゃぶだい》で支えられたお蔭である。高さ三十センチくらいの卓袱台が僅《わず》かに残してくれた小さな真暗な空間は、周囲の壁土が崩れたため、呼吸が困難であった。私は狂人のようになっていた。何分間か、夢中で上へ上へと天井や屋根を毀して行った。毀して行くうちに、小さな穴が出来て、強い日光が射し込んで来た。その穴を大きく拡げて、そこから屋根へ這い上り、一人一人、家族を引き上げた。巡査の勧告か命令かに従って、妹と上の弟とを近くの小学校に預け、父が帰って来るのを待って、火に追われるままに、工場の廃水で出来た泥沼を渡って、東京府下亀戸町の方へ逃げた。これで、私たち一家は、完全な無一物になった。

その夜は、東武鉄道の線路の枕木に坐っていた。夜露に濡れた草の中で、蚊に食われながら、眼前に聳える火の壁を眺めていた。私のほかには、父、母、母の妹、下の弟がいた。妹と上の弟とは、あの火の壁の中で死んだのであろう。私たちは黙っていた。言うことは何もなかった。私たちは、まだ最初の震動の瞬間から始まった放心状態の中にいた。そして、放心の底で、半日の経験を思い出していた。

判り切ったことであるが、私がしみじみ感じたのは、地震の恐ろしさであった。しかし、そう言っただけでは、理解して戴けないであろう。災害という言葉で一括されているが、地震の恐ろしさは、火災や洪水などの恐ろしさとは全く性質が違う。焼ける家に水をかける時も、河岸に土嚢を積む時も、私たちは足下の不動の大地というものを前提している。どんな敵が現れても、大地だけは私たちの味方でいてくれる、と暗黙のうちに私たちは信じている。その大地が揺れ始める途端に、私たちは最後の味方に裏切られたような気持になる。火事や洪水は、外部から私たちを襲うのに対して、地震は、内部から私たちを襲うように感じられる。人間というのは、大地から生れ、大地に縛りつけられている存在であるためか、大地が揺れ始めると同時に、人間そのものの最も深い個所が揺れ始める。

それとどう関係するのか明らかでないが、往々にして、地震は――私が後に作った言葉を使えば――「災害の立体化」の出発点になる。火事が起ったからといって、地震や洪水が起ることはない。また、洪水が起ったからといって、地震や火事が起ることはない。普通、火事は火事で済み、洪水は洪水で済む。ところが、地震は地震で済まないことが多い。大きな地震が起ると、必ず火事が起る。火事のために大旋風が起る。堤防の決潰によって洪水が起る……。最後まで味方である筈《はず》の大地が真先に人間を裏切ると、われもわれもと、四方八方に敵が現れて来る。自然が一種の発狂状態に陥る。泣いても笑っても、自然の一部分であるほかのない人間は、これも一種の発狂状態に陥る。人間の理性というものは、平穏無事な時、つまり、理性の活動が必要でない時は、活潑に活動しているらしいが、自然の発狂状態のような、理性の活動が本当に必要な時になると、どこかへ消えてしまうもののようである。

亀戸へ逃れてからは、横十間川に沿った空地でしばらく休んでいた。そこには、もう多くの避難民が集まっていた。怯えた子供のような顔で、川を距てた東京市内の、真赤に燃える空を眺めていた。そのうち、空を蔽って一面に灰のようなものが降って来た。少くとも、それは灰に見えた。それが地上に近づいて来るに従って、灰よりも大きい、紙片のように見えて来た。しかし、実際に地上に降って来たのは、何百枚か、焼けたトタン板であった。それが風を切って落ちて来て、それで何人かの避難民が怪我をした。衣類がギッシリ詰った簞笥も降って来た。トタン板も簞笥も、火災に伴う旋風で天へ巻き上げられたものなのであろう。空地も危険という気持が私たちの間に生れたためか、誰とはなしに、鈍く動き始め、亀戸天神の方へ歩き出した。鈍く動いているのは、私たちだけではなかった。沢山の避難民が道路一杯にノロノロと流れて行く。誰にとっても、行先があるわけではない。燃えていない土地なら、どこでもよいのである。どの人間も、今まで他人に見せたことのないような裸同然の姿である。私たちは、お互に、洋服にしろ、和服にしろ、或るノーマルな服装でいて初めてノーマルな気持でいられるのであろう。お互に裸同然の姿になってしまうと、それだけで、もうノーマルな気持ではなくなる。手に持っているものも、鞄や風呂敷包というような筋の通ったものではない。薬罐などを提げているのは、まだ恰好のよい方で、私は、屋根へ這い出した穴のところに転がっていたお鉢と枕とを後生大事に抱えていた。時々、群集の中から、思い出したように、見失った家族の名を呼ぶ声が起る。どこかで起ると、方々で起る。私たちも、妹や弟の名を何度か呼んだ。呼びはしても、無駄なことは判っている。呼ぶ声が途絶えると、今度は、どこからともなく、ウォーという呻き声のようなものが起って来る。誰も泣いてはいなかったが、ウォーというのは、泣く代りのものであったのであろう。この呻き声がどこからか起ると、自然に、私の身体の奥の方からウォーという呻き声が出てしまう。

群集の流れの中で、私の前を小さな老婆が歩いていた。周囲の人間がみな放心状態に陥っているのに、この老婆だけはシャンとしていた。そして、周囲の人たちに聞かせるような調子で、彼女が経験した安政の大地震の話をしていた。東京は何十年に一度か必ず大地震があるとか、安政の大地震の方がもっと大変であったとか、次第に薄暗くなって行く町を歩きながら、彼女は明らかな誇りをもって私たちに語った。それを聞いても、何一つ救いが与えられるわけではなかったが、この地震が唯一無二のものでなく、先例があり、その先例を経験した人がいると知っただけで、理由の判らぬ小さな慰めのようなものが与えられた。

私は、蚊に食われながら、眼前に聳える火の壁を眺めている。そして、……verwüstet worden と口の中で繰返していた。どうしても、この個所しか思い出せない。一年ぐらい前であろうか、ドイツ語の読本で、「リスボンの地震」(Das Erdbeben von Lissabon)という文章を読んだことがある。地震のことを Erdbeben というのも、その時に初めて知った。この文章は、小さい活字で二頁ばかりのもので、私は諳記していた。先生に命ぜられて、教壇に立ち、得意になってペラペラ喋ったこともある。それなのに、正午の震動以来、頭が狂ってしまったのであろう、いくら努力しても、或る句の末尾にある……verwüstet worden(〔家屋が〕破壊された)という言葉しか思い出せない。そのうち、私は眠くなって来た。

一七五五年十一月一日(土曜日)午前九時三十分、ポルトガルの首府リスボンは強い地震に襲われた。後に記録を調べてみると、リスボンでも「災害の立体化」が行われて、大火災や大海嘯《つなみ》が発生し、リスボンだけで一万乃至一万五千の死者が出ている。関東大震災の死者十五万に比べれば十分の一に過ぎない。ヴォルテールの『カンディード』(Candide ou l'Optimisme, 1759)に明らかなように、リスボンの地震が長く後世に知られるようになったのは、地震そのものの強度や被害によるよりも、ヴォルテールのような人たちが、それに啓蒙主義的な解釈を加えることによって、神の摂理のお蔭で現存の世界は最善のものである、というオプティミズムの哲学に致命的打撃を与えたところにある。以前、私は、ヴォルテールがリスボンの地震に献げた詩（Poème sur le désastre de Lisbonne, ou Examen de cet axiome, Tout est Bien）の一部を翻訳したことがある。

如何《いか》なる罪を、如何なる過ちを犯したというのか、
母親に抱かれたまま潰されて血に塗《まみ》れた子供たちは。
今はないリスボンの犯した悪徳は、
享楽に耽っているロンドンより、
パリよりも大きいというのか。
リスボンは亡び、
パリでは踊っている。
…………
君たちは言う、
一切ハ善、一切ハ必然、と。
…………
宇宙、動物、人間、すべては戦い合っている。
地上に悪のあることを、
われわれは認めなければならぬ。
この秘密の原理は、

全くわれわれに知られていない。

……ヤガテ一切ハ善ナラン、ここにわれわれの希望があり、

イマ一切ハ善ナリ、ここに幻想がある。

四

授業は、十月一日に始まった。九月一日に始業式は行われたのだが、地震のために授業の開始が延期されていたのである。十月一日という日は覚えているが、その日、どこから学校へ行ったのか、これは全く覚えていない。九月一日の後、千葉県国府台の兵営に暫くおり、それから、小松川の荒川放水路に近い知人の家に身を寄せ、その後、本所の焼跡に焼けたトタン板でバラックを作って住んだり、浅草の母の実家の焼跡のバラックへ移ったり、また、本所の焼跡に新しいバラックを作ったり……とにかく、あちらこちらへ移動しているうちに授業が開始されたのである。何しろ、一家が丸裸になってしまったのであるし、地方に身を寄せるべき親戚があったわけではないから、この間――その後も――どうして私たちが生きて来られたのか、考えれば考えるほど不思議に思われる。何《いず》れにしろ、気の弱い父が苦労を重ねたお蔭である。死んだものと諦めていた妹と弟とは、九段坂の上の富士見町の或るお宅に厄介になっていた。聞いてみると、預けられた小学校へ火が廻っ

て来て、先生たちの誘導もないまま、私たちとは逆に、二人で西の方へ逃げ、何万人かが火と風と煙との中で死んで行く頃に被服廠跡の横を通り、両国橋を渡り、神田の通りを九段へ抜けたらしい。妹の友だちの親戚が富士見町にあって、一度、お邪魔したことがあるのを思い出して、そこへ弟と行くことにしたという。二人の小学生を導いたのは、理性が消えた後に現れた動物の智慧のようなものであった。

今までと同じように、私は、同級生を校庭に整列させ、号令をかけようとした。ところが、私の姿を見て、彼らはドッと笑った。相手が笑ってしまっては、いくら大声を張り上げても、号令は徹底しない。私は、馬方の被るような大きな麦藁帽子を被り、ゴム足袋を穿いていた。着ていたのは、夏物のシャツであったろう。これらの品物さえ、苦労して手に入れたものである。笑っている仲間は、九月一日以前と全く同じの制服制帽で、そうでないのは、級長の私だけである。学校へ来るまでは、多くの仲間が私と同じ運命に遭ったものと曖昧に想像していたが、来てみると、山の手の少年たちは全く無疵である。九月一日は、私にとってだけ存在し、彼らにとっては存在しなかったようである。笑い転げる仲間に号令をかけながら、私は腹が立ち、恥ずかしくなり、悲しくなった。

第一時間目の授業は、野村先生担当の「修身」であった。「起立！ 礼！」と私は号令をかけた。先生は何もおっしゃらずに、黒板に「天譴《てんけん》」と大書され、更に、「天物暴殄《てんぶつぼうてん》」と大書された。前者は「天罰」というような意味であり、後者は「贅沢三昧」というような意味である。つまり、地震は、私たちの贅沢三昧を戒めるために下された天罰である、というのが先生のお話の大意であった。もし私が仲間から笑われなかったら、私はお話を黙って聞いていたかも知れない。しかし、私は、平静な気持ではなかった。いや、仮に笑われなかったとしても、もし先生の説明を受け容れるならば、このクラスで私だけが天物暴殄の罪を犯して、私だけが天譴を受けたことになるのではないか。私のことなど、どうでもよい。貧しい、汚い、臭い場末の人々、天物暴殄に最も縁の遠い人々、その人々の上に最も厳しい天譴が下されたことになるのではないか。私は、先生の説明が一段落つくのも待たずに、右のような趣旨の質問をした。先生が何とお答えになったかは覚えていない。何とお答えになったとしても、私は「天譴」及び「天物暴殄」という観念を受け容れることは出来なかった。しかし、もし野村先生御自身が焼け出されたり、御家族を失ったりして、それでも、「天譴」や「天物暴殄」のお話をなさったのなら、私は強く反対しなかったであろう。しかし、先生は何の被害も受けていらっしゃらなかった。

「天譴」は、野村先生のオリジナルな見解ではなく、あの頃は、誰も彼も「天譴」ということを説いていた。初めに説いたのは、渋沢栄一子爵であったらしい。ケンドリックの『リスボンの地震』(T. D. Kendrick, The Lisbon Earthquake, 1956) という本を読むと、あの時も、「天譴」(visitation) という観念を用いて地震の意味を説明する試みが大いに行われていたようである。しかし、そういうカトリック教会側の神学的説明に対して、ヴォルテールたちは、反教会的な現世的な説明を試み、それによって、やがてフランス革命へ通じる啓蒙思想を発展させて行ったのである。単純な自然現象に過ぎないリスボンの地震は、それに外部から与えられた意味によって、フランス革命を用意し、長く歴史に残ることになった。関東大震災は、終にヴォルテールを持たなかった。その代りに持ったのが、芥川龍之介であった。

「……この大震を天譴と思へとは渋沢子爵の云ふところなり。誰か自ら省みれば脚に疵なきものあらんや。脚に疵あるは天譴を蒙る所以、或は天譴を蒙れりと思ひ得る所以なるべし。されど我は妻子を殺し、彼は家すら焼かれざるを見れば、誰か又所謂天譴の不公平なるに驚かざらんや。不公平なる天譴を信ずるは、天譴を信ぜざるに若《し》かざるべし。否、天の蒼生に、――当世に行はるる言葉を使へば、自然の我々人間に冷淡なることを知らざるべからず。……自然は人間に冷淡なり。されど人間なるが故に、人間たる事実を軽蔑すべからず。人間たる尊厳を抛棄すべからず。人肉を食はずんば生き難しとせよ。汝とともに人肉を食はん。人肉を食ふて腹鼓然たらば、汝の父母妻子を始め、隣人を愛するに躊躇することなかれ。その後に尚余力あらば、風景を愛し、芸術を愛し、万般の学問を愛すべし。誰か自ら省みれば脚に疵なきものあらんや。僕の如きは両脚の疵、殆ど両脚を切断せんとす。されど幸ひにこの大震を天譴なりと思ふ能はず。況《いわ》んや天譴の不公平なるにも呪詛の声を挙ぐる能はず。……同胞よ。面皮を厚くせよ。『カンニング』を見つけられし中学生

の如く、天譴なりなどと信ずること勿れ。」（『芥川龍之介全集』第八巻、岩波書店、昭和十年、二六六頁以下）

焼跡にバラックを作り、そこで細々と商売を始め、それを手伝いながら、私は学校へ通うようになった。形の上では、すべてが九月一日以前に戻った。しかし、私は、自分が全く別の人間になったことに気がついていた。文字通りの意味で無一物になってしまったのであるから、貧乏は絶対的なものであった。それに、妹や弟に再会するまでは、死んだものと思っていたから、町で死体を見るたびに、眼を背けるのでなく、近づいて、妹ではないか、弟ではないかと調べた。あんなに沢山の死体を見ると、見た人間が変るのであろう。とにかく、九月一日の後の私は——不適切な言葉を敢えて使えば——少し「やくざ」になった。何かの必要で、靴や下駄を捨てて、裸足で大地に立って、或る汚い仕事をしたことのある方なら少しは理解して下さると思うが、落ちるところまで身を落して、その辺の紳士諸君を尻目にかけ、笑わば笑え、何でもやってやるぞ、というような気分になった。下品なのは厭であったが、ザラザラした大地から距てられた場所で取り澄ましている人たちの間に入ると、故意にガサツに振舞うようになった。私は、青春と呼ばれる人生の猶予期間へ入り込む前に、そこから出て行った。現在と同じように、私は痩せていたが、あの放心状態から抜け出る頃、自分の内部に生れた新しい力に気がついていた。満目の焼野原に立つ裸一貫の自分とは知りながら、これから、自分が勝つに決っている試合が始まるように思われた。しかし、貧しい、汚い、臭い本所へ移転したことを新しい没落の開始と感じていた父にとって、九月一日の地震は、謂わば没落の完了であった。まだ四十歳であったのに、父はもう本当の老人になっていた。

「個人的思索」によって私を励ましてくれた大杉栄は、妻伊藤野枝、甥橘宗一（六歳）とともに、九月十六日、東京の憲兵隊内で、憲兵大尉甘粕正彦によって絞殺された。今から自分の気持の筋道を辿ることは出来ないし、どういう筋道をつけても、作りごとになるであろうが、乱暴な言い方が許されるなら、この事件によって、私の関東大震災は完成したようなものであった。私の物質界と精神界とが一度に崩壊して、見栄も外聞もないエネルギーだけが私の内部に残ることになった。このエネルギーは、何処《どこ》へ流れて行ったらよいのか。それが職業という水路へ流れ込むことによって、私と社会との間に安定した関係が成立する筈《はず》であった。そして、私は、医者という職業を選んだ筈であった。しかし、やがて秋風が吹き始め、焼野原の涯に富士山が見えるようになった頃、気がついてみると、医者になるという気持は、もうどこにもなかった。

解説　言葉の力

松原隆一郎

大学在学中に社会学を専攻、オーギュスト・コントの研究に打ち込み、戦後には全面講和を唱える平和論の旗手そして進歩的文化人として論壇と反基地闘争をリード。しかし安保闘争に敗れて以降は論壇の最前線から遠ざかり、社会哲学はもとより経済思想まで思索を深めて『現代思想』（一九六六）、『倫理学ノート』（一九七二）といった研究書をまとめる。晩年は再び持論を展開、立場を急旋回させて戦後民主主義を批判し、『日本よ　国家たれ　核の選択』（一九八〇）では核武装の論陣を張るに至る――紋切り型の言い方をすれば、清水幾太郎はそんな「行動する社会学者」だった。

清水の言動は戦後の一時期すこぶる注目されたが、昨今の社会学界周辺では滅多にその名を耳にすることがない。転向の論拠が訝しく感じられたことが大きいのだろうが、遠因としては社会学が日本でも学術として形式的な体裁を整えたことも少なからず作用しているのではないか。

社会学の古典にはデュルケームの『自殺論』やジンメルの『橋と扉』があるが、前者はデータをもとに因果を同定し検証する科学的な手続きを社会学に導入した。後者は検証している社会学者自身が社会の一員であるという自覚から、見たり知ったりすることの限界を見定めようとし、データに寄りかからず社会の成り立ちにつき思弁した。これらの両極端にこだわる現代の社会学は、データを収集することと、その分析手法の限界に配慮しつつ社会のあり方を思索することの双方で、膨大な成果を蓄積しつつある。そうした緻密な学術の流れからすれば、デュルケームとジンメルが登場する以前の大家であるコントを起点とし、左右のイデオロギーと切り結びつつ反基地や核武装を論じるといった清水の著作は、いかにもひと時代前の、身振りの大きすぎる社会学書といった観がある。

けれども大震災は、ひとの意識を一変させる。先頃（二〇一一年三月十一日）東北・東日本地方を襲った大震災の後に本書『流言蜚語』を読み返すと、データや引用に縛られた学術書には見られない独特の言葉の力が漲っていることに気づかされる。それがとりわけ後半「Ⅱ　大震災は私を変えた」によることは、明らかだ。ここには四つの文章が収められており、そのうち「明日に迫ったこの国難」「大震災は私を変えた」「地震のあとさき」は、当時中学三年生の清水が、本所区柳島（現在の墨田区横川）において大正十二（一九二三）年九月一日の正午直前に体験した関東大震災を詳述している。

清水は始業式から帰宅し食事中、突然の揺れに遭遇する。天井が音を立て崩れ落ちたものの、落ちてきた屋根を食卓が支えてくれて一命を取り留めた。天井を破り屋上に這い出すと、ギラギラ射す陽の下で火の手が四方で上がっていた。家族とともに腐敗臭漂うネバネバの泥沼につかったりしながら、叫び声を上げる群衆の一員として線路にたどりつく。線路で仮眠をとりながらいくつか先の駅まで歩き、避難所である兵営へようやく辿り着いた。

そこで清水少年は衝撃的な光景を目撃する。夜、休んでいた馬小屋から這い出すと、東京の焼け跡から隊伍を組んで帰ってきた兵隊が、洗面所で銃剣の血を洗っていたのである。「誰を殺したのか」と尋ねた清水に、兵隊は得意げに「朝鮮人さ」、と答えた。清水には、朝鮮人の友達が多くあった。また、著書にすでに親しんでいた大杉栄も、軍人である甘粕に惨殺されたと知る。それまで清水は軍隊に「暢気な親しみ」を感じていたが、これを機に「日本の軍隊は私の先生を殺した」、「軍隊は私も殺すであろう」という観念に襲われることとなる。

清水は知的生活の入り口で、「日本の社会の秘密を一つ摑んだ」と確信したのである。そんな人は、長じてどのような著作をものするようになるのだろうか。清水にとっての論壇活動は、たとえ一定のイデオロギーに荷担したかに見えようと、結局はこの「秘密」をめぐるものだったのではないか。データによる因果の検証にせよ、思弁による反省にせよ、畢竟「秘密を摑む」ための方法でしかない。「秘密」がすでに手の中にある者にとって、それらは煩雑な拘束となる。

それゆえであろう、本書に収められた清水の文章には、読者の胸元に迫る力がある。大震災は、人間と自然の関係、そして人間と人間の関係を崩壊させる。自然に対する解釈の崩れは論壇に、「天譴（＝天罰）論」を並べ立てた。社会に対する理解の揺らぎは巷に、「流言蜚語」を生み落とす。「社会主義者や無政府主義者に率いられた朝鮮人が放火している」として、軍隊が虐殺事件を引き起こしたのである。これらは関東大震災にのみ起きた特異な現象ではない。今回の大震災に際しても、都知事は公的な地位にありながら「天罰」と口走ったし、「コスモ石油工場爆発」にかんするチェーンメールが全国を駆け巡った。農産物・海産物に対する風評被害も、流言蜚語の一種だろう。それらはいかにして生まれ、どのような構造を持つのか。大震災の記憶も醒めぬ今、清水の分析を読み返すと、現在書かれた文章であるかのような錯覚に陥ってしまう。

Ⅱ「日本人の自然観」では、関東大震災後に現れた様々な天譴論を紹介している。それらは、署名原稿とは信じられぬ棘のある言葉に満ちている。「到頭来やがったな？」、「どうだ、少しは思ひ知つたか？　これでもまだ覚めないといふのか」、「ざまあみろ」。都知事が霞むほどの暴言が、当時の論壇には溢れていた。

その背景には、浮かれ騒ぐ当時の世相を知識人たちが苦々しく思っていたという事情がある。明治以降、日本は近代化と産業化への道をひた走ったが、所詮は途上国でしかなく、経常収支の赤字に悩まされた。転機は、震災の九年前に勃発した第一次大戦によってもたらされた。ヨーロッパからの輸出が途絶えた地域に、日本は船や繊維製品をどんどん供給していった。物資は飛ぶように売れ、成金が澎湃として登場する。牛乳を池に溜めて芸者を泳がせたり、暗がりで履き物を探すのに紙幣に火を灯したりして、世の顰蹙を買った。けれども戦争景気が去ると日本経済は一気に冷え込み、立て続けに金融恐慌にみまわれた。小作争議と初のメーデー（一九二〇）、原敬・安田善次郎の暗殺（一九二一）も起き、世相が暗転したところを襲ったのが関東大震災だったのである。

不況と腐敗にさいなまれていたという意味では、大震災を迎える世相には現代日本に通じるものがあった。成金たちの粗野な振る舞いには現代のIT長者を思わせるものがあり、良識ある人の背筋を逆撫でした。プロレタリア文学は腐敗せるブルジョア社会の「徹底的改革」を唱えたが、遅々として進まなかった。震災はその改革をこともなげに成し遂げた、とみなしたのが天譴論であった。

天譴論は署名の活字原稿であり、対照的に「朝鮮人が放火している」といった流言蜚語は口頭の噂話で拡がる。外見は正反対を向くが、しかしI「流言蜚語」の詳細な分析をたどれば、それらの区別はさほど明確ではないことが分かる。そもそも関東大震災がブルジョアに対する天罰とすれば、なぜ浪費も贅沢もしていない江東デルタ地帯の下町で、より多くの人々が業火に焼かれねばならなかったのか。論理的には、因果にかんし推論は破綻している。それにもかかわらずそれらが妥当であるかに受け取られたのは、敢えて破綻を糾弾しない人々が存在していたからである。すなわち「天罰」は、本当に天が下した何ごとかではなく、そう唱える人、唱えて欲しい人の願望の表出なのだ。その意味では、流言蜚語との差は紙一重とも言える。

清水によれば、事実のみを連ねるのが報道ならば、事実の一部に空白があり、その空白を「あったのでは」という想像が埋め、「あったんですって」と伝えるのが流言蜚語である。それは生きて成長する言葉であり、「アブノーマルな報道形態」である。流言蜚語が生まれ、拡散する条件は、事実が完全には確認されないことであり、そしてそれを担うのは、半ば冷静であり半ば感情的でもある「潜在的公衆」である。とりわけ「事実」が手中の物体にかんするようには容易に確かめられず、虚実の判定が困難になると、様々な勢力の願望を受け、流言蜚語が繁茂を始める。ツイッターやフェイスブックに乗って世界中を飛び交っている福島第一原子力発電所にかんする様々な憶測にも、虚実を判定する事実が不明なまま、反原発勢力は悲観を、親原発勢力は楽観を込めている。

本書の分析は現在の日本を見越すかのようだが、I「流言蜚語」が書かれたのが昭和十二年だというのには驚かされる。清水は戦後に書いた「序」で、流言蜚語に対し弁護を試みた旨を記している。流言蜚語には権力者の言葉や官報に対する健全な批判の意義があるとみるのである。流言蜚語の擁護は朝鮮人虐殺に憤った彼の体験からすれば意外ではあるが、震災直後ではなく軍部の権力が異様な高まりを見せつつあった頃に綴られた文章であればこそ、清水は流言蜚語に対して検閲すらすり抜ける批判的言論としての役割を期待したのであろう。東京電力や監督官庁の主張を新聞・テレビ等既存メディアが報じる一方、ツイッターやフェイスブックが非政府系専門家の見解をすかさず伝えることが可能になった現在、これもまた卓見と思われるのである。

＊本書はちくま学芸文庫のために新たに編集されたものである。
文庫化に当たっては、『流言蜚語』「日本人の自然観」「大震災は私を変えた」「地震のあとさき」については『清水幾太郎著作集』（講談社）のそれぞれ第2巻、第10巻、第11巻を、「明日に迫ったこの困難——読者に訴える」については『手記・関東大震災』（新評論）を底本とした。
＊特に『流言蜚語』については、現在通用している漢字と現代かな遣いに改めると同時に、その他の作品も含めて、難読と思われる漢字については適宜ルビを補ったり、副詞・形容詞を中心にひらがなに変えたりしたところがある。

ニーチェ
G・ドゥルーズ　湯浅博雄訳
〈力〉とは差異にこそその本質を有している――ニーチェのテキストを再解釈し、尖鋭なポスト構造主義的イメージを提出した、入門的な小論考。

ヒューム
G・ドゥルーズ／アンドレ・クレソン　合田正人訳
ロックとともにイギリス経験論の祖とあおがれる哲学者の思想を、二〇世紀に興る現象学的世界観の先どり、《生成》の哲学の嚆矢と位置づける。

カントの批判哲学
G・ドゥルーズ　國分功一郎訳
近代哲学を再構築してきたドゥルーズが、三批判書を追いつつカントの読み直しを図る。ドゥルーズ哲学が形成される契機となった一冊。新訳。

スペクタクルの社会
ギー・ドゥボール　木下誠訳
状況主義――「五月革命」の起爆剤のひとつとなった芸術＝思想運動――の理論的支柱で、最も急進的かつトータルな現代消費社会批判の書。

神的な様々の場
ジャン＝リュック・ナンシー　大西雅一郎訳
デリダの思想圏を独創的に継承するナンシー。思考とは単独者の測り知れない重みを測ることだとし、壮大な問題系を切り開く先鋭的な論考。

作者の図像学
ナンシー／フェラーリ　林好雄訳
現代思想の旗手が、バルザック、プルースト、ボルヘス、ジッド、川端康成など、十五枚の肖像をめぐって展開する作者のイコノグラフィー。

存在と時間　上・下
M・ハイデッガー　細谷貞雄訳
哲学の根本課題、存在の問題を、現存在としての人間の時間性の視界から解明した大著。刊行時すでに哲学の古典と称された20世紀の記念碑的著作。

「ヒューマニズム」について
M・ハイデッガー　渡邊二郎訳
『存在と時間』から二〇年、沈黙を破った哲学者の後期の思想の精髄。「人間」ではなく「存在の真理」の思索を促す、書簡体による存在論入門。

ドストエフスキーの詩学
ミハイル・バフチン　望月哲男／鈴木淳一訳
ドストエフスキーの画期性とは何か？《ポリフォニー論》と《カーニバル論》という、魅力にみちた二視点を提起した先駆的著作。（望月哲男）

表徴の帝国　ロラン・バルト　宗左近訳

「日本」の風物・慣習に感嘆しつつもそれらを〈零度〉に解体し、詩的素材としてエクリチュールとシーニュについての思想を展開させたエッセイ集。

エッフェル塔　ロラン・バルト　宗左近／諸田和治訳　伊藤俊治図版監修

塔によって触発される表徴を次々に展開させることで、その創造力を自在に操る、バルト独自の構造主義的思考の原形。解説・貴重図版多数併載。

エクリチュールの零度　ロラン・バルト　森本和夫／林好雄訳註

哲学・文学・言語学など、現代思想の幅広い分野に怖るべき影響を与え続けているバルトの理論的主著。詳註を付した新訳決定版。（林好雄）

映像の修辞学　ロラン・バルト　蓮實重彥／杉本紀子訳

イメージは意味の極限である。広告写真や報道写真、そして映画におけるメッセージの記号を読み解き、意味を探り、自在に語る魅惑の映像論集。

ロラン・バルト　中国旅行ノート　ロラン・バルト　桑田光平訳

一九七四年、毛沢東政権下の中国を訪れたバルトのノート。それは書かれなかった中国版「記号の国」への覚書だった。新草稿、本邦初訳。（小林康夫）

エロスの涙　ジョルジュ・バタイユ　森本和夫訳

エロティシズムは禁忌と侵犯の中にこそあり、それは死と切り離すことができない。二百数十点の図版で構成されたバタイユの遺著。（林好雄）

呪われた部分　有用性の限界　ジョルジュ・バタイユ　中山元訳

『呪われた部分』草稿、アフォリズム、ノートなど15年にわたり書き残した断片。バタイユの思想体系の全体像と精髄を浮き彫りにする待望の新訳。

エロティシズム　ジョルジュ・バタイユ　酒井健訳

人間存在の根源的な謎を、鋭角で明晰な論理で解き明かす、バタイユ思想の核心。禁忌とは、侵犯とは何か？　待望久しかった新訳決定版。

ランスの大聖堂　ジョルジュ・バタイユ　酒井健訳

信仰時代である一九一八年の処女出版から『無神学大全』後の一九四八年まで、バタイユ初期から中期の枠である最重要テキスト17篇をまとめる。

ちくま学芸文庫

流言蜚語《りゅうげんひご》

二〇一一年六月十日　第一刷発行

著　者　清水幾太郎（しみず・いくたろう）
発行者　菊池明郎
発行所　株式会社　筑摩書房
東京都台東区蔵前二―五―三　〒一一一―八七五五
振替〇〇一六〇―八―四一二三
装幀者　安野光雅
印刷所　三松堂印刷株式会社
製本所　三松堂印刷株式会社

乱丁・落丁本の場合は、左記宛にご送付下さい。
送料小社負担でお取り替えいたします。
ご注文・お問い合わせも左記へお願いします。
筑摩書房サービスセンター
埼玉県さいたま市北区櫛引町二―六〇四　〒三三一―八五〇七
電話番号　〇四八―六五一―〇〇五三

ISBN978-4-480-09390-5 C0136